MANUEL
DE
PALÉOGRAPHIE
FRANÇAISE

COLLECTION SOURCES

DES MÊMES AUTEURS,
DANS LA MÊME COLLECTION :
Dictionnaire de paléographie française.
Découvrir et comprendre les textes anciens (XVe - XVIIIe *siècle)*

Nicolas Buat & Evelyne Van den Neste

MANUEL DE PALÉOGRAPHIE FRANÇAISE

Deuxième tirage

PARIS
LES BELLES LETTRES
2022

Pour consulter notre catalogue
et être informé de nos nouveautés :
www.lesbelleslettres.com

Premier tirage 2016

ISBN : 978-2-251-69302-6

Avant-propos

La paléographie appartient aux sciences auxiliaires de l'histoire. C'est à ce titre qu'elle est enseignée, notamment à l'École nationale des chartes, et qu'elle suscite l'intérêt d'un public beaucoup plus large d'étudiants et de chercheurs, professionnels ou amateurs.

Contrairement à la paléographie latine, la paléographie française peut être abordée de façon autonome, sans compétence linguistique préalable. On trouve entre elles deux une césure qui recoupe, en partie seulement, celle entre histoire médiévale et histoire moderne, puisque le latin n'a jamais été totalement abandonné par les administrations ou les tribunaux ecclésiastiques, et que le Moyen Âge était déjà largement ouvert au français.

Ainsi ce manuel embrasse une période d'environ trois siècles, celle de l'Ancien Régime au sens large, entre 1450 et 1750 en dates rondes. Au milieu se trouve le siècle d'or de la paléographie, de 1550 à 1650, période pour laquelle la lecture et la transcription des archives découragent beaucoup d'apprentis historiens.

En 1450 les textes sont en général assez bien écrits pour être déchiffrés sans difficulté majeure, moyennant l'apprentissage de quelques règles. Le principal obstacle vient de certains archaïsmes de langue, dont on vient facilement à bout à l'aide d'un dictionnaire de moyen français, et de l'emploi d'abréviations plus nombreuses dont il faut connaître la clé.

En 1750 la modernisation de l'écriture est quasiment achevée. Les principales difficultés tiennent à ce mélange de fantaisie et de relâchement où s'exprime la personnalité du scripteur. À ce stade les abréviations anciennes ont disparu ou ont été remplacées par celles que nous utilisons ou recréons spontanément dans la vie de tous les jours, par exemple en plaçant une lettre en exposant.

C'est dans l'intervalle que tout se complique. La façon d'écrire observée en 1450 a évolué dans un sens dynamique : à la calligraphie des origines succède une cursivité parfois échevelée dans sa forme gothique. Moins nombreuses qu'au siècle précédent, les abréviations sont encore fréquentes et de plus en plus déformées par la vélocité du trait. C'est une période où toutes les difficultés semblent se conjuguer, si l'on ajoute celles d'une langue qui n'est pas encore entièrement fixée.

Comment, et en combien de temps parvenir au terme de l'apprentissage de la paléographie ? Faute de formule magique, ce manuel vise à ordonner et à faciliter l'effort que chaque lecteur d'archives doit faire chaque fois qu'il découvre un nouveau type d'actes.

La paléographie est une science, mais aussi un art qui pose de nombreux défis au maître le plus expérimenté.

On éprouve toujours un grand moment de solitude face à la première liasse tirée du fonds d'une juridiction seigneuriale, aux premiers actes extraits des minutes d'un notaire. Une écriture nouvelle, un formulaire nouveau, des abréviations nouvelles : il n'en faut pas plus pour avoir l'impression d'être Sisyphe face à son rocher.

C'est seulement après avoir déchiffré quelques pages que la lecture devient plus facile, et, pour peu que nous ayons plusieurs cahiers ou plusieurs années à dépouiller, aisée et familière... jusqu'au moment où notre scribe ayant été remplacé par un autre, nous ne soyons obligés de reprendre tout ou partie de notre apprentissage.

Car si la paléographie est capable d'expliquer l'évolution des systèmes d'écriture au cours de l'histoire et de poser des règles certaines, sans quoi il ne s'agirait pas d'une véritable science, elle ne fait pas disparaître l'homme qui se cache derrière chaque scribe.

Ce greffier d'un obscur tabellionnage, c'est lui l'interlocuteur avec lequel nous allons nous colleter par delà les siècles. Aux aspérités de la langue et de l'orthographe viendront s'ajouter certains écarts qu'il se permet dans le tracé des lettres, des audaces plus ou moins grandes dans la pratique des abréviations ou la stylisation du trait.

C'est là qu'intervient la capitalisation des acquis tirés de la lecture de textes de plus en plus difficiles, de plus en plus variés, où l'œil gagne autant en acuité qu'en souplesse. Il s'agit au fond d'un apprentissage non linéaire, où les progrès ne sont pas proportionnels au temps passé à étudier.

Nos élèves de première année connaissent souvent un démarrage brutal après un temps plus ou moins long où ils auront eu l'impression de marcher dans un brouillard épais. D'un coup le voile se déchire : à une meilleure compréhension des mécanismes de l'écriture s'ajoute une plus grande familiarité avec le style propre aux archives, notamment celui des juridictions.

Dès lors les progrès s'enchaînent rapidement, jusqu'au moment où un texte plus difficile que les autres nous ramène à une plus grande humilité. C'est, classiquement, le schéma d'une courbe en S, où les débuts sont difficiles et les progrès fulgurants, sans qu'on puisse jamais prétendre à la perfection.

Bien qu'un manuel de paléographie n'ait pas les mêmes ambitions qu'une méthode de langue, il s'agit d'un apprentissage similaire. Jusqu'à un certain point la paléographie nous oblige à considérer le français comme une langue étrangère. S'agissant pour la plupart d'entre nous de notre langue maternelle, elle nous invite à vivre une expérience assez inhabituelle.

Il nous faut pour cela désapprendre ce que nous croyons savoir. Nous vivons avec l'alphabet latin dans une familiarité excessive. Nous pensons qu'un *A* est un *A*, un *B* un *B* sans nous rendre compte que notre manière d'écrire découle d'une interprétation de la structure des lettres qui peut être bien différente selon les époques.

La paléographie, cette science des écritures anciennes, repose sur un postulat très simple : si les textes d'antan sont parfois si difficiles à lire, c'est que la manière de tracer les lettres, de les lier entre elles de façon à former des mots, a évolué au fil du temps.

Elle va nous apprendre à reconnaître les lettres une par une, deux par deux ou trois par trois, nous proposer des méthodes permettant d'analyser les mots avec la même facilité que s'il s'agissait d'une écriture contemporaine, ni plus ni moins, puisqu'il y aura toujours différents degrés de difficulté selon l'application du scribe et la provenance des documents.

Dans la continuité de notre *Dictionnaire*, nous avons privilégié une approche à la fois pratique et visuelle. Complété d'exercices d'application, ce manuel se veut plus didactique qu'un traditionnel recueil de planches, quelle qu'en soit l'utilité dans la découverte et l'apprentissage d'une plus grande variété d'actes et d'écritures.

La méthode proposée vise à serrer au plus près les difficultés dans l'ordre où elles se présentent : la façon de tracer les lettres, les abréviations, les ligatures, l'orthographe, la syntaxe, sans omettre un dernier chapitre consacré à certains éléments d'analyse contextuelle (noms, prénoms, titres d'honneur, signatures, dates, poids et mesures, monnaie, actes notariés).

Sauf dans le chapitre introductif, nous avons multiplié les illustrations, en privilégiant les encadrés et les planches hors-texte permettant de développer l'histoire d'une lettre ou un aspect particulier de l'analyse paléographique. Neuf séries d'exercices, proposées à la fin du manuel sous forme de parcours, ont été conçues pour que chacun puisse mesurer ses points forts et ses points faibles, à travers une révision générale des principes de base.

Aux origines de la paléographie

Traditionnellement la paléographie est citée parmi les sciences auxiliaires de l'histoire, aux cotés de la diplomatique, de l'épigraphie ou de la papyrologie. Mais les spécialistes ont souvent accusé le caractère réducteur de cette classification, quand ils ne se sont pas querellés entre eux pour affirmer la supériorité ou l'antériorité de leur discipline.

Georges Tessier, au nom de la diplomatique, contestait l'idée même de science auxiliaire de l'histoire, tributaire d'une « Clio transformant par son génie les matériaux que lui apportent d'industrieuses servantes ».

Vu sous cet angle, le rôle des paléographes et des diplomatistes se serait limité à nourrir des historiens souvent peu instruits de la manière de lire et d'authentifier les pièces d'archives, mais seuls capables de les orchestrer et de faire la synthèse entre les sources littéraires et documentaires de l'histoire de France.

Or les sciences auxiliaires de l'histoire ont très vite dépassé le rôle utilitaire qui leur était assigné. Elles ont élaboré des méthodes qui leur ont permis de porter un regard neuf sur les phénomènes politiques et sociaux, leur apport étant plus ou moins prépondérant selon la période étudiée.

Le rôle de l'épigraphie et de la papyrologie dans la connaissance de l'Antiquité se passe ici de commentaires. Quant à la diplomatique, science des chartes ou des diplômes (au sens d'*acte authentique*), elle a renouvelé les études médiévales en mettant l'accent sur le rôle des chancelleries royales ou princières.

La paléographie occupe une place à part dans ce concert. Au petit nombre de spécialistes susceptibles d'en renouveler les perspectives s'oppose en effet la masse des lecteurs d'archives qui n'ont d'autre choix que d'en maîtriser les premiers éléments.

Il s'agit d'un phénomène qui a pris toute son ampleur dans les années 1980, avant de franchir un nouveau stade à la fin des années 1990 avec le développement d'internet : l'engouement des Français pour leurs archives, le plus souvent à travers la généalogie, qui a amené beaucoup d'entre eux à s'intéresser à des registres pouvant remonter au XVe siècle.

C'est à ce nouveau public que s'adressent en fait la plupart des manuels de paléographie. Indispensable à la lecture des documents anciens, son apprentissage constitue plus que jamais un sésame pour l'historien.

❍ Archivistes et paléographes

Aujourd'hui comme hier les archives sont d'abord conservées dans un but d'utilité administrative. Mais avant la Révolution, leur valeur probante s'étendait sur une durée particulièrement longue.

Il y avait en effet très peu de lois générales à l'image des édits ou des ordonnances royales, mais beaucoup de lois particulières qu'on appelait privilèges (*privata lex*), applicables à une circonscription territoriale ou à un groupe social donné. Le droit public reposait sur une accumulation de titres créateurs de droits, d'autant plus respectables que leur origine se perdait dans le temps.

Souvent le document original n'était connu que par des copies ou des extraits plus ou moins authentiques. Les privilèges dont se prévalaient les communautés d'habitants, les corps de métier ou encore les établissements ecclésiastiques tiraient leur origine de concessions, royales ou seigneuriales, parfois si anciennes que la preuve n'en était pas toujours facile à administrer.

Dans ces conditions il pouvait être tentant de fabriquer de toute pièce le titre primitif d'un droit contesté afin d'en administrer la preuve définitive. Bientôt les chartriers des seigneurs laïcs et ecclésiastiques, et mêmes les registres du Parlement furent victimes de falsifications et d'insertions frauduleuses.

En 1700 deux notaires se trouvèrent impliqués dans une affaire de faux titres de noblesse. Sept ans plus tard on arrêta deux faussaires convaincus d'avoir établi plus de cent cinquante faux actes notariés. Quant au grand érudit Étienne Baluze, il fit scandale en insérant dans son *Histoire généalogique de la maison d'Auvergne* (1708) des documents en apparence authentiques mais que son commanditaire, le cardinal de Bouillon, fut accusé d'avoir fait rédiger par d'habiles mystificateurs.

À côté de pures forgeries on trouvait des actes, authentiques au départ, qui avaient été interpolés, c'est-à-dire maquillés afin d'en changer le sens. Les enjeux politiques et financiers étaient dans certains cas si importants que les tribunaux n'hésitaient pas à nommer des experts, qui pouvaient être notaires, écrivains-jurés, parcheminiers ou papetiers. On procédait notamment par comparaison d'écritures.

Les premiers paléographes l'ont été par accident. Il s'est d'abord agi d'érudits ou de praticiens du droit qui s'étaient rendu compte que les documents du passé échappaient à leur compréhension immédiate. C'est tout le contexte de rédaction des actes qui, au fil des siècles, leur était devenu peu à peu étranger, ce qui exigeait de nouvelles méthodes d'interprétation.

Au XVe siècle l'humaniste Lorenzo Valla qualifiait déjà de gothiques les écritures des siècles précédents. Il fut en même temps l'un des pères de la critique historique, pour avoir montré que la donation de Constantin, dont se prévalaient les papes afin de revendiquer le gouvernement temporel de l'Italie, était un faux d'époque carolingienne.

On devine qu'à ce niveau la critique des textes n'était pas un simple enjeu d'érudition. En l'occurrence Lorenzo Valla servait les intérêts du roi Alphonse V d'Aragon, qui tenait la Sicile en fief du pape et était impatient d'en secouer le joug.

L'impulsion était néanmoins donnée. Peu à peu l'histoire cessa d'être un discours littéraire, le plus souvent teinté de pieuses légendes et de propagande dynastique, pour devenir une science positive. Il ne manquait plus qu'un corps de doctrine.

La paléographie mit un certain temps à s'affirmer comme une science autonome. Elle naît à l'ombre de la diplomatique, illustrée par le célèbre traité de dom Mabillon, *De re diplomatica* (1681). C'est en 1708 qu'un autre bénédictin de l'abbaye de Saint-Germain-des-Prés, dom Montfaucon, publie *De paleographia graeca* qu'il traduit spontanément en paléographie dans sa correspondance française.

Les successeurs de Mabillon et Montfaucon, dom Tassin et dom Toustain, auteurs d'un *Nouveau traité de diplomatique* publié entre 1750 et 1765, puis Natalis de Wailly, professeur à l'École nationale des chartes et auteur d'*Éléments de paléographie* publiés en 1838, font encore mal la distinction entre deux disciplines qui concourent dans l'ensemble à une même finalité scientifique, celle de l'étude critique des actes.

La diplomatique s'appuie en effet autant sur leurs caractères extrinsèques (support d'écriture, écriture elle-même, présence d'un sceau...) que sur leurs caractères intrinsèques (langue et formules), qui, n'étant pas moins propres aux copies qu'aux originaux, se prêtent à une critique purement textuelle. Dans ces conditions on comprend que les premiers diplomatistes se soient si facilement annexé la paléographie, et que les premiers traités publiés au nom de l'une ou l'autre de ces sciences ne rendent pas toujours justice à leur particularité.

Pourtant la distinction entre paléographie et diplomatique tient en un mot, celui de *ductus*, qui désigne le tracé des lettres, plus exactement l'ordre et la manière de les reporter sur un support d'écriture avec un instrument adapté.

L'étude du *ductus* des lettres est en effet l'objet propre de la paléographie, indépendamment même du support et de l'instrument avec lequel elles peuvent être tracées : calame pour le papyrus, stylet pour les tablettes de cire, plume d'oie pour le parchemin ou le papier. Même si les archives contiennent essentiellement des documents en papier, il n'y a en effet aucune raison d'exclure de notre champ des matières plus solides telles que l'argile, ou encore les enduits ou pierres tendres couvertes de graffiti.

La dynamique de la main étant plus importante à étudier que la matérialité du support, le paléographe peut se contenter de n'importe quel moyen de reproduction analogique, tel que la photographie ou la photocopie, à la différence du diplomatiste qui ne peut faire abstraction des qualités extrinsèques du document.

C'est, on en conviendra, d'une grande commodité pour la pratique et l'enseignement, un album de planches ayant la même valeur heu-

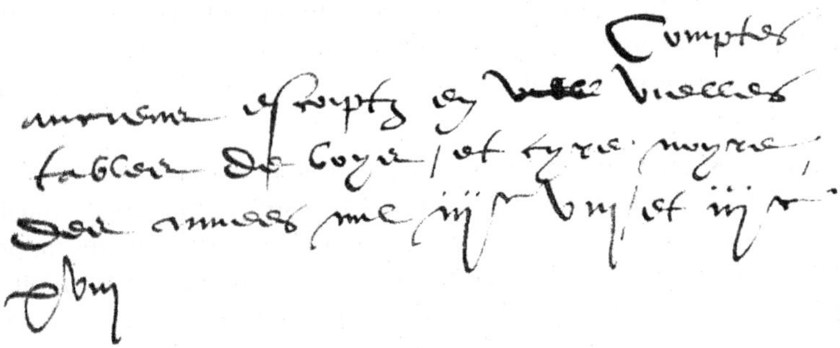

Comptes
anciens escriptz en vielles
tables de boys et cyre noyre
des années mil III^{C} VIII et III^{C}
XVIII

Parmi les attendus de ce jugement rendu en 1564, qu'une plume appliquée a reporté sur un papier de qualité, on trouve une référence à des comptes des années 1308 et 1318 écrits sur des tables de bois et de cire.

Ce support d'écriture, dont le principe rappelle celui de l'ardoise magique, se prêtait à des réutilisations multiples.

Il suffisait au scribe de lisser la cire pour y graver une nouvelle série de caractères. Les comptables appréciaient ces tablettes qui permettaient d'économiser le papier et a fortiori *le parchemin.*

Provisoires par nature, ces documents n'étaient pas voués à être conservés. Les Archives nationales en conservent encore quelques-uns du XIVe *siècle, issus de la Chambre des comptes. La vulgarisation du papier entraîna leur disparition dès la fin du Moyen Âge.*

On notera que les chiffres romains ne sont plus employés avec la même rigueur que dans l'Antiquité. Dans le cas des dates, mille *est habituellement exprimé en toutes lettres, quand il n'est pas simplement omis. Enfin les chiffres eux mêmes font l'objet d'une réinterprétation où l'emploi des exposants fait disparaître* CCC *au profit de* III^{C}.

PLANCHE 1 – Tablettes d'autrefois

ristique qu'une liasse d'originaux. Les lecteurs d'archives sont d'ailleurs les premiers à tirer parti de leurs appareils numériques pour photographier les documents en salle de lecture afin de les lire chez eux à l'écran, quand ils ne consultent pas directement les registres paroissiaux en ligne.

Mais si la photographie n'entraîne aucune perte d'information, elle ne résout pas les difficultés de lecture ! Il reste à inventer un logiciel assez puissant pour interpréter les *ductus* et transcrire les textes un peu à la manière d'un OCR. Malheureusement, la variété dans la réalisation des formes même simples, la complexité des ligatures et le sens de la langue qui permet de faire le tri entre différentes interprétations possibles relèvent d'algorithmes encore trop complexes.

Cependant les machines actuelles n'ignorent pas le rôle du *ductus* : les stylets des tablettes graphiques, qui permettent d'écrire directement à la main un texte que l'ordinateur convertit aussitôt en caractères d'imprimerie, tiennent compte de l'ordre dans lequel les éléments des lettres sont tracés. Qu'on s'amuse à les inscrire au hasard, aussitôt la machine est perdue ! C'est une leçon pour les paléographes.

❍ Papyrus, parchemin, papier

La qualité des supports d'écriture a joué un grand rôle dans la transmission des fonds d'archives.

Si les grands chartriers donnent une idée de l'accumulation et de la stratification des documents au cours des siècles, on remonte difficilement au-delà de l'époque capétienne. Certes les incendies, les inondations et la dent des rongeurs ont imposé un lourd tribut aux dépôts d'archives, et les bouleversements politiques intervenus entre la fin de l'Antiquité et le début du Moyen Âge ont pesé sur la continuité des institutions. Mais ces aléas n'expliquent pas l'essentiel des pertes subies.

Du point de vue des supports, les archives de l'Occident ont en effet connu une double transition : du papyrus au parchemin à l'époque mérovingienne, et du parchemin au papier à compter du XIVe siècle, ces phénomènes d'apparence purement technique s'inscrivant chacun dans un contexte politique, culturel et économique plus large.

L'opposition historique entre papyrus et parchemin remonte à la rivalité entre Alexandrie et Pergame à l'époque hellénistique, où plusieurs royaumes s'étaient formés suite au partage de l'empire d'Alexandre le Grand entre ses généraux. Tandis que les Lagides régnaient sur l'Égypte et Alexandrie, principal centre grec de production du livre, les Attalides faisaient de Pergame, en Asie mineure, un centre culturel de premier plan.

L'Égypte bénéficiait d'une ressource naturelle, le papyrus, un roseau facile à tresser en support d'écriture. Les Grecs l'appelaient *biblos*, une bibliothèque étant à l'origine une collection de livres écrits sur papyrus. Écrites en colonnes, les feuilles en étaient cousues et assemblées de façon à être déroulées au fur et à mesure de la lecture. Le terme latin de *volumen* servait à désigner ces rouleaux, plus proches en fait d'une bobine de microfilm que d'un volume imprimé.

L'usage du parchemin se développa plus lentement, à raison de son coût élevé et de la plus grande disponibilité du papyrus. Pline veut que par jalousie le pharaon Ptolémée V ait jeté l'embargo sur les exportations de papyrus à destination de Pergame, contribuant ainsi à la naissance du *pergamen* dont nous avons francisé le nom en « parchemin ». Ce nouveau support fait de peaux animales spécialement apprêtées pouvait convenir à une économie encore essentiellement agricole. Sa texture favorisa le mode de reliure en *codex*, à livre ouvert, bien qu'on ait aussi bien cousu des parchemins en rouleaux, et relié des papyrus.

Si le parchemin et le papier offrent une bonne résistance aux conditions moyennes de conservation des donjons, clochers et greniers de l'ouest de l'Europe, tel n'est pas le cas du papyrus utilisé à l'époque romaine, qui finit toujours par se déliter en climat humide.

C'est la raison principale pour laquelle les archives de l'Occident ne remontent guère au-delà du haut Moyen Âge. Les Mérovingiens ne nous ont légué que trente-sept actes originaux, la plupart écrits sur des papyrus miraculeusement conservés aux Archives nationales, alors qu'ils bénéficiaient, au moment de leur installation en Gaule, de tous les acquis de l'administration romaine. Héritiers de la tradition bureaucratique du Bas Empire, ils ne méritent pas la réputation de barbares illettrés tirés par des chars à bœufs à laquelle ce vide archivistique a passablement contribué.

À l'opposé de ces pâles descendants de Clovis, l'empereur Charlemagne passe pour avoir inventé l'école et réformé l'écriture par la diffusion de la minuscule caroline. Le terme de renaissance carolingienne qu'on emploie à ce propos est cependant excessif. S'il y eut dans l'ensemble une décadence de la culture et du savoir tout au long de la période mérovingienne, l'œuvre de Charlemagne correspond plus à une phase de consolidation qu'à une renaissance au sens où nous l'entendons habituellement.

L'école qu'il a inventée ne ressemble en rien à celle de Jules Ferry ; cet effort d'éducation visait uniquement les futures élites de l'Empire élevées au sein de son palais. Plus décisive, sa réforme des études visait à restaurer la pureté du latin cultivé par les clercs, en le séparant définitivement du parler roman, ancêtre du français jusqu'alors perçu comme un latin populaire et abâtardi. Mais il n'y aura pas de véritable renaissance en Occident avant celle du XIIe siècle, avec le renouveau des écoles et la fondation des premières universités, qui prennent le relais des monastères comme centres de conservation et de diffusion du savoir.

Du point de vue de la production et de la conservation des documents, la principale rupture entre la période mérovingienne et la période carolingienne correspond à la transition du papyrus au parchemin.

La thèse la plus dramatique est celle d'Henri Pirenne opposant symboliquement Mahomet à Charlemagne, qui défend l'idée selon laquelle l'irruption de l'Islam à la conquête du bassin méditerranéen (622-711) aurait coupé, dès 639, les routes commerciales entre les royaumes barbares d'Occident et l'Égypte byzantine.

C'est toutefois en 692 que la chancellerie mérovingienne arrêta l'emploi du papyrus, suite à un embargo temporaire. Elle ne reviendra jamais en arrière, pour des raisons tenant autant à la décadence de la tradition culturelle héritée de Rome qu'à la dégradation des termes de l'échange, qui faisait du papyrus un produit de plus en plus coûteux.

Produit localement à partir de peaux de mouton ou de veau (c'est le vélin), le parchemin, auparavant réservé aux écrits les plus prestigieux, devint le support normal de l'écrit. Transformant à son tour le document écrit en un produit de luxe, il en consacra la rareté.

À l'opposé le papier est une invention d'origine chinoise. Comme le papyrus, il est issu de fibres végétales, lin ou chanvre, mais sa mise en œuvre est différente.

Le papyrus est constitué d'une superposition de deux couches de lamelles perpendiculaires les unes aux autres, solidarisées par pressage et martelage plutôt que par entrecroisement ; les feuilles étaient ensuite assemblées entre elles de façon à former des rouleaux.

Le papier en revanche est issu d'une pâte de chiffons, où les fibres végétales en suspension libre finissent par s'agglomérer en séchant, formant une sorte de feutre beaucoup plus résistant. À l'origine le papier de Chine était qualifié de *bombycin* car on le croyait fabriqué à partir du coton. En usage dans le monde byzantin dès le Xe siècle, il y connut un essor remarquable jusqu'à la chute de Constantinople.

L'Orient servit de passeur entre l'Europe et la Chine à la faveur des croisades qui, à partir du XIIe siècle, allaient accélérer les transferts de technologie dans un Occident en plein renouveau culturel et parfaitement disposé à les accueillir.

La conquête de la Sicile par les Normands, achevée en 1091, avait déjà ouvert une tête de pont. On a ainsi retrouvé dans les archives de Palerme un mandement en papier écrit en 1109, en grec et en arabe, sous l'autorité d'Adélaïde, comtesse régente au nom de son fils. Mais la fiabilité de ce nouveau support était encore mise en doute, et c'est ce même fils, devenu roi sous le nom de Roger II, qui allait ordonner en 1145 que toutes les chartes soient transcrites sur parchemin.

Selon l'étymologie, le français *papier* est la simple transposition du latin *papyrus*. Même si le parchemin régna sans partage pendant cinq ou six siècles, on peut en effet considérer, d'un point de vue fonctionnel, que c'est le papier qui fut le premier à remplir la place laissée vide par la disparition du papyrus.

À l'échelle du monde, le papier fut adopté en premier lieu par les pays qui avaient conservé l'usage du roseau du Nil. Comme il était techniquement supérieur, sa diffusion au sein du monde musulman porta un coup fatal à l'industrie égyptienne. L'arrêt de la production du papyrus au Xe siècle toucha tous les pays qui en avaient poursuivi l'importation, comme l'Empire byzantin ou la Rome pontificale.

Dès le XIIIe siècle il existe une industrie papetière en Italie autour de Fabriano, près d'Ancône, la modernisation des moulins abaissant encore le prix de revient. La matière première, qui n'est autre que du chiffon de rebut, est également moins coûteuse et plus abondante depuis que l'usage du lin et du chanvre tend à s'imposer en Europe au détriment de la laine. Le chiffonnier devient alors le principal auxiliaire du fabricant de papier. Les centres industriels se multiplient, et l'Italie exporte bientôt sa production dans toute l'Europe.

Au XIVe siècle la France voit apparaître plusieurs centres autour de Troyes et de Paris ; rapidement autosuffisante elle devient à son tour exportatrice au XVe siècle. Alors que la disparition du papyrus en France avait marqué la décadence de la culture écrite, l'arrivée du papier, qui coûtait déjà quatre fois moins cher que le parchemin au XIVe siècle, accompagna le grand mouvement de démocratisation du savoir qui s'est poursuivi jusqu'à nos jours. L'Université de Paris avait d'ailleurs ses moulins privilégiés.

L'industrie du papier, tout comme celle de l'imprimerie, connut très peu de transformations des origines à la Révolution. On peut citer en 1750 l'invention par l'Anglais John Baskerville d'un papier sans vergeures ni pontuseaux. On le qualifia de *vélin*, car il était aussi lisse qu'un parchemin de premier choix. Dès lors le papier n'avait plus de concurrent.

❍ Du latin au français

La plus ancienne charte rédigée en français remonte à 1204. Mais il faut attendre l'ordonnance de Villers-Cotterêts, en 1539, pour que le français s'impose comme langue de l'administration. C'est à l'intérieur de cette large fourchette que naît la paléographie française, ou, plus exactement, que commencent à s'accumuler les matériaux historiques qui en justifient l'étude.

Il n'y a d'ailleurs pas encore de français en 1204, plutôt une langue d'oïl composée de dialectes comme le champenois, le normand ou le picard. Paris n'est que le creuset d'où émerge une langue commune, soumise à ces influences croisées.

Le passage de l'ancien français au français moderne passe par différents stades, notamment celui du moyen français à partir du XIVe siècle.

Il s'agit d'une étape importante entre l'ancien français, qu'il est impossible de comprendre sans initiation préalable, et le français classique codifié au XVIIe siècle. Le moyen français correspond en effet à un état de langue assez proche du nôtre, la lecture des actes du XIVe siècle ne présentant pas de difficulté majeure d'un point de vue syntaxique.

L'ordonnance de Villers-Cotterêts porte que « tous arrêts, ensemble toutes autres procédures, soit de nos cours souveraines ou autres subalternes et inférieures, soit de registres, enquêtes, contrats, commissions, sentences, testaments et autres quelconques actes et exploits de justice ou qui en dépendent, soient prononcés, enregistrés et délivrés aux parties en langage maternel français et non autrement ».

On y voit, non sans raison, l'acte de naissance du français comme langue officielle du royaume. On sait par ailleurs qu'en 1789, et dans une certaine mesure en 1914, bon nombre de Français parlaient leur langue régionale plutôt que celle du roi, devenue celle de la République. On se souvient des mots du conventionnel Barrère, pour qui seul le despotisme maintenait la variété des idiomes : « le fédéralisme et la superstition parlent bas-breton ; l'émigration et la haine de la République parlent allemand ; la contre-révolution parle italien et le fanatisme parle basque ».

Abstraction faite des provinces qui n'étaient pas encore réunies à la France en 1539, comme l'Alsace ou la Corse, on aurait pourtant tort d'imaginer que l'ordonnance soit demeurée sans fruit. Les élites sociales avaient déjà une pratique courante du français, et François Ier, loin d'imposer l'usage du français à un peuple ignorant ou rétif, consacrait une évolution aux racines beaucoup plus profondes.

En Languedoc cette acculturation remonte au traité de 1229, à l'origine du rattachement du comté de Toulouse et de ses dépendances au domaine royal. C'est pourquoi, même dans les pays du midi pyrénéen, on passe le plus souvent sans transition du latin au français, et que l'usage de la langue d'oc demeure marginal dans les actes. Ici comme ailleurs l'ordonnance vient consolider des acquis.

Il n'est d'ailleurs pas certain que l'obligation d'employer le langage maternel français ait eu pour finalité de limiter l'emploi des langues régionales. Le français n'était pas encore assez codifié pour aboutir à ce résultat. Il s'agissait plutôt de consacrer l'usage du parler courant face au latin.

Que la langue des élites urbaines ait été celle du roi plutôt que celle du peuple des campagnes constitue un problème de nature différente. Pour prendre l'exemple des notaires du Tarn, le progrès de la langue d'oïl se fait à la fois au détriment de la langue d'oc et du latin dès avant la publication de l'ordonnance. Et c'est à partir de 1580 que la langue vernaculaire tend à disparaître des textes de la pratique.

Avec ses 192 articles, l'ordonnance de Villers-Cotterêts était très longue, comme toutes les grandes ordonnances de réformation de l'Ancien Régime. Outre la disposition relative à l'usage du français dans son article 111, elle en comporte une tout aussi fameuse, relative à la tenue de l'état civil et à l'enregistrement des baptêmes (articles 50 à 54). C'est à ce double titre que la paléographie française lui est redevable.

❍ Des archives bien classées

Par l'énumération des textes pour lesquels elle impose l'emploi du français, l'ordonnance nous aide également à cerner la nature des actes qui peuvent nous intéresser. Ce sont ceux conservés dans les archives, nationales, départementales ou communales, tous produits dans un contexte réglementaire précis.

Pour l'Ancien Régime, on peut se reporter au cadre de classement des archives départementales, valable dans toute la France : actes du pouvoir souverain et domaine public (série A), cours et juridictions (série B), administrations provinciales (série C), titres féodaux, papiers de famille, état civil, notaires, corporations et communes (série E), clergé séculier (série G), clergé régulier (série H).

Ce cadre étant issu des saisies révolutionnaires, on ne s'étonnera pas d'y voir deux séries ecclésiastiques le plus souvent bien fournies en documents (série G et H), avec leur pendant laïc en série E (titres féodaux). C'est là qu'on trouve la plupart des chartriers.

La production quotidienne de l'Ancien Régime se trouve plutôt dans les séries B (archives judiciaires), C (archives des intendants et de leurs subdélégués) et E, avec l'état civil et les archives des notaires. Les principaux gisements paléographiques se trouvent dans les séries B et E,

Ordonnances Royaulx Nouuelles

C.xi. Et Pource que telles choses sont souuentesfois aduenues sur lintelligence des motz latins cõtenuz esdictz arrestz Nous voulons q̃ dorésenauãt tous arrestz ensemble toutes autres procedeures soyent de noz cours souueraines ou autres subalternes et inferieures / soyent de registres/enquestes/contractz/commissions/sentẽces/testamens et autres quelzconques actes ⁊ exploictz de iustice/ou qui en dependent/soyent prononcez/enregistrez ⁊ deliurez aux parties en langage maternel francoys / et non autrement.

¶ Amendes cõtre ceulx q̃ calumnieusement obtiendront lettres pour articuler faictz nouueaulx.

C.xii. Nous voulons que les impetrans de lettres pour articuler calumnieusement faictz nouueaulx sil est trouue quilz ne seruent a la decision du proces seront condẽnez enuers nous en lamẽde ordinaire du fol appel en noz cours souueraines/⁊ vingt liures parisis es inferieures/ et moictie moins aux parties et plus grosses si mestier est comme dessus.

¶ Executeurs darrestz ne pourront estre recusez sur les lieux.

C.xiii. Que Noz conseilliers executeurs des arrestz de noz cours souueraines/ ne pourront estre recusez sur les lieux/Ains nonobstant les recusations q̃ on pourroit proposer cõtre eulx passeront oultre/iusques a la

L'article 111 de l'ordonnance de Villers-Cotterêts généralisant l'emploi de la langue française est demeuré célèbre.

Cette impression contemporaine cherche à imiter la mise en page propre aux manuscrits calligraphiés en bâtarde livresque. Il n'y manque ni les pieds de mouche (¶) en tête de paragraphe, ni les caractères abrégés.

PLANCHE 2 – L'ordonnance de Villers-Cotterêts

qui regroupent l'essentiel des professionnels, greffiers ou notaires, formés à la prise de notes et aux écritures que l'on qualifiait naguère de financières.

On n'insistera pas sur les fonds privés qu'on peut trouver en série J. Les correspondances et mémoires qu'ils peuvent contenir, ainsi que l'expédition des actes dont les notaires et les tribunaux conservent la minute, sont dans l'ensemble plus aisées à décrypter. Mais il s'agit d'un fait minoritaire.

Les communes qui conservent des fonds antérieurs à 1790 utilisent un cadre de classement distinct du cadre départemental, constitué de neuf séries thématiques allant de AA (actes constitutifs) à II (documents divers). L'état civil, tenu au titre des paroisses, se trouve dans la série GG qui regroupe les missions le plus souvent dévolues à l'Église (cultes, instruction et assistance publique).

❍ Un peu de théorie, beaucoup de pratique

Quand on essaie de déchiffrer un document écrit par un notaire ou un greffier de l'Ancien Régime, on a l'impression qu'il a été rédigé dans une langue étrangère, et même dans un alphabet différent du nôtre. C'est pourtant du français, puisqu'on trouve çà et là quelques mots plus faciles à lire. Mais on a beau écarquiller les yeux, le texte dans l'ensemble oppose une résistance efficace. Il manque encore une clé, une méthode d'interprétation pour parvenir à une compréhension plus aisée.

Pour déchiffrer un texte ancien la bonne volonté ne suffit pas. Il ne s'agit pas seulement d'un problème posé par l'usage d'un jargon professionnel plus ou moins hermétique, même si certains mots, certaines tournures ou clauses de style doivent être connues d'avance pour être bien comprises.

On sait qu'il vaut mieux être pharmacien pour décrypter l'ordonnance du médecin. Il faudra donc devenir un peu clerc pour comprendre les notes rapides prises par un notaire établissant la minute d'un acte à l'aide de formules et d'abréviations réservées à un usage professionnel. Mais il ne s'agit pas d'une simple question de jargon, ni d'un problème de graphologie qu'on pourrait résoudre à force d'empathie.

Certes le tracé des lettres comporte toujours des traits, qui, en dernière analyse, ne font qu'exprimer notre personnalité. Au fil du temps le développement de l'alphabétisation et la démocratisation de la culture ont permis l'affirmation de l'individu, et l'acte d'écrire, d'abord réservé à une élite de clercs, s'est trouvé dépouillé de ses aspects les plus convenus ou les plus solennels. Le champ de la calligraphie s'est ainsi réduit au profit d'une expression plus personnelle, autorisant tous les excès.

Mais ces variantes individuelles ne doivent pas faire oublier la structure commune à toutes les écritures d'une époque donnée, ni les constantes que l'on retrouvera, pour certaines d'entre elles, à trois siècles de distance.

C'est l'étude de ce socle commun qui permettra de déjouer les pièges posés par les archives anciennes, et qui constitue tout l'enjeu de la paléographie.

L'écriture cursive

La paléographie n'est pas l'apanage des amateurs d'archives. Science du tracé des lettres, ou *ductus*, elle est largement indépendante du support d'écriture. Cette particularité, qui pourrait passer inaperçue dans l'exercice de la paléographie française, tributaire du papier et dans une moindre mesure du parchemin, tous deux écrits à la plume d'oie, prend toute sa mesure quand on remonte à la paléographie romaine qui étudie les plus anciens textes écrits en alphabet latin.

❍ La paléographie romaine

Ce retour en arrière est loin d'être inutile. Il montre à quel point le geste d'écrire relève d'un enjeu autant culturel que technique. On est même surpris de constater à quel point l'écriture romaine, qu'elle soit écrite sur papyrus, graffitée ou gravée sur différents supports, s'éloigne de l'idée que nous nous faisons de l'alphabet latin.

Il y a là un hiatus, une dissonance cognitive, entre un alphabet capital que nous sommes encore capables de lire sans connaître beaucoup de latin, par exemple les inscriptions de l'arc de Titus sur le forum romain, et l'écriture cursive, aussi rebutante à nos yeux que pourraient l'être du phénicien ou de l'étrusque.

La raison en est pourtant simple. Tout comme nos caractères d'imprimerie, la capitale gravée sur les monuments antiques relève d'un type idéalisé d'où le *ductus* sort très affaibli. Dans le cas de la typographie, l'impression des caractères relève d'une reproduction analogique où la lettre se présente comme un bloc. Dans le cas des monuments gravés, on aboutit à un résultat similaire dans la mesure où l'ordre de réalisation des traits importe peu. Cette écriture qu'on qualifie parfois de *quadrata* ne fait que recouvrir un dessin préparatoire (*ordinatio*), lui-même reproduisant un texte original sur papyrus. Quant au graveur, qui n'intervenait qu'à l'étape finale, il pouvait fort bien être illettré.

L'abondance des monuments gravés et le rôle démesuré que jouaient les inscriptions dans la culture antique pourraient laisser croire que les Romains n'écrivaient qu'en lettres capitales. Il n'en est rien. Mais la disparition des fonds d'archives de l'Antiquité, à part quelques gisements de papyrus principalement situés en Égypte, ont longtemps empêché la naissance d'une véritable paléographie romaine. C'est une science encore jeune qui a eu bien du mal à trouver sa place entre la papyrologie et de l'épigraphie, comme le déplorait Jean Mallon, son véritable fondateur dans les années 1930.

Contemporaines à deux ans près, les inscriptions de l'arc de Titus (81 après J.-C.) et les graffiti de Pompéi qu'on peut dater de l'éruption du Vésuve (79 après J.-C.) présentent deux réalisations très différentes de l'écriture latine. Si la quadrata *des monuments nous demeure familière, l'écriture* cursive *nous est devenue étrangère. Si certaines séquences sont faciles à reconnaître, combien d'autres sont incompréhensibles ou présentent des analogies trompeuses ?*

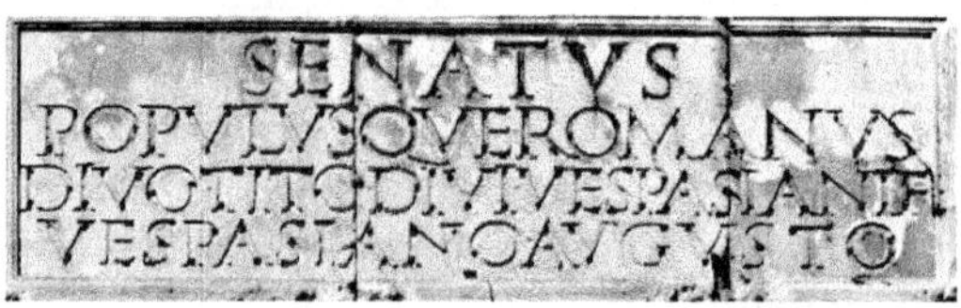

Inscriptions de l'arc de Titus (81 après J.-C.)

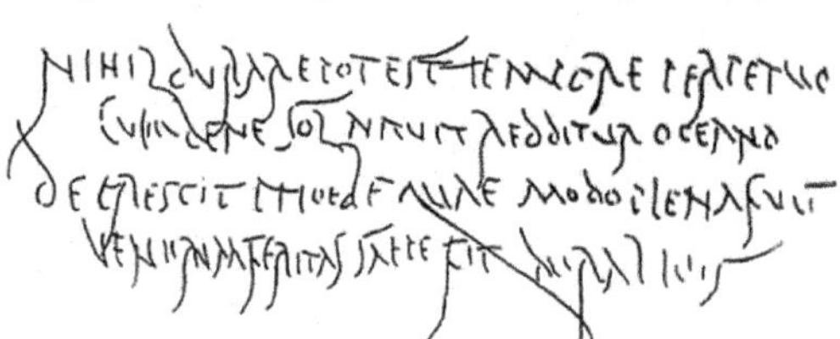

Graffiti de Pompéi (79 après J.-C.)

C'est seulement en nous réappropriant le ductus*, c'est-à-dire la manière dont les Romains concevaient le tracé de leurs lettres, que notre lecture redeviendra aisée.*

Première leçon, l'écriture cursive ne peut être analysée en référence à un type idéal, dont la capitale serait l'archétype, mais selon un *ductus* commun dont la cursivité ne désigne qu'une qualité particulière d'exécution. C'est ce *ductus* préalable qu'Emmanuel Poulle définissait comme « le mode d'exécution d'une lettre, et dont la forme apparente de cette lettre ne préjuge pas forcément ».

La réalisation du *ductus* a pu varier selon les époques, au prix de ruptures qui ne sont pas toujours faciles à expliquer. Il est cependant acquis que dans l'espace de l'Empire romain, des îles Britanniques à la Mésopotamie, le latin était partout écrit de la même façon.

Afin d'illustrer notre propos, nous allons nous appuyer sur trois exemples très différents, le papyrus 229 du British Museum, les tablettes de Vindolanda et la tuile de Châteaubleau, découverte en Île-de-France en 1997 seulement.

❍ Le papyrus 229, écrit en latin, est le contrat de vente d'un jeune esclave, pour le prix de deux cents deniers, passé le 8 des calendes de juin, sous le consulat de Q. Servilius Pudens et de L. Fufidius Pollio, entre deux officiers de la marine romaine embarqués sur la trière Tigris, ancrée à Séleucie de Piérie, principal port de la grande ville d'Antioche, aujourd'hui Antakya en Turquie.

C'est le moment de noter que la paléographie ne nous renvoie pas seulement à des difficultés de langue ou d'écriture mais à des faits sociaux révolus. Non seulement on ne trouverait plus de contrats de cette nature dans nos archives notariales, mais la date elle-même, qui correspond au 24 mai 166 de notre ère, doit faire l'objet d'un travail d'analyse pour être transcrite dans notre style actuel de calendrier. Nous ne devons jamais surestimer notre compréhension immédiate des textes, même pour des périodes plus récentes qui nous donnent l'illusion d'une familiarité plus grande.

❍ Les tablettes de Vindolanda ont été découvertes en 1973 sur le site d'un fort romain du *limes* écossais. Datés pour la plupart du premier ou du deuxième siècle de notre ère, plusieurs centaines de ces textes ou fragments sont consultables en ligne, avec leur transcription et un appareil critique, sur le site internet de l'université d'Oxford. Il s'agit pour l'essentiel de feuilles en bois de tilleul, directement écrites à l'encre, à l'inverse des tablettes recouvertes d'une couche de cire pour être gravées au stylet.

❍ La tuile de Châteaubleau, découverte en Île-de-France en 1997, montre l'exemple d'un texte en langue gauloise tracé en alphabet latin sur un support autre que le papyrus ou la cire. Il s'agit d'une tablette votive de onze lignes dont Pierre-Yves Lambert a proposé un essai de traduction, notre connaissance du gaulois étant encore très imparfaite. Datée du IVe siècle, elle montre la romanisation sous un jour inattendu, plus accomplie dans l'usage de l'alphabet que de la langue latine.

Ces trois supports partagent un même vecteur d'expression que Jean Mallon qualifiait d'*écriture commune*, en raison de son universalité au sein de l'Empire romain.

Le tableau de la page suivante présente un abécédaire tiré du papyrus et de la tuile, auquel vient s'ajouter l'alphabet de Vindolanda proposé par Wikipedia.

À la différence des deux premiers que nous avons extraits du texte à l'état brut, ce dernier restitue l'esprit des lettres originales à la manière d'une police d'impression. Ces trois séries, très proches l'une de l'autre, montrent toute la distance qui sépare cette ancienne écriture commune de notre écriture imprimée ou manuscrite.

Ni la *quadrata* de l'Antiquité ni la capitale d'imprimerie du XVIe siècle ne nous donnent la clé du tracé des lettres manuscrites correspondantes. Notre façon d'écrire, si différente de celle des Romains et de nos ancêtres de la Renaissance, n'est qu'une des réalisations possibles de l'alphabet latin.

C'est une chose de le constater, c'en est une autre de le comprendre et de l'expliquer. Pour cela il faut revenir au *ductus* des lettres majuscules, qui n'est pas aussi immuable que ce que laissent supposer les caractères figés de l'épigraphie et de la typographie.

En effet la lettre capitale de l'Antiquité, si proche en apparence de notre majuscule, ne saurait lui être assimilée qu'au prix d'un contresens dans l'interprétation du *ductus*. Les traits qui la composent ne sont pas toujours tracés dans le même ordre, ni de la même manière que ceux que nous traçons quand nous écrivons nous-mêmes en lettres capitales. C'est ce que Jean Mallon a magistralement montré en 1938 à partir de l'exemple du B et de son évolution de la majuscule à la minuscule cursive.

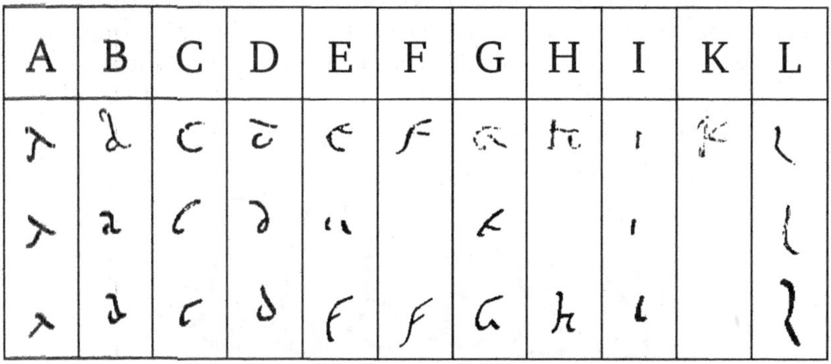

L'alphabet latin primitif ne comportait que 21 lettres, 23 avec le Y et le Z qui furent ajoutés pour noter les mots empruntés au grec. Les couples I/J et U/V n'étaient pas encore séparés, la langue latine ne faisant pas ici de différence entre la consonne et la voyelle.

Cette distinction, propre au français et à la plupart des langues germaniques ou romanes, ne sera définitivement tranchée qu'avec l'invention de l'imprimerie. L'introduction du W, qui n'est à proprement parler qu'un double V, est également tardive.

Il ne manque donc que le Z, particulièrement rare, aux 22 lettres de notre tableau.

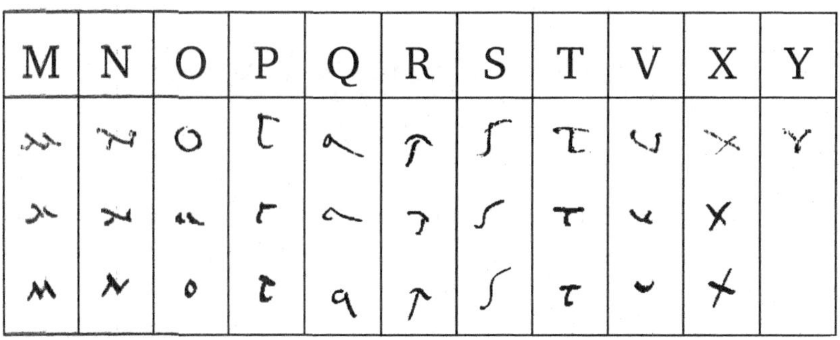

Contrairement à notre habitude consistant à commencer le *B* majuscule par un trait vertical contre lequel vient s'adosser un trait ondulé imitant le chiffre 3, les Romains traçaient d'abord une équerre contre laquelle venait s'appuyer une ondulation d'ampleur moindre et inclinée d'environ 45° sur la gauche :

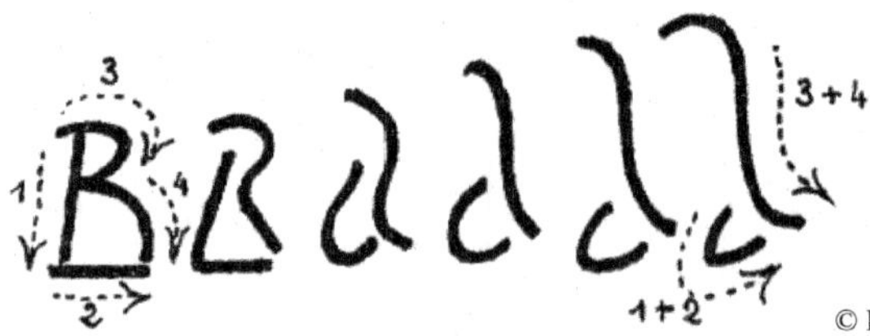

Le schéma montre comment l'interprétation de ce *ductus* dans l'ancienne écriture commune a abouti à une représentation inverse de la nôtre : l'équerre s'est résolue en une petite boucle et le 3 en une ondulation plus ou moins lâche. Aujourd'hui, si l'on considère le *b* minuscule d'imprimerie, c'est le contraire qui se produit : le premier trait se maintient vertical tandis que c'est le 3 qui s'affaiblit jusqu'à former une petite boucle. En termes techniques on dira que le *b* ancien se compose d'une panse à gauche et d'une haste à droite, et le *b* nouveau d'une panse à droite et d'une haste à gauche.

Le papyrus de Séleucie en donne un exemple remarquable avec le nom de l'esclave qui fait l'objet du marché, Abbas, *nomine Abban* selon l'expression tirée du texte :

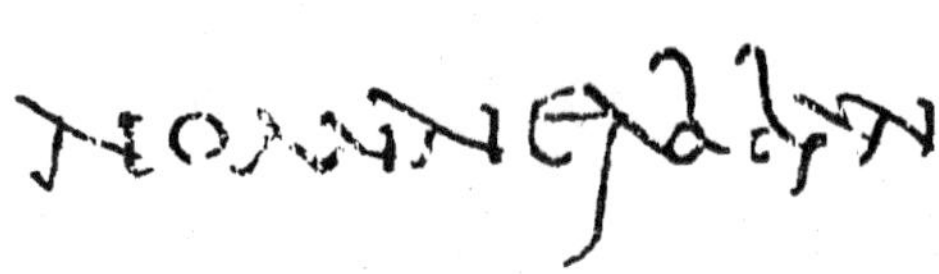

Il n'y a ici que le double *b* qui tranche aussi complètement avec nos habitudes. Néanmoins, les choses ne sont pas toujours aussi faciles. Il existe d'autres lettres courantes dont la réalisation s'éloigne passablement de la pratique actuelle, par exemple le *p*, ou encore le *r* qui ressemble un peu trop au *a* :

capitulario portitorio *praetor*

D'autre part, même si l'ancienne écriture commune présente ici un nombre réduit de ligatures, elles sont perturbantes tant qu'on n'a pas acquis une maîtrise suffisante de l'alphabet. Visant à une plus grande économie de moyens, ces ligatures ont pour effet de relier deux ou trois lettres entre elles, au point de les rendre peu lisibles séparément. Voici trois autres exemples tirés du papyrus du British Museum :

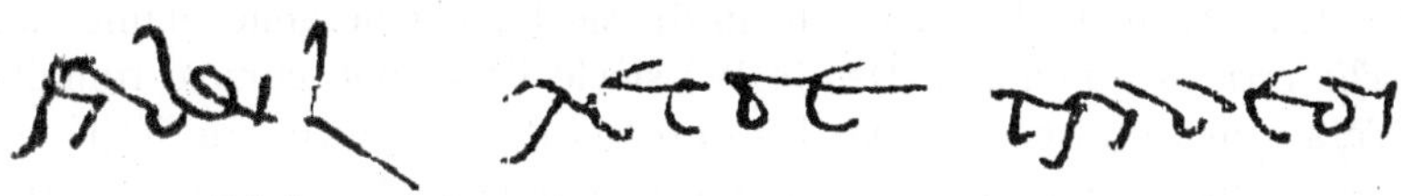

Fabul- *recte* *tradedi*

Dans l'écriture romaine, d'après Teresa de Robertis, le système de ligature le plus fréquent est celui qui établit un point de contact entre les lettres à la partie supérieure du tracé. Les lettres qui se prêtent le mieux à une ligature postérieure sont celles qui se terminent par un train horizontal (*c*, *g*, *f*, *s*, *t*) ou celles qui sont susceptibles d'être déformées dans ce sens (*a*, *d*, *h*, *m*, *r*, *x*).

La première lettre cherche alors son prolongement dans le trait vertical qu'on trouve souvent au départ de la lettre suivante. Dans certains cas (par exemple le premier *d* de *tradedi*), la lettre apparaît coupée en deux et c'est le blanc séparant les deux traits qui en constitue le centre de gravité. On remarquera que ce système est à l'opposé de notre pratique actuelle, issue du Moyen Âge, qui favorise les ligatures des lettres de bas en haut.

Ce détour par l'époque romaine et les débuts de l'alphabet latin nous donne une première idée des méthodes de la paléographie : l'analyse du *ductus* des lettres et des ligatures qu'il permet entre elles (et même à l'intérieur de chaque lettre), ainsi que l'étude des déformations qui en découlent. Sujettes à certaines régularités, ces déformations sont plus ou moins spectaculaires selon l'aptitude des lettres à entrer en ligature et le talent particulier de chaque scribe à forcer le trait.

Il reste à voir comment l'écriture commune du monde romain a disparu, et sous quelle forme la cursive est réapparue au Moyen Âge pour former un type nouveau, à l'origine de la paléographie française.

❍ La nouvelle écriture commune

Si la fin de l'Empire romain ne fut pas en elle-même cause d'un bouleversement général dans la manière d'écrire, les normes d'écriture avaient déjà suffisamment évolué pour qu'un homme de la fin du Bas Empire éprouve quelques difficultés à déchiffrer les textes de l'époque julio-claudienne.

On assiste en effet, à partir du IIIe siècle, à l'émergence d'une *nouvelle écriture commune*. Dès le IVe siècle l'ancienne cursive romaine n'était plus utilisée que par les bureaux de la chancellerie impériale qui put même, en 367, s'en arroger le monopole officiel. Sous la forme démesurément allongée des *litterae caelestes*, elle devint dès lors la marque de fabrique des actes impériaux.

Comment expliquer un bouleversement aussi complet ? Pour Jean Mallon, c'est un élément jusqu'alors négligé, l'angle d'écriture, qui donne la clé de l'énigme. Il racontait lui-même qu'ayant été dérangé par le téléphone au moment où il s'entraînait à recopier l'écriture d'un parchemin antique, il s'était aperçu, en reprenant le fil de son exercice, que son écriture s'était trouvée transformée au point d'imiter le nouveau type, en raison d'un léger glissement de sa feuille.

Praefectus
ancienne écriture commune (Ier siècle)

Praefectum
nouvelle écriture commune (IVe siècle)

Quoi qu'il en soit, cette réforme de l'écriture commune témoigne d'une nouvelle économie de gestes, liée à l'apparition de nouvelles attitudes corporelles. Avec le changement d'angle, certaines lettres se redressent, tandis que d'autres glissent vers le bas. De nouvelles ligatures apparaissent. Dans l'ensemble on sépare mieux les hastes qui montent et les hampes qui descendent en-dessous du corps des lettres, lui-même beaucoup mieux calibré dans l'axe d'un bandeau médian.

C'est cette écriture qui, par dérivations successives, est à l'origine de celle que nous allons étudier en paléographie française. Entre la fin de l'Antiquité et le début du Moyen Âge, elle connaît de nombreux avatars qui ont donné lieu à une classification et à une terminologie foisonnante, sur laquelle il est cependant inutile de s'attarder.

Il faut en effet ramener à de plus justes proportions la variété des types d'écritures nationales ou locales dont les anciens érudits ont multiplié les sous-catégories, wisigothique, lombardique, anglo-saxonne ou encore mérovingienne pour ne citer que ces exemples. Il s'agit d'un habillage calligraphique derrière lequel on retrouve une même structure de base. Même les lettres employées dans les diplômes mérovingiens, étirées au point de rappeler la forme des *litterae caelestes*, relèvent de la nouvelle écriture commune et trouvent leur inspiration dans les actes de la haute administration provinciale du Bas Empire.

L'écriture dite *onciale*, version calligraphiée utilisée dans les manuscrits, est un des dérivés les plus connus de la nouvelle écriture commune. Lui succéderont différents types de *précaroline*, pour reprendre un terme consacré en dépit de son biais rétrospectif, qui minimise l'unité sous-jacente des écritures antérieures à la réforme carolingienne.

Dans cette perspective, l'apparition de la minuscule caroline, au VIIIe siècle, doit être considérée comme le résultat d'un effort d'unification et de clarification, suite à la multiplication des écritures onciales et de leurs dérivés.

Favorisée par l'unité de l'empire carolingien, plébiscitée à raison de sa clarté, c'est encore elle qui servit de modèle, sept siècles plus tard, à la composition des premiers caractères d'imprimerie. Peu importe, ce faisant, que les humanistes aient cru retrouver le tracé des lettres antiques dont la généalogie est autrement plus complexe. Leur méprise a fait de la caroline une écriture toujours familière à nos yeux.

❍ *Libraria* et documentaire

Il faut maintenant faire la différence entre l'écriture des manuscrits littéraires (*libraria*), dont la tradition s'interrompt avec l'apparition des

La lettre g *n'a cessé de fasciner paléographes et typographes en raison de son élégante complexité, qui en fait une des lettres distinctives de l'alphabet.*

Jérôme Peignot s'étonnait de la voir, elle pourtant si biscornue et pathétique, se tirer à merveille du mauvais pas dans lequel elle s'était mise.

Initialement le g *pouvait comporter jusqu'à six traits constitutifs, avant d'être réduit à quatre ou cinq, ce qui est encore exceptionnel.*

Contrairement aux autres lettres dont le ductus *tend à se simplifier, le* g *est une des rares à avoir opposé quelque résistance. Si l'écriture mixte réussit à le tracer en un seul trait, ce fut au prix de multiples variantes. Il s'agit, à l'instar de ce que nous avons constaté avec la lettre* B, *d'une réinterprétation du* ductus *romain original.*

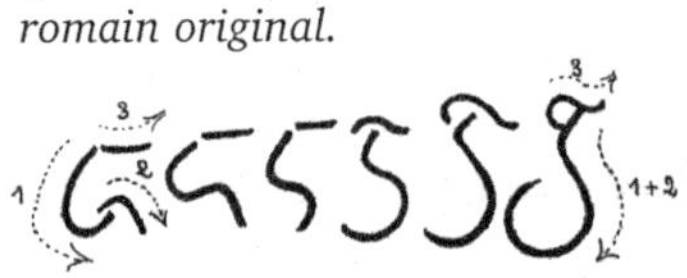

le *G* paléographique selon Jean Mallon

le *G* typographique selon Jérôme Peignot

À côté d'une forme simplifiée imitant la boucle du gamma grec, il en existe de plus complexes. Souvent la boucle inférieure du g *ne se contente pas de se tortiller sous la ligne ; elle remonte vigoureusement afin de fermer l'ove supérieur de la lettre, et l'orner de cet appendice utile aux ligatures que les typographes ont souhaité conserver. Voici à titre d'exemple quatre réalisations du mot* gens *:*

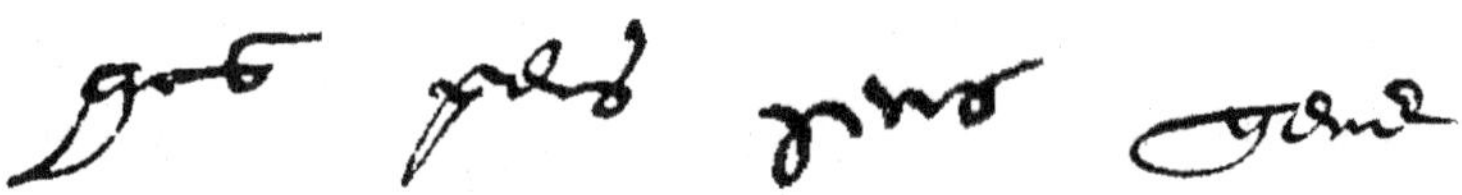

1466 1541 1558 1580

PLANCHE 3 – La lettre *G*

procédés typographiques, et l'écriture des archives, que l'on qualifiera de *documentaire*. C'est elle qui fait l'objet principal, sinon exclusif de notre étude.

L'écriture documentaire était au départ très proche de la caroline employée dans la copie des livres. Par la suite une même tendance gothicisante les maintint dans une parenté étroite. L'abandon du papyrus et l'usage exclusif du parchemin avaient contribuer à les figer dans une forme de calligraphie ennemie de la cursivité.

Mais avec le renouveau de la culture écrite au XIIe siècle, l'essor économique, démographique et culturel marqué par la fondation des universités au XIIIe siècle puis l'adoption du papier au XIVe siècle, on assista à la formation de deux filières distinctes. Il arriva un moment où les caractères livresques, écrits à main posée afin d'être plus lisibles et d'éviter les erreurs de copie, cessèrent de répondre aux besoins de clercs plus soucieux de rapidité dans l'exécution de leurs tâches intellectuelles ou administratives.

La réapparition de la cursivité dans les écritures documentaires se manifesta d'abord par la multiplication des ligatures.

Cependant l'écriture fractionnée de chaque lettre prévalait encore, associée au système de ligature *de tête en pied* que connaissaient déjà les Romains, comme nous l'avons vu avec le papyrus du British Museum.

Dans cette charte du XIIIe siècle, les ligatures de tête en pied font leur apparition, exploitant le potentiel ouvert par la caroline.

À l'exception du m *tildé final, aucune lettre n'est tracée de façon autonome :*

testim[onium]

C'est comme si le scribe avait voulu tracer une série de doubles demi-lettres : la barre du t *sert d'accroche au premier trait du* e*, dont le deuxième élément est prolongé par la hampe du* s *droit.*

La boucle de ce s *est ensuite prolongée par le premier élément du* t*, dont la barre, comme à l'initiale, sert d'appui commode à un* i *non pointé.*

Dans ce cas, comme ci-contre, les lettres n'étaient pas tracées d'un seul tenant mais en deux traits distincts. Elles pouvaient alors donner l'impression d'être coupées en deux, leurs éléments constitutifs étant solidaires des lettres voisines.

C'est la première phase de l'évolution de l'écriture : en dépit de certaines modifications de *ductus* résultant de l'adoption de la caroline, on retrouve le réflexe des scribes de l'Antiquité consistant à réduire le nombre de levés de plume exigés par l'exécution fractionnée de chaque lettre. Le résultat peut avoir quelque chose de contre-intuitif quand une lettre, écartelée entre ses voisines, doit être lue autour du blanc séparant ses traits constitutifs.

Or, selon les termes d'Emmanuel Poulle, « tant qu'a prévalu l'exécution fractionnée héritée de l'Antiquité, la main a ignoré ce qu'était véritablement une écriture liée ». Au mieux la multiplication des ligatures de tête en pied conduisait à diviser par deux le nombre de levés de main, un peu plus parfois, au prix de quelques négligences dans l'exécution.

En matière de rapidité ce système aboutissait à une impasse. La véritable révolution de l'écriture intervint quand les scribes furent capables de tracer des mots, puis des lignes entières sans cesser de faire courir leur plume, comme on fait aujourd'hui avec un stylo.

Ils y parvinrent grâce à l'adoption du tracé poussé, en remontée de plume, qui est peut-être, autant que la vélocité de la main, le trait distinctif des écritures cursives. C'est encore

Ces extraits d'actes notariés montrent différentes réalisations du mot testament, *écrit en toutes lettres et sans abréviation, entre 1545 et 1581 :*

La séquence test- *en début de mot évolue dans le sens d'une cursivité croissante. La réalisation des lettres par ligature interne permet de les tracer une par une sans lever de plume.*

On remarquera le e *dont les deux traits constitutifs ont évolué en une boucle assez ample. C'est encore une boucle de ligature qui joint le digramme* st, *conférant à cette séquence une physionomie si particulière.*

Dans le deuxième exemple la barre du t *finit à son tour par être happée en ligature.*

Enfin la troisième image montre l'exemple d'une cursivité échevelée, où la simplication du tracé donne un aspect idéographique à l'ensemble du mot, au détriment du découpage des lettres.

cette alternance entre traits tirés et traits poussés qui est à l'origine des pleins et des déliés que consacrera la calligraphie.

À l'échelle de la paléographie française, cette tendance s'affirma très tôt, dès le début du XIVe siècle. Les ligatures de tête en pied reculèrent ainsi au profit des ligatures de séquence au sein de chaque lettre, selon une habitude que nous avons conservée depuis. En corollaire, ces lettres dessinées au fil de la plume, sans lever de main, purent être reliées entre elles par des ligatures, de pied en tête cette fois, comme nous faisons encore aujourd'hui.

Malheureusement cette révolution effectuée selon des principes si faciles à comprendre, presque familiers, aboutit pour nous à une surcroît de difficulté. Les nouvelles prouesses de la plume s'accomplirent en effet au détriment de la lisibilité, avec une rationalisation du *ductus* de chaque lettre parfois très éloignée de notre compréhension immédiate.

Cette cursivité accrue eut pour principale conséquence de produire des figures plus difficiles à pénétrer que les anciennes ligatures de tête en pied, où, à raison même des limites du système, l'économie du *ductus* était plus facile à déchiffrer. Nous voilà désormais plongés au cœur des difficultés de la paléographie.

❍ La mixte

La révolution de l'écriture liée avait besoin d'un modèle aussi fiable que la caroline en son temps, dans un contexte tout autre.

Le désordre issu du mélange et de la multiplication des ligatures internes et externes favorisa donc, au tournant du XIVe siècle, l'adoption d'une écriture réformée issue de la chancellerie parisienne, que les professeurs de l'École nationale des chartes ont pris l'habitude de qualifier de *mixte* à la suite d'Alain de Boüard. Nous resterons fidèles à la terminologie chartiste, préférant réserver le terme de *bâtarde* aux formes livresques de la mixte.

Au-delà des *ductus* qui lui sont propres et qu'elle n'a d'ailleurs pas tous inventés, la mixte doit son épanouissement à l'évolution de l'instrument d'écriture.

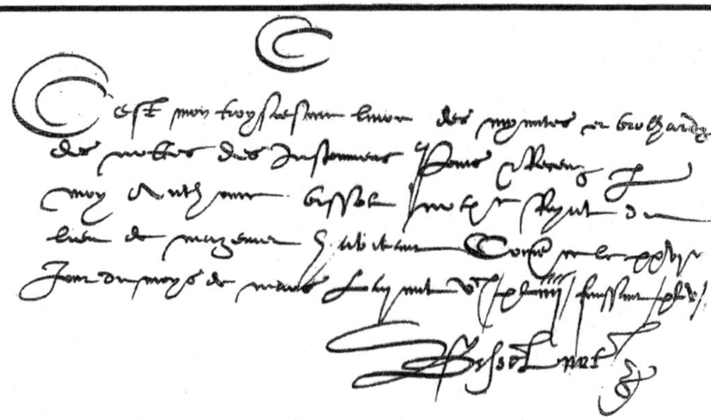

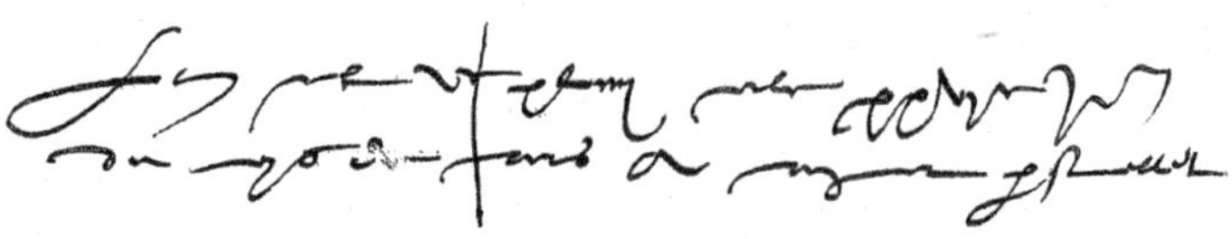

C'est mon troysiesme livre des mynutes et brolhardz
des nottes des instrumens prins et receus par
moy Anthoine Bissol not[air]e royal du
lieu de Mazemet habitant, commencé le XXVIe
jour du moys de mars l'an mil V^{C} XLIII finissant XLV
signé : Bissol not[aire]

L'an mil V^{C} XLIIII et le XXVIe jour
du moys de mars à Mazemet p[er]sonnellement...

Il existe un contraste frappant entre l'en-tête du registre, écrit d'une écriture cursive mais appliquée, et la suite des actes dont on découvre ici les deux premières lignes, où s'exprime pleinement le « satanisme de la main ».

*On en veut pour preuve la manière de tracer le nom de la ville de Mazamet (*Mazemet*), beaucoup plus cursive à la deuxième occurrence :*

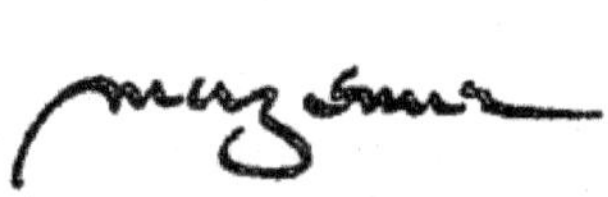 

PLANCHE 4 – Minutes d'A. Bissol, 1545 *(Arch. dép. du Tarn, 6E19)*

Alors que jusqu'au XIIIe siècle on privilégiait l'emploi d'une plume fine et souple, la mixte en exige une plus large, taillée en biseau à gauche. Il en résulte un angle d'écriture d'environ 45° permettant une alternance quasi mécanique entre pleins et déliés et facilitant les mouvements à rebrousse plume. Marc Smith note enfin un dernier changement de longue portée : l'inclinaison des écritures rapides qui tendait vers la gauche jusqu'au début du XIVe siècle commence à s'inverser ; la pente à droite, typique d'une écriture glissée à faibles variations de pression, redevient le trait dominant comme au temps de la nouvelle écriture commune.

Alors qu'auparavant la plume devait être tirée vers le bas ou vers la droite, l'usage du trait poussé autorisé par la mixte offrait un éventail beaucoup plus large de directions. C'est pourquoi Emmanuel Poulle considérait son apparition comme le début d'une véritable révolution dans l'histoire de l'écriture. Le grand œuvre de la mixte est d'avoir transformé une écriture fractionnée en une écriture liée, et même, lorsque la cursivité l'exige, extraordinairement liée, au grand plaisir des paléographes chevronnés.

Selon les canons de la mixte, presque toutes les lettres sont exécutées en une seule séquence, sans ligatures entre elles. Il s'agit pour nous d'une simplification d'autant plus aisée à admettre que, dans un premier temps, elle peut faciliter notre lecture. Mais dans les décades suivantes, le génie des scribes va à nouveau s'appliquer à lier les lettres entre elles, à la recherche des *ductus* les plus économiques, au prix de déformations qui peuvent sembler très éloignées du type original.

La puissance du modèle sert cependant de force de rappel. C'est la raison pour laquelle il faut toujours faire l'effort d'abandonner la lecture typographique ou analogique des lettres isolées, pour en faire une lecture analytique à partir du *ductus*. Comme pour la lettre B de l'ancienne écriture commune, c'est la seule manière de comprendre et même de deviner comment une lettre est apte à se déformer et à entrer en ligature. Pour bien lire une lettre, il faut toujours comprendre comment elle est tracée. C'est peut-être l'unique leçon de la paléographie.

Dès le XVe siècle l'évolution est acquise malgré la survie de certaines ligatures de tête en pied. Les dessins réalisés par Emmanuel Poulle et

Marc Smith montrent toute la différence entre l'ancien et le nouveau tracé, ici l'exemple du *e*, du *a* et du *c*, désormais tracés en un seul temps :

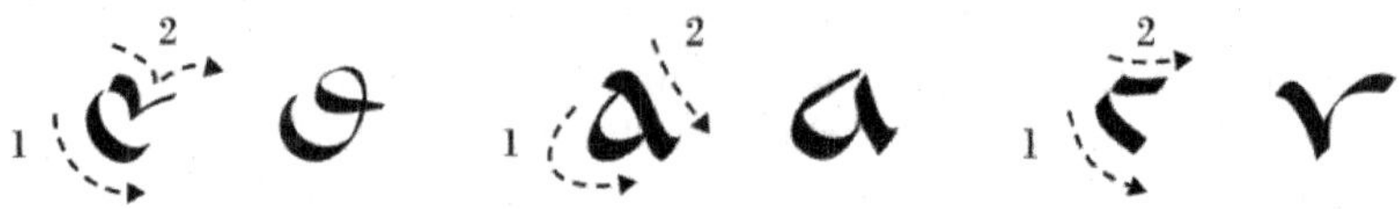

Emmanuel Poulle avait par ailleurs développé le cas de la lettre *p*, qui lui semblait exemplaire par ses formes exceptionnellement multiples :

fig. 1 fig. 2 fig. 3 fig. 4 fig. 5 fig. 6

On voit ici comment le *p* du XIIIe siècle, en trois parties, a abouti à une simplification en deux parties, œuvre de la mixte. Mais on était encore loin de la réalisation en un seul temps à laquelle les époques suivantes ont essayé d'apporter leur réponse (fig. 3 à 6). Seul le dernier type permet la ligature antérieure et postérieure, au prix de la disparition de ce qui nous paraît comme la marque distinctive du *p*, une hampe majestueuse qui plonge sous la ligne.

La cursivité peut aboutir à une réduction ou à une exagération des lettres selon les besoins. Ainsi il n'est pas rare de voir le p *se recroqueviller en boucle, au point de ne plus plonger sous la ligne, comme dans cette occurrence du verbe conjugué* deppose *(dépose). L'économie du tracé entraîne également des déformations qui peuvent conduire à l'assimilation graphique de lettres que tout oppose au départ, ainsi du* x *et du* p *de* expouser *(épouser).*

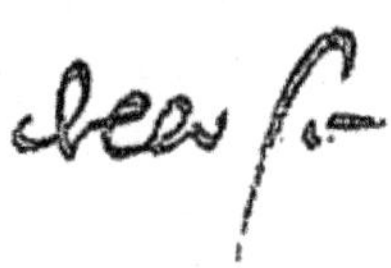

deppose (1582)

expouser (1561)

Dès lors la plume court littéralement sur le papier, gommant le relief des lettres les plus faibles, tels les jambages réduits à un simple trait, ou accentuant celles dont le relief est le plus accusé. La personnalité du scribe s'épanouissant beaucoup plus librement, la difficulté de lecture s'en trouve démultipliée, et même le paléographe confirmé doit fournir un effort pour s'adapter aux façons de chaque greffier. C'est par là que la paléographie rejoint la graphologie.

❍ Gothique et financière

Longtemps mal aimées, les écritures dérivées de la mixte sont couramment qualifiées de *gothiques*, terme où l'on peut lire le même dédain qu'au sens où il a été employé pour la première fois en architecture. Au lieu d'en admirer la stylisation consommée, on a préféré retenir ce qu'elles avaient d'exubérant ou de précipité pour mieux les stigmatiser.

Aucun label ne donne entièrement satisfaction. Même débarrassé de ces aspects péjoratifs, le terme de *gothique* pèche encore par son ambiguïté. Il évoque moins l'unité de civilisation du Moyen Âge que le style d'écriture ou de typographie que les Allemands appellent *Fraktur*.

On a parlé plus tard d'écriture *financière*, bien qu'elle n'ait jamais été réservée aux gens de finance, et que son utilisation ait été générale dans les greffes et les bureaux, tant pour écrire la minute que pour expédier la grosse de tous les actes juridiques et administratifs. C'est l'écriture cursive par excellence, adaptée au travail rapide et à la prise de note sous dictée, facile à déformer et à styliser.

Mieux vaut en tout cas un terme passe-partout qu'une terminologie reposant sur des catégories fautives. Ces classifications peuvent avoir leur utilité en calligraphie, art qui n'est à certains égards qu'une canonisation ou forme policée, si l'on peut dire, de la paléographie. Sinon elles risquent d'aboutir à une forme de confusion rappelant le classement plus ou moins artificiel des écritures précarolines par les érudits du siècle précédent. Elles reposent plus sur une impression visuelle, un rendu d'ensemble, que sur des déterminations strictes.

Le développement de la paléographie comme science passe sans doute par une meilleure connaissance des écritures dans leur diversité. Mais d'un point de vue pratique il ne faut pas se laisser impressionner

Extraict du priuilege du Roy.

Il a pleu au Roy, nostre Sire, donner priuilege et permission à Robert Granjon d'imprimer ce present Liure, (intitulé Philippi Galtheri Alexandreidos) de sa lettre Françoise d'art et main : et pour remuneration de son inuention, veult iceluy Seigneur, que nul autre (quel qu'il soit) en ce Royaume : n'ayt à tailler poinssons, ne contrefaire lesdites lettres Françoises d'art et main : Ne d'icelles vendre ne distribuer aucune impression : fors celle qui sera imprimée par ledit Granjon, sur certaines et grandes peines contenues aux lettres de priuilege dudit Granjon. Et ce pour le temps et terme de dix ans consequutifz, à compter du iour et date des presentes : quant à l'imitation desdits caracteres d'art et main, et quant à l'impression dudit Liure, du iour et date qu'il sera acheué d'imprimer. Et outre ce, lesdits Srs, tant pour ceste oeuure, que pour autres contenues et mentionnées en lesdites lettres, veult et

*Dom Toustain et dom Tassin tenaient cette édition de l'*Alexandréide *de Philippe Gautier de Châtillon, parue en 1558, pour le premier livre imprimé en financière à l'aide des caractères gravés par Robert Granjon.*

Cette police d'impression imite l'écriture manuscrite, dont elle reprend les abréviations et les ligatures les plus courantes. On peut y reconnaître la canonisation du principal type d'écriture dont usaient les scribes.

On l'appellera plus tard lettre de civilité *en raison de l'usage fréquent qu'on fit jusqu'au XIX*e *siècle pour imprimer les manuels de savoir-vivre destinés aux enfants.*

En dépit du privilège accordé par le roi dont on peut lire ici les premières lignes, le caractère inventé par Granjon fut rapidement contrefait. De Lyon où il fut pour la première fois mis sous presse il passa très vite à Paris et dans les principaux pays d'Europe, contribuant au succès de la « lettre française ».

PLANCHE 5 – Caractères gravés imitant l'écriture financière, 1558

par une variété plus apparente que réelle. Au-delà de leurs raffinements, la paléographie s'intéresse surtout au plus grand commun dénominateur des écritures, qui est le *ductus*. C'est un domaine où les ruptures sont rares à l'échelle de l'histoire.

Seules les écritures humanistiques qui maintiennent un lien spécial avec la caroline constituent une filière de développement séparée, mais elles n'encombrent pas les archives et ne nous intéressent qu'à partir du moment où elles contaminent les écritures de chancellerie. On exagérerait à peine en disant que c'est le triomphe de l'écriture humanistique, dans sa version coulée, qui sonne le glas de la paléographie moderne à partir de la deuxième moitié du XVIIe siècle. C'est elle qui nous est encore enseignée à l'école primaire, dans une variante qu'on qualifie d'écriture anglaise. Cela explique que les écritures de la fin de l'Ancien Régime présentent une difficulté bien moindre, même si certains *ductus* anciens persistent jusqu'au début du XIXe siècle, comme certaines manières de tracer le *s* final.

La sophistication des écritures de chancellerie finit par émouvoir le milieu qui les avait vu naître. Au tournant du XVIIe siècle, les écritures de la pratique judiciaire avaient en effet atteint un point d'hermétisme, et même dans certains cas d'amorphisme total, avec le développement sans frein des ligatures. Le satanisme de la main paraissait alors sans limites.

Or, le 14 juillet 1632, le Parlement convoqua les maîtres écrivains jurés pour savoir « quel remède on pourrait apporter au vice qui se trouve en l'écriture que l'on fait à présent de très difficile lecture, à cause de plusieurs lettres que l'on rend semblables, encore qu'elles sont différentes ». Il en résulta le célèbre arrêt du 26 février 1633 limitant à deux les types d'écriture autorisés.

En accord avec la corporation, la cour souveraine consacra en effet la *française* (qu'on appelle encore *ronde*) selon le modèle de Barbedor, et l'*italienne* (ou *bâtarde*, dans un sens plus péjoratif) selon le modèle de Le Bé, futur maître d'écriture de Louis XIV. La première devait demeurer celle des clercs et des professionnels de l'écriture, et la seconde répondre aux besoins du public lettré qui l'avait depuis longtemps adoptée. On retrouve ici une part de l'opposition entre mixte (ou financière) et humanistique, dont elles dérivent respectivement.

Barbedor essaie de concilier la tradition de la magistrature et les exigences de l'esthétique classique. Il définit l'écriture française comme une suite de « répétitions ingénieuses de la ligne droite et des portions agréables du cercle » en opposition à la plus grande facilité de l'écriture italienne qui se diffuse en dehors du monde de la basoche, pour devenir, à la cour comme à la ville, celle de l'honnête homme et des gens de lettres.

Dans le deuxième livre de son Roman bourgeois *(1666), consacré au petit monde de la chicane, Furetière s'amuse avec des personnages qui jouent à contre-emploi. Il met en scène Collantine, plaideuse née, plus à l'aise avec la minute des actes que la grosse écriture des psaumes :*

« Ce merveilleux genie qu'elle avoit pour la chicane parut surtout à l'escole lorsqu'on l'y envoya, car elle n'eut pas si tost appris à lire ses sept Pseaumes, quoy qu'ils fussent moulez, que des exploits et des contracts bien griffonnez ».

À l'inverse il se moque de Belastre, ayant obtenu un office de juge par faveur sans savoir lire, « du moins l'escriture ordinaire de la pratique », et qui entreprend d'y mettre de l'ordre à sa façon :

« Quand il fut installé dans son siège, le premier reglement qu'il fit, ce fut d'ordonner que les procureurs, greffiers, sergens et autres officiers escriroient doresnavant tous leurs actes en lettre italienne bastarde. Car, comme il escrivoit à la manière des nobles, c'est-à-dire d'un caractère large de deux doigts, il ne pouvoit lire que cette sorte d'escriture. Il appeloit chicane tout ce qu'il voyoit escrit en minutte... ».

L'italienne ou bâtarde, qui a les faveurs du grand public, est mal vue des maîtres écrivains qui font tout pour retarder son triomphe. Cette cohabitation difficile, se terminant par une défaite, explique dans quelles limites la paléographie française doit être circonscrite : elle correspond à une partie seulement de la production manuscrite de l'Ancien Régime, dans le temps comme dans l'espace.

Insistons sur ce point : on ne passe pas d'un système médiéval à un système moderne pour aboutir sans heurts à notre écriture contemporaine. Il existe au contraire un chevauchement de longue durée entre une écriture gothique rénovée, extrêmement dynamique entre le XIVe et le XVIIe siècle, et une écriture humanistique inspirée de la caroline, remise au goût du jour par les typographes, gagnant du terrain du XVe au XVIIIe siècle jusqu'à son triomphe à peu près complet. C'est elle dont nous sommes principalement tributaires, ce qui explique toutes les difficultés que nous avons à lire les écritures de tradition gothique, qui sont demeurées, jusqu'au cœur de l'époque moderne, l'apanage des greffiers et des notaires.

Si l'on ne tenait compte que de la difficulté à lire et à transcrire, on pourrait limiter cet âge paléographique au siècle d'or qui va de 1550 à 1650, où la virtuosité des clercs et des tabellions atteint son apogée et s'épanouit librement avant la première tentative sérieuse de réforme calligraphique. Dans la mesure où les écritures humanistiques relèvent essentiellement du for privé, ce sont ces professionnels du droit qui ont constitué les fonds d'archives reflétant l'activité des administrations et des juridictions.

En 1757, dans le troisième tome du traité de diplomatique coécrit avec dom Toustain, dom Tassin pouvait écrire, avec tout l'aplomb des humanistes : « Tous les États d'Europe, à l'exception de ceux du nord et d'Allemagne, qui tiennent encore à leurs mauvais caractères gothiques, sont revenus au romain ». Mais il concédait, quelques lignes plus loin, que « l'écriture ronde ou financière, dont on se sert encore en France dans plusieurs bureaux, était un changement et un reste du gothique minuscule dont on n'avait jamais pu se défaire totalement ».

Les abréviations

Les abréviations déroutent les débutants, inquiets de leur aspect ésotérique, alors que, comme nous venons de le voir, la principale difficulté des écritures anciennes réside dans leur cursivité échevelée.

Il y a même un antagonisme entre abréviations et cursivité : les abréviations héritées de la tradition médiévale conviennent mieux à l'écriture appliquée des manuscrits qu'à la prise de notes rapides. Elles ne permettent pas seulement d'économiser le parchemin. À raison de leur caractère réfléchi et codifié, elles se prêtent à des jeux de mise en page qui ne sont pas sans rappeler l'art des typographes. Au lieu de jouer comme eux sur les césures ou l'espacement entre les mots ou les lettres, les copistes peuvent user d'abréviations de façon à raccourcir un mot en fin de ligne et aligner leur texte à droite – ce qu'on appelle *justifier* en termes d'imprimerie ou de traitement de texte.

L'élégance y trouve son compte indépendamment des questions de mise en page. Les mots latins qu'on abrégeait par contraction, réduits à leurs lettres les plus saillantes surmontées d'un tilde, étaient conçus pour frapper l'œil du lecteur. Les copistes eux-mêmes commettaient moins d'erreurs en recopiant ces abréviations structurées, qui éveillaient leur attention et leur donnaient moins de distraction qu'une succession de jambages ou de lettres susceptibles d'interprétations différentes. Ainsi avaient-ils tout intérêt à développer le système d'abréviations dont on retrouve toute la variété et la subtilité dans le dictionnaire que leur a consacré Adriano Cappelli pour la période médiévale.

Point d'ancrage du texte, le mot abrégé finissait par acquérir un statut analogue à celui d'un idéogramme. Les premiers imprimeurs, qui se considéraient moins comme des révolutionnaires que comme les imita-

Gloriosissimam
civitatem Dei
sive in hoc tem-
porum cursu cum
inter impios
peregrinatur ex
fide vivens,
sive in illa sta-
bilitate sedis aeternae, quam nunc expectat
per pacientiam, quoadusque iustitia con-
vertatur in iudicium, deinceps adeptura per
excellentiam victoria ultima & pace perfecta,
hoc opere ad te instituto & mea promissione
debito, defendere adversus eos, qui condi-
tori eius deos suos preferunt fili carissime
Marcelline suscepi magnum opus & ar-
duum, sed Deus adiutor noster est. Nam

Par convention on appelle incunables *les livres imprimés jusqu'en l'an 1500, d'après un mot latin signifiant* berceau *(incunabula). La filiation qui les relie à l'écriture manuscrite y est encore bien apparente.*

Cette édition de la Cité de Dieu *de saint Augustin réalisée en 1467 par Konrad Sweynheym et Arnold Pannartz à Subiaco passe pour être le premier ouvrage jamais imprimé en caractères romains. La présence d'enluminures, peintes au goût des acquéreurs du livre, montre que l'imprimerie a d'abord été vécue comme une simple modernisation de la copie manuscrite, dont elle respecte encore tous les codes.*

On innove ici par l'utilisation de caractères imitant l'écriture humanistique, créés pour plaire à un public italien rétif aux caractères gothiques que ces imprimeurs d'origine allemande avaient apportés avec eux en 1465.

L'illusion de la calligraphie est renforcée par l'emploi d'une typographie enrichie de signes abréviatifs. Comme dans un atelier de copie, ils servent encore à équilibrer la ligne et à éviter des césures, notamment quand la lettrine G *réduit la largeur utile de la colonne. Le tilde représentant indifféremment la lettre* n *ou* m *est alors particulièrement mis à contribution, mais non systématiquement. Cette liberté d'appréciation, bien éloignée de la rigidité du traitement de texte, rapproche encore l'imprimé du manuscrit.*

Ce texte composé en latin utilise enfin les mêmes abréviations que nous retrouverons en français. De ce point de vue la filiation entre paléographie latine médiévale et paléographie française moderne est évidente : il n'y a que la langue qui les sépare.

PLANCHE 6 – Le berceau de l'imprimerie

teurs et les continuateurs des copistes, furent obligés d'en tenir compte. Il ne faut pas s'étonner que leurs polices de caractère aient inclus d'emblée un jeu d'abréviations pour mieux imiter la forme des manuscrits, sans compter les ligatures particulièrement nombreuses dans l'italique qui imite la cursive. On en compte soixante-cinq dans le tout premier, commandé par le grand imprimeur vénitien Alde Manuce en 1501, et même soixante-huit dans le premier garamond italique.

Dans l'écriture documentaire, celle des documents d'archives, l'emploi des abréviations est beaucoup moins systématique et tend à décliner. Le phénomène se comprend aisément : à mesure que la cursivité se développe et que la plume court sur le papier, il devient plus économique d'abréger les mots en simplifiant leur *ductus*, en bref d'écrire mal, que de recourir à des abréviations. Quant à la justification des lignes, elle s'opère désormais à l'aide d'un simple trait de fuite.

Si l'usage des abréviations tend à se faire plus rare dans les documents d'archives, c'est aussi parce que le vocabulaire technique utilisé par les tabellions et les greffiers est naturellement plus restreint que celui des concepts maniés par les théologiens. Pour dresser un contrat quelconque, un clerc de notaire a en effet recours à un formulaire beaucoup moins étendu que celui dont usent les spécialistes de l'œuvre de saint Thomas d'Aquin.

Les abréviations rencontrées en paléographie moderne sont de ce fait beaucoup plus redondantes et faciles à deviner, selon la typologie de l'acte, même quand la cursivité en complique le déchiffrement. À la longue, le lecteur d'archives acquiert des réflexes de moine copiste, et devient sensible à l'avantage idéographique que lui procurent les abréviations. Trois lettres enveloppées dans un tilde majestueux sont en effet souvent plus faciles à cerner qu'un mot sans relief écrit en entier.

À l'exception des signes non alphabétiques qui se suffisent à eux-mêmes, comme les notes tironiennes, les abréviations ont en commun l'usage de tildes ou de lettres barrées pour souligner la présence d'un mot ou d'une syllabe incomplète. Le terme de tilde ne doit pas induire en erreur. Même s'il existe des voyelles tildées d'un | ˜ | selon la logique de notre clavier (par exemple *ayãt* pour *ayant*), il s'agit plus généralement d'un trait de superposition affectant tout ou partie d'un mot.

& @ #

Importés par les Anglo-Saxons sur nos claviers, le & (« et commercial ») ainsi que le @ (« a commercial ») ont une histoire bien différente.

Tandis que l'esperluette utilisée en typographie classique peut être considérée comme le dernier avatar du |7| tironien, en dépit d'une filiation discutable, l'arrobase a des origines plus mystérieuses.

Le terme lui-même vient d'Espagne où l'arrobe désignait, un peu comme le muid en France, une unité de mesure applicable aux liquides ou aux solides. Cependant la touche @ du clavier n'en provient pas directement. Selon Marc Smith, il est plus vraisemblable que ce soit une déformation stylisée du à français qu'on employait dans les pays anglo-saxons comme abréviation de at *pour indiquer un prix, d'où son appellation concurrente de « a commercial ».*

au[tr]e

Du point de vue de la paléographie, le @ n'a pu apparaître qu'avec la révolution de l'écriture et la généralisation du trait poussé permettant l'enroulement vers la gauche du trait de fuite du a traité en arrobase. Le plus ancien exemple relevé par Marc Smith date de 1391. Par extension le @ se substitue au tilde dans les abréviations en a[n], dans certaines abréviations par suspension (av[oir]) ou par contraction (|aue| pour autre).

Quant au #, qu'on appelle couramment dièse en raison de sa ressemblance avec le signe utilisé en musique, il s'agit en fait du croisillon qu'on appelle hash key *en Angleterre et plus explicitement* pound key *aux États-Unis. Il s'agit en effet d'une stylisation de la ligature* lb *qu'on employait pour les livres pesantes, £ étant réservé aux livres monétaires. En paléographie française cependant, l'abréviation de la livre tournois est plutôt celle du croisillon. Les scribes se servent également de ronds, de croix ou de croisillons pour servir de renvoi aux notes marginales ou infrapaginales.*

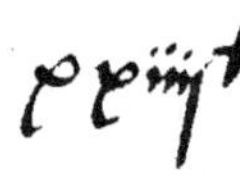

XXIII #

Typologie des abréviations

On peut distinguer deux niveaux d'abréviation : l'abréviation par contraction et l'abréviation par construction, si l'on nous permet ce néologisme, qui englobe toutes les autres. Alors que le premier type a un caractère fortement idéographique et résiste à l'analyse dès que la cursivité s'en mêle, on peut comparer les autres, qui ne portent que sur une syllabe à la fois, à des briques modulables, plus faciles à identifier. Un cas typique est celui de la lettre *p* et de ses abréviations syllabiques en |per|, |pre| ou |pro|. On peut ajouter à la famille des abréviations par construction toutes celles par suspension, qui portent sur les dernières syllabes du mot.

❍ Abréviations par contraction

Les principales abréviations par contraction :

autre |aue|
bien |bn|
cause |cae|
chacun |chn|
château |chau|
châtelet |chlet|
cheval |chal|
chevaulx |chaulx|
chevalier |chlr|
comme |coe|
communiquer |coiquer|
église |egle| ou |eglie|
frère |fre|
général |gnal|
lettre, lettres |lre|, |lres|
monsieur |monsr|
notre |nre|
présence |pnce|
présent |pnt|
prêtre (prebstre) |pbre|
sieur / seigneur |Sr|
spécial |spal|
spéciaulx |spaulx|
votre |vre|

Prénoms :
Guillaume |Guille|
Jehan |Jhn|
Philippes |Phles|

Noms de lieu :
Thoulouse |Thle|

L'abréviation par contraction est celle qui porte sur l'ensemble du mot, lui conférant son allure mystérieuse ou ésotérique. Ce sont les seules qu'on doit connaître par cœur, en tout cas celles qu'on doit essayer de garder en mémoire après les avoir rencontrées une fois, car on est sûr qu'elles reviendront sous d'autres plumes à différentes époques. Il s'agit le plus souvent de réalités quotidiennes (|hoe| pour homme, |chau| pour château) ou d'adjectifs chéris des notaires (|pnt| pour présent). Certaines d'entre elles n'ont de sens que dans un contexte géographique précis, par exemple |Chlet| pour Châtelet, à Paris, sur le modèle de château. De la même façon, l'abréviation |Thle| pour Thoulouse n'est comprise qu'en Languedoc.

Dans la plupart des cas l'abréviation nous aide à repérer un mot courant qu'elle fait sortir de la banalité : |aue| pour *autre*, |aues| pour *autres*, souvent abrégés en forme d'arrobase, ou encore |pnt| pour *présent*, |pns| pour *présens*, |pntes| pour *présentes*, puisque les abréviations s'accordent le plus souvent en genre et en nombre. Comme on le voit, l'abréviation ne cherche pas à dissimuler ou plutôt à mettre en valeur un mot rare ou compliqué, comme cela peut être le cas dans un manuscrit de théologie. Il s'agit le plus souvent, pour les mots abrégés par contraction, de termes d'une affligeante banalité que l'habitude du formulaire notarié, au moins autant que la rigueur de l'analyse paléographique, aide à restituer.

Guill[aum]e Duch[aste]au (1577)

Ch[aste]audouble (1651)

On a fréquemment recours aux abréviations pour écrire des noms de personne ou de ville, que leur utilisation soit spécifique (|Guille| pour *Guillaume*) ou beaucoup plus générale (|chau| pour *château*).

Bien entendu l'emploi des abréviations par contraction n'a rien d'exclusif. Les noms suivants sont écrits à l'aide d'abréviations par suspension ou par exposant :

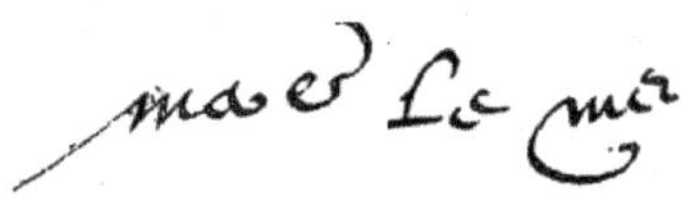

Nicol[as] Le M[aistr]e (1572)

Jacques Le M[aistr]e (1627)

❍ Abréviations par exposant

Les abréviations par exposant qu'on utilise encore assez volontiers de nos jours (par exemple dans 1er ou n^{o}) peuvent être considérées comme un cas particulier d'abréviation par contraction. Elles sont plus faciles à cerner dans la mesure où ce sont toujours les lettres du milieu qui manquent. Sous l'Ancien Régime, elles servent souvent à abréger des titres d'honneur : M^{e} pour *maître*, S^{r} pour *sieur* ou *seigneur*. On prendra garde aux lettres qui ne font qu'exprimer des chiffres romains, notamment dans les dates où *mil* V^{C} IIII^{XX} équivaut à 1580.

Quand on a besoin d'abréger un mot moins convenu, on utilise une technique d'abréviation par construction qui s'apparente à un jeu de lego ou de meccano. Avant de rentrer dans le détail de ces briques élémentaires, il faut revenir sur l'héritage latin dont la planche 7 donne un aperçu plus large.

❍ Latin et notes tironiennes

Notre langue a dans l'ensemble assez peu innové. Les syllabes ou groupes de lettres susceptibles d'être abrégées sont d'abord celles que le français a en commun avec le latin, moyennant quelques adaptations.

Ainsi la préposition *cum* (avec) qui entre en composition dans de nombreux mots latins, abrégée en forme de |9|, est reprise dans les mots commençant par *con-* ou *com-*. À tout seigneur tout honneur, la préposition *comme* qui traduit exactement le latin *cum* est souvent notée *|9|me*. De même, les terminaisons en *-us* et *-ur*, l'une fréquente dans la déclinaison, l'autre dans la conjugaison latines, sont recyclées en français pour noter des mots courants : nous (no|us|), vous (vo|us|), pour (po|ur|), jour (jo|ur|).

Certaines de ces abréviations latines sont appelées *notes tironiennes*, du nom de Tiron, secrétaire et affranchi de Cicéron qui passe pour être l'inventeur de ce système de sténographie. À l'époque classique on comptait environ quatre mille notes que la pratique médiévale a pu multiplier par trois ou quatre. Il est difficile d'en connaître le nombre : les notes de base pouvaient se combiner en dessins plus complexes, et les mots les plus longs s'écrire avec différents arrangements de notes.

L'usage des notes tironiennes a décliné à partir du XIIe siècle, suivant en cela le mouvement général qui donnait la priorité à la cursivité sur les abréviations. Les seules qui ont surnagé dans l'alphabet courant sont le |7|et le |9| tironiens.

On a vu que le *neuf tironien*, noté |9|, était l'équivalent de la préposition latine *cum*, qui entre en composition de nombreux mots, plus particulièrement à leur début. De son côté le *et tironien* imite tantôt une boucle, tantôt un 7, bien qu'on ne l'appelle jamais *sept tironien*. Nous le noterons |7| pour ne pas entretenir la confusion avec l'esperluette qui tend à reproduire une ligature entre *e* et *t*. Sur le même modèle on notera |7c| l'amplification du |7| pour *et cetera*.

Les abréviations en p *(*|per|*,* |pre| *et* |pro|*) et en* q *(*|que|*,* |qui|*) sont particulièrement bien représentées dans l'édition de la* Cité de Dieu *que nous avons présentée en planche 6.*

Celle en |ur|*, que l'on retrouve en français dans quelques mots courants, est mieux adaptée à la conjugaison latine, cette finale étant caractéristique des verbes de la troisième personne conjugués à la voix passive.*

Les abréviations en |us| *et* |er| *ont été ignorées par les typographes, ainsi que les notes tironiennes même si on doit noter l'usage de l'esperluette (&).*

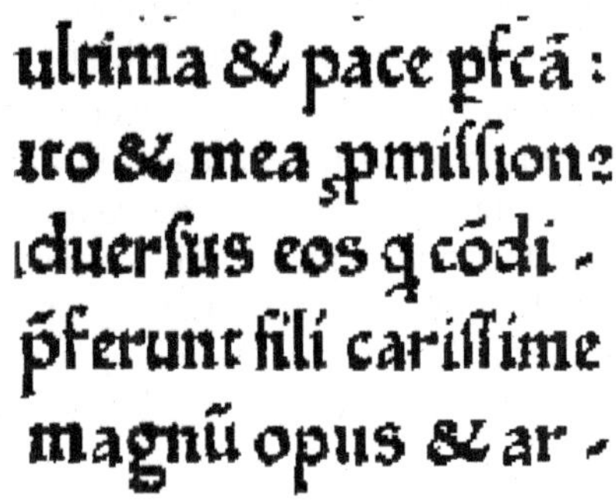

Le participe passé perfecta *illustre un phénomène relativement courant, celui de l'abréviation double, avec un* |per| *et une abréviation par contraction, matérialisée par un tilde final, portant sur le reste du mot. Ici le typographe a dû employer le tilde simple qui sert à noter le* n *ou de* m*, mais l'abréviation* |fca| *pour* facta *est si courante que le lecteur comprend vite que le tilde porte sur les trois lettres qui précèdent. Il a su jouer sur l'aspect idéographique du mot abrégé.*

On remarquera enfin que le texte est à peine ponctué par des | : | *ayant valeur de virgule. Les lettres* u,v *et* i,j *ne sont pas encore distinguées. En revanche, contrairement à l'usage fluctuant de l'écriture manuscrite, les* i *sont systématiquement pointés.*

Les abréviations en **|us|** ***et en*** **|tion|** *:*

p[**ro**]positio[**n**]ib[**us**], sillogismos ac disputat[**i**]o[**n**]es

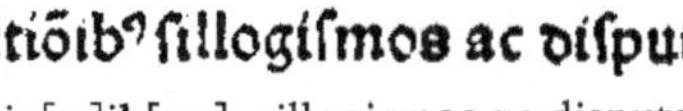

dict[**i**]o[**n**]es esse ignorat null[**us**]

*Dans ce texte imprimé à la fin du XV*e *siècle dans une écriture gothique arrondie qu'on appelle « lettre de somme », le jeu des abréviations latines est un peu plus étendu. Le* 9 *placé en exposant (à la différence du neuf tironien, posé sur la ligne) représente* |us| *en fin de mot. L'abréviation en* |tion|*, plus courante en français, est également utilisée.*

PLANCHE 7 – Les abréviations héritées du latin

Quant à l'héritage grec, on ne le citera que pour mémoire avec le monogramme XP, plus exactement *khi-rho* (Chr), qui désigne le Christ. Jusqu'au XVIe siècle où ce prénom est assez fréquent, on y a recours pour noter *Christophe*, qu'on orthographie plutôt Christofle, d'où l'abréviation |Xpofle|. Sauf l'adjectif *chrétien* qu'on écrit parfois |xpien|, il existe très peu d'exemples d'utilisation de ce système qui tombe en désuétude peu après 1600.

Une comptine redécouverte par Charles Samaran ajoutait à la fin de l'alphabet italien, outre le |7|et le |9|, les désinences latines en *-rum* et *-bus* qui n'avaient plus cours : « Ette, conne, ronne et busse : sia laudato el bon Jesusse ». Les dictionnaires italiens gardèrent un temps *ette*, *conne* et *ronne* après le Z : d'où le dicton « dalla A al Ronne », équivalent de notre « A à Z ».

Seule l'esperluette était parfois reconnue en France comme la 27e lettre de l'alphabet. Le *conne ronne* de l'alphabet italien intriguait tant Mme de Boufflers qu'elle demanda un jour à Casanova d'où venait ce *con rond*. À quoi il répondit prudemment : « Ce sont je crois des abréviations usitées dans le vieux temps ».

À la fin de son célèbre Champ fleury, *traité de typographie sorti sous les presses de Gilles de Gourmont en 1529, Geoffroy Tory proposait différents alphabets. L'un en* bâtarde, *l'autre en* lettre de forme *(ci-dessus) incluaient un |7|et un |9| à la suite du z. Théoricien de l'orthographe, Tory fut un des premiers à préconiser l'usage des accents.*

❍ Abréviations par suspension

D'une manière générale, les abréviations directement inspirées du latin sont plus courantes au XVIe qu'au XVIIIe siècle, l'oubli et le désintérêt pour les formes anciennes ayant conduit à la multiplication des abréviations nouvelles dont nous usons encore spontanément aujourd'hui.

À côté des abréviations par exposant, il s'agit essentiellement des abréviations par suspension, marquées à l'aide d'un tilde. Elles ont en commun de sacrifier la fin du mot selon un usage relativement libre qui sollicite la sagacité du lecteur.

Il est inutile de recourir à un dictionnaire d'abréviations tel que le Cappelli pour faire de la paléographie moderne. En plus de maîtriser les difficultés propres aux écritures cursives, il suffit de connaître, outre les abréviations par suspension les plus classiques, les mécanismes d'abréviation syllabique. Cela réclame au final plus d'entraînement que de mémoire.

Le tableau page suivante récapitule à cette fin les principales abréviation selon un ordre méthodique. Nous allons prendre pour chaque type l'exemple d'un mot représenté par trois illustrations échelonnées entre la fin du XVe et le début du XVIIIe siècle.

Il peut être utile, à des fins critiques ou pédagogiques, de mettre en relief les lettres qu'on restitue en transcrivant un mot abrégé.

On peut les placer entre crochets, comme nous avons fait dans notre Dictionnaire de paléographie. *Dans ce chapitre nous utiliserons également le gras pour souligner l'ensemble d'une syllabe abrégée et restituée.*

Pour des raisons de lisibilité, nous aurons également recours aux barres d'encadrement pour reproduire, sans les développer, certains mots ou syllabes abrégées. Dans ce système |pro| équivaut à p[ro], et |Thle| à Th[ou]l[ous]e.

Abréviations par contraction

type général	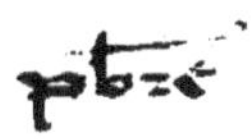 *1486*	 *1547*	 *1643*	|pbre| *ie.* prebstre (prêtre)

Abréviations par tilde (m,n)

✔ *le tilde posé sur* a, e *ou* o, *plus rarement sur* i *et exceptionnellement sur* u, *représente un* n *ou un* m *selon les cas. Ce traitement de la nasale rappelle l'alphabet phonétique international (ã etc.).*

abréviations en [m]	 *1474*	 *1540*	 *1677*	fem[m]e
abréviations en [n]	 *1518*	 *1554*	 *1613*	don[n]er (1518) *puis* don[n]e (1554, 1613)

Abréviations en |us|

✔ *Utile en latin, l'abréviation* |us| *est plus rare en français même si on peut la trouver dans certains mots courants (*no[us], vo[us], to[us]...*). Graphiquement elle ressemble au* neuf tironien *(*|9|*) dont elle se distingue doublement par sa situation en fin de mot et en exposant sur la ligne.*

|*us*|	 *1468*	 *1565*	 *1632*	no[us]

Abréviations en |ur|

✔ *Comme* |us|, *l'abréviation* |ur| *a été empruntée au latin pour noter certains mots courants (*jo[ur], po[ur]*). Elle est plus fréquente puisqu'elle peut apparaître dans la finale* -eur, *comme dans* curate[ur] *ou* vale[ur]*. De plus on la trouve moins exclusivement en finale (*co[ur]t, bo[ur]geois*).*

✔ *Toujours placée après une voyelle (*o *ou* e*), l'abréviation* |ur| *peut servir à maintenir une orthographe archaïsante, ainsi* porteur *qu'on écrira* po[ur]teur, *et même dans certains cas* po[ur]te[ur] *avec une double abréviation |ur|.*

✔ *À moins d'être déformé par la cursivité, le tilde abréviatif affecte une forme ondulée, en chandelle, qui le distingue nettement des autres. L'angle avec la ligne est variable, le plus souvent entre 0° et 45°.*

|ur|	 *1540*	 *1630*	 *1693*	le[ur]

Abréviations en p

Les abréviations en p sont au nombre de trois :

p barré : |par| ou |per|

✔ *la voyelle compte moins ici que la place de la consonne.*

✔ *par exception le prénom Pierre est couramment abrégé en* |per| *(*|Per|re*).*

p tildé : |pre| ou |pri|

✔ |pri| *peut s'exprimer à l'aide d'un tilde en chandelle évoquant un* i *suscrit.*

p bouclé : |pro|

abréviations en |per|	 *1450*	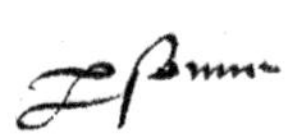 *1547*	 *1650*	p[er]sonne(s)
variante |par|	 *1450*	 *1508*	 *1558*	p[ar]tant

abréviations en |pre|	 *1493*	 *1557*	 *1626*	p[re]mier
variante |pri|	 *1450*	 *1608*	 *1650*	p[ri]sons
abréviations en |pro|	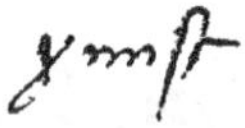 *1451*	 *1547*	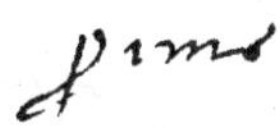 *1650*	p[ro]mist (1451) *puis* p[ro]mis (1547, 1650)

Abréviations en q

✔ *Le* q *tildé a normalement valeur de* \|que\|. *On peut préciser la valeur de la voyelle à l'aide d'une lettre suscrite (*i *pour* qui, *ou* a *pour* quant *avec le renfort d'un* q *barré). La cursivité tend néanmoins à assimiler les lettres suscrites au* q *tildé.*

abréviations en |que|	 *1493*	 *1520*	 *1704*	jusq[ue]s
variante |quan|, *avec* a *suscrit puis tilde*	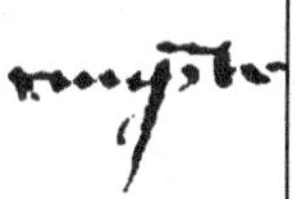 *1458*	 *1568*		cinq[uan]te

Abréviations en r

✔ *La forme du tilde, le plus souvent dressé en chandelle, peut imiter celle de l'arrobase quand il vient à envelopper la consonne qui précède.*

✔ Faire *et* notaire *sont très souvent abrégés comme s'il s'agissait de* fere *et* notere, *qu'on voit parfois même ainsi écrits en toutes lettres.*

✔ *Bien que le tilde soit souvent rejeté en fin de mot dans le cas d'une finale en* -ere, *on lira* not[er]e *plutôt que* note[re], *et* f[er]e *plutôt que* fe[re] *car l'abréviation porte normalement sur la consonne (éventuellement suivie d'un* i *consonne, comme dans* rivi[er]e *ou* premi[er]e*).*

✔ *Les abréviations en* |per| *(p barré) et* |pre| *(p tildé) suivent un régime particulier ; d'autres réalisations de* |er| *ont lieu à l'aide de lettres barrées, notamment le* s *(par exemple* s[er]ment*) et le* v *(par exemple* v[er]tu*).*

<table>
<tr><td>abréviations
en |er|</td><td>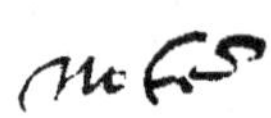
1562</td><td>
1622</td><td>
1669</td><td>not[er]e

ie. notaire</td></tr>
<tr><td>variante
|ar|</td><td>
1450</td><td>
1508</td><td>
1558</td><td>M[ar]tin</td></tr>
<tr><td>abréviations
en |re|</td><td>
1450</td><td>
1568</td><td>
1641</td><td>ent[re]</td></tr>
<tr><td>variante
|ri|</td><td></td><td>
1520</td><td></td><td>c[ri]minelz</td></tr>
</table>

Abréviations en *s* barré

✔ *Le s barré équivaut soit à une abréviation de type |er| (avec une variante en |ur| comme dans s[ur]plus), soit à une abréviation par suspension (mais[on], rais[on], plus[ieurs], ass[avoir] etc.).*

|ser|	 *1466*	 *1503*	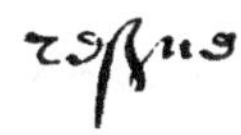 *1615*	res[er]ve
autres emplois	 *1558*	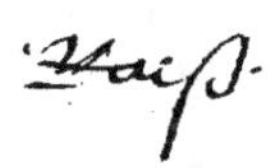 *1572*	 *1601*	rais[on]

Abréviations en *v* barré

✔ *Le* v *barré équivaut à une abréviation de type |er|, rarement à une abréviation plus sévère, comme celle de* veuve.

✔ Vierge *(la sainte Vierge) et* verge *(sergent à verge) s'abrègent de la même façon en v barré.*

|ver|	 *1486*	 *1520*	 *1608*	v[er]tu *puis* en v[er]tu (1608)
autres emplois	 *1570*	 *1577*	 *1605*	v[euv]e

Abréviations en d barré

✔ *Le* d *barré n'est pas associé aux abréviations en |er| à la différence du* s *et du* v *de même nature. Typique de l'article anaphorique* led[it], lad[ite] *et de ses composés, il sert également à marquer des abréviations sévères vouées à disparaître au profit des abréviations en exposant.*

article anaphorique	 *1542*	 *1577*	 *1668*	aud[it]
autres emplois	 *1520*	 *1558*	 *1650*	d[emandeu]r

Abréviations par suspension

✔ *Les abréviations par suspension, qui permettent de couper la fin d'un mot, sont très variées. Parfois sévères, elles peuvent prêter à ambiguïté. Avant de les résoudre, on tiendra compte du contexte et du sens de la phrase.*

✔ *Les abréviations en |tion| se comportent comme une abréviation par contraction portant sur la dernière syllabe. Marquées à l'aide d'un tilde, elles s'obtiennent en ôtant le groupe* ti *de la séquence* -tion *, un peu plus quand la voyelle qui précède est un* i*, un peu moins quand le mot se termine en* -ntion *: attesta[ti]on > |attestaon|, constitu[ti]on > |constituon|, discu[ssi]on > |discuon|, oppo[siti]on > |oppoon|, intenc[i]on > |intencon|.... On peut leur préférer l'utilisation d'un exposant : oppo[siti]on > oppo^{on}.*

abréviations par tilde	 *1531*	 *1550*	 *1694*	lieuten[ant]

abréviations en |tion|	 *1569*	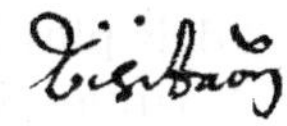 *1644*	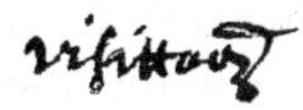 *1714*	visita[ti]on
abréviations par exposant	 *1572*	 *1623*	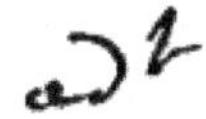 *1698*	$\text{ad}^{\text{(ca)t}}$ *ie.* advocat (avocat)

Notes tironiennes

✔ *Le |7| (équivalent du latin* et*) admet des réalisations variées, entre boucle et zigzag.*

✔ *Il n'est pas toujours possible de reconnaître les deux éléments de la séquence |7c| (etc.) qui peut être stylisée à l'extrême.*

✔ *Le |9| (équivalent du latin* cum*) s'emploie toujours en composition, en début ou en milieu de mot.*

|7|	 *1403*	 *1577*	 *1645*	|7| *ie.* et
variante |7c| *(etc.)*	 *1468*	 *1584*	 *1641*	|7|c *ie.* etc.
|9|	 *1518*	 *1572*	 *1641*	|9|tenu *ie.* contenu

Emmanuel Poulle notait dans son introduction à la *Paléographie des écritures cursives* qu'il n'existait déjà plus, à la fin du XVe siècle, de système cohérent d'abréviations. À part les préfixes *per-*, *par-*, *pro-*, *pre-* et *pri-*, les conjonctions et relatifs *que* et *qui*, les notes tironiennes |9| et |7|, seuls quelques mots d'un usage particulièrement fréquent avaient conservé leur abréviation traditionnelle, tels que *présent*, *cause*, *jour*, *avoir*, *autre*, ou *chacun*. Il concédait aussi une certaine résistance du tilde à la place d'une nasale *n* ou *m*, souvent tracé en ligature au milieu du mot. Fait nouveau, on rencontrait une plus grande variété d'abréviations par suspension, dépendant de facteurs tels que la direction de la plume au moment d'aborder le trait abréviatif, l'appel du mot suivant, la place du mot abrégé au milieu ou à la fin de la ligne, enfin l'humeur et le caprice du scribe.

Il y a peu de choses à ajouter à ce constat. Empiriquement, le déclin et la disparition des schémas d'abréviation classiques ne devient flagrant qu'à partir du XVIIe siècle. Avant 1600, il est délicat de les hiérarchiser par ordre de fréquence, chaque scribe ayant en outre ses préférences. À côté de celles citées par Emmanuel Poulle, il ne faudrait pas minimiser le poids des abréviations en |er|/|re| et |ur|. Si celles en |ur| demeurent cantonnées à des mots dont l'emploi réserve peu de surprises (*pour*, *jour*) ainsi qu'à la finale des mots en *-eur* où elles sont faciles à repérer, celles en *r* (|er|, |ar|, |re| et plus rarement |ri|) continuent de poser des difficultés.

Extrêmement fréquente, et même emblématique dans le cas du verbe *faire* qu'on écrit souvent |fe˜| (*f[er]e*), c'est l'abréviation que nos élèves ont le plus de mal à apprivoiser. Rien n'est en effet plus facile pour un scribe que de travestir un mot en ôtant au hasard ou presque un groupe *er*/*ar* ou *re*/*ri*, que ce soit au début d'un mot (*m[ar]chand*), au milieu (*aut[re]ment*) ou à la fin (*out[re]*, *esc[ri]pt*), et à le remplacer par un tilde dont la forme est très évolutive. Il s'agit normalement pour cette abréviation d'un tilde vertical, « en chandelle », qui dans les écritures cursives prend souvent la forme d'une ligature audacieuse, parfois proche de l'arrobase. Les lettre barrées ayant valeur d'abréviation |er|, en particulier le *s* (*s[er]ment*) ou le *v* (*v[er]tu*), jusqu'au classique *p* barré, connaissent également des déformations impressionnantes.

Nous avons essayé de tirer des illustrations de notre *Dictionnaire* une statistique des mots abrégés ; elle n'a qu'une valeur indicative. Considérant toutefois que chaque type d'abréviation comportait plusieurs centaines d'occurrences, il pouvait être intéressant de voir à quelle époque on les employait de préférence. Nos images étant toutes datées, il était même possible de calculer la valeur médiane correspondant à chaque type d'abréviation, c'est-à-dire l'année en-deçà et au-delà de laquelle on trouvait un nombre égal d'occurrences. Ainsi, plus la date médiane est basse, plus l'abréviation tend à être employée à une époque ancienne. Moins que la date elle-même, tributaire de notre échantillon de textes, on peut retenir l'ordre indiqué par le tableau suivant :

Abréviation	Médiane
m *ou* n	1540
|er|/|re|	1540
abréviation double	**1541**
S barré	1558
|9| (neuf tironien)	1559
|pro|	1559
|par| *ou* |per|	1559
|ur|	1562
Ensemble	**1568**
par suspension	1572
par contraction	1572
|tion|	1593
par exposant	1640

On voit par exemple que les abréviations par exposant sont nettement plus modernes que celles en *m/n* (voyelle tildée) ou celles en *r*. Plus généralement, dans notre échantillon, la moitié des mots abrégés figure avant 1568, l'autre après, ce qui permet de distinguer deux groupes de part et d'autre de cette césure. Le résultat de cette répartition n'est pas surprenant, sauf dans le cas des abréviations par contraction, dont l'origine ancienne est compensée par un usage figé dans la pratique au profit de certains mots courants. On remarque aussi que les mots affectés d'une abréviation double, par exemple *p[ro]cure[ur]*, sont typiques d'un état ancien et qu'ils tendent à disparaître ensuite.

On notera enfin qu'au-delà des abréviations doubles, il peut exister plusieurs façons d'abréger un mot. On peut abréger *comme* en |*9*|*me*, |*coe*| ou bien *com[m]e*, par exemple. Notre statistique laisse seulement supposer que cette dernière forme est plus archaïque que les deux précédentes. De la même manière un mot comme *procureur*, avec ou sans |pro| au début, peut être abrégé par suspension (*procur[eur]*) ou à l'aide de l'abréviation |ur| (*procure[ur]*). En revanche il n'est pas d'usage

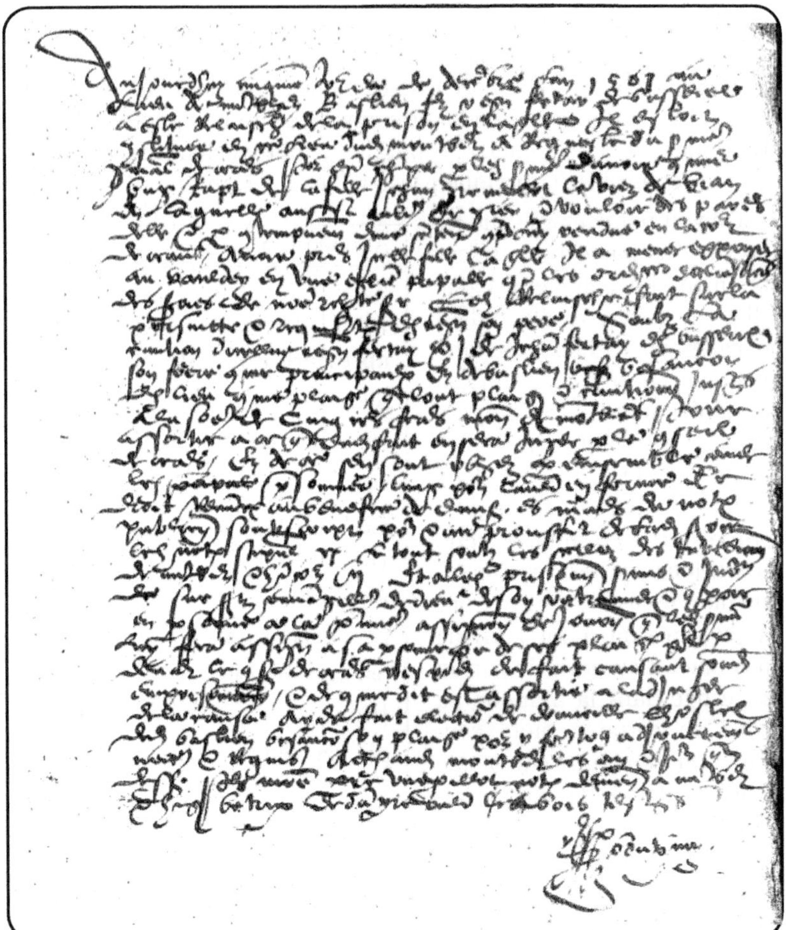

PLANCHE 8 – Bailliage de Montbéliard, 1561 *(Arch. nat., Z[2] 1700)*

d'utiliser un tilde en chandelle après un *p* pour marquer l'abréviation |per|, réservée au *p* barré.

Étude de cas

Afin d'illustrer ce qui précède, nous allons conclure ce chapitre avec une mise en situation réelle. Il s'agit d'une page de procédure tirée des archives du bailliage de Montbéliard, reproduite ci-contre (planche 8). Datée de 1561, elle présente une fréquence d'abréviations remarquable, 149 pour 334 mots, dont 18 doublement abrégés. Leur distribution doit autant aux habitudes du scribe qu'à des traits plus généraux qu'on retrouve dans les textes de cette époque.

Si les pourcentages indiqués dans le tableau suivant ne peuvent faire l'objet d'aucune extrapolation, on notera cependant qu'à peu près tous les types sont représentés :

Abréviation	%
par contraction	5,37%
m *ou* n	17,45%
en *p*	10,74%
dont |par|/|per|	*6,71%*
dont |pre|/|pri|	*1,34%*
dont |pro|	*2,68%*
en *q*	6,04%
|tion|	0,67%

Abréviation	%
|us|	0,67%
|ur|	8,05%
en *r*	6,71%
en *s* barré	3,36%
en *d* barré	8,72%
par suspension	20,13%
|7| tironien	5,37%
|9| tironien	6,71%

C'est pour cette raison qu'il nous a semblé intéressant de terminer le chapitre avec un tableau de tous les types d'abréviations qu'on peut rencontrer dans ce texte singulier, en suivant la grille élaborée dans notre synthèse précédente.

Auparavant nous allons procéder à l'analyse d'un extrait de trois lignes qui nous montrera la nécessité, avant de d'entamer une transcription, de faire appel à tous les éléments que nous pouvons déduire du contexte d'un acte.

La planche 9 présente un extrait détaillé et commenté des lignes 8 à 11 de la planche précédente, pour mieux montrer la densité et de la variété des abréviations utilisées par le greffier du bailliage de Montbéliard. Mais comme nous le verrons de manière plus approfondie aux chapitres 4 à 6, l'analyse paléographique ne se résume pas à au déchiffrage des ductus et des abréviations.

La date du texte (1561) est à prendre en considération. Elle nous met en garde contre la possibilité de rencontrer des termes vieillis, tels que celui de *contempnement*, doublet de *contempt*, tous deux issus du latin *contemptus* qui signifie *mépris*. À l'archaïsme de la langue s'ajoute parfois celui de l'orthographe : le participe passé *prins* au lieu de *pris* mérite d'être retenu, cette forme étant amenée à perdurer au moins jusqu'à la fin du XVIIe siècle.

Notre texte s'inscrit d'autre part dans le contexte des guerres de religion en France et de la paix d'Augbsourg entre catholiques et luthériens d'Allemagne (1555). Il importe ici de savoir que le comté ou principauté de Montbéliard n'est français que depuis 1793, ayant échu dès 1407 par mariage au comte de Wurtemberg. Par conséquent on y adopta la religion réformée dès 1534, en application de l'adage *cujus regio ejus religio* qui voulait qu'au sein de l'Empire la religion des sujets suive celle de leur prince.

On notera enfin que l'adoption par le duc de Wurtemberg, comme prince de Montbéliard, du titre de *redouté* ou *très redouté seigneur*, assez courant au XVe siècle et dont se prévalaient les ducs de Bourgogne. C'est son caractère usuel qui explique l'usage d'une abréviation aussi sévère.

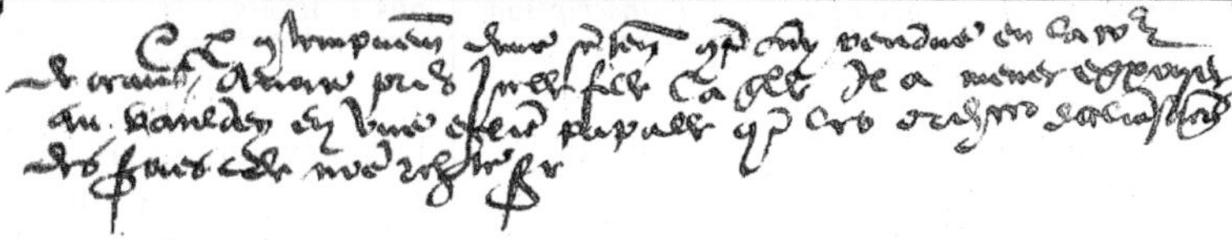

et p**ar** **con**tempnem**ent** d'une se**n**ten**ce** **contre** luy rendue en la co**ur**t
de ceans, avoir pri**n**s icelle fille laq**ue**lle il a mené expouser
au Vauldey en une eglis**e** papalle **contre** les ord**onnan**ces eccl**es**iasticq**ues**
des **seigneu**ries de n**ost**re red**oub**té s**eigneu**r

Sous réserve du contexte local que nous avons présenté dans le corps du chapitre, les abréviations par contraction obéissent à un code universel et correspondent toujours à des mots d'usage courant : |eglie| *pour* église *(la filiation avec le latin* ecclesia *se retrouvant un peu plus loin dans l'abréviation du mot* ecclesiasticq[ues]*).* Notre, |nre|*, issu du latin* noster*, est encore plus classique.*

Le nombre de mots affectés d'une abréviation double est remarquable : |9|tempnem[ent] *et* |9|t[re]*, qu'on trouve à deux reprises, commencent même par un neuf tironien. On notera également une forme classique de* |7| *(*et*) au début de la première ligne.*

On remarquera aussi les abréviations par lettres barrées, en d *(*red[oub]té, ord[onnan]ces*) et en* s *(*s[eigneur]ies*), dont l'emploi est un peu plus flexible.*

L'aptitude des signes abréviatifs à entrer en ligature peut sembler déroutante dans certains cas : on relèvera l'abréviation |ur| *de* co[ur]t *mais aussi et surtout le* n *de* pri[n]s *figuré par un tilde avalé par la ligature entre le* i *(non pointé) et le* s *final.*

D'un point de vue purement paléographique on relèvera l'alternance des s *droits et bouclés selon qu'on se place en début (milieu) ou en fin de mot. Même sans avoir la valeur d'un* khi-rho*, la séquence* xp *d'expouser est remarquable : elle illustre à quel point le* p *bouclé par la cursivité se rapproche de la forme classique du* x*. Comme on le verra dans le chapitre consacré à l'orthographe, le* x *a ici valeur de double* s*.*

Mo[n]tbél[iard] et H[er]ico[ur]t

Les abréviations des noms de lieux sont étroitement dépendantes du contexte local. On le voit dans l'exemple du comté de Montbéliard et de la seigneurie d'Héricourt qui en dépendait. Si dans le cas d'Héricourt la lecture de la double abréviation en |er| et |ur| est relativement aisée, la graphie et la nature de l'abréviation employée pour Montbéliard sont plus résistantes à l'analyse. Seul le contexte local et le caractère répétitif du terme (Montbéliard est cité six fois dans l'acte, toujours abrégé, dont quatre fois doublement) permettent de lever les doutes que l'analyse paléographique laisserait subsister.

Da[m]p[ier]re oult[re] les bois

Le nom d'une commune peut avoir subi des variations minimes, comme dans le cas de Dampierre-les-Bois. Les noms de lieu en Dam- (latin *dominus*) comme Dampierre ou Dammartin témoignent d'une couche d'évangélisation plus ancienne que ceux en saint (Saint-Pierre ou Saint-Martin). Dans le cas de Dampierre on retrouve le *m* abrégé par tilde, suivi de l'abréviation classique du prénom Pierre, fondée sur |per|, pure convention que l'étymologie (latin *Petrus*) ne saurait expliquer. La préposition *oultre*, à l'orthographe archaïsante, est normalement abrégée en |re|.

PLANCHE 9 – Bailliage de Montbéliard, 1561 (détail)

type	*exemple*	*transcription*	*observations*
abréviations par contraction	  	|gnal| |nre| |soe|	les abréviations par contraction sont d'autant plus sévères que le mot est d'usage courant.
abréviations par tilde	  	cea[n]s dece[m]bre electio[n]	le tilde sur *i*, qu'on voit cependant sur *pr[i]ns*, est plus rare que sur les autres voyelles (*a,e,o*).
abréviations en p	    	p[ar] |9|p[ar]oir p[(i)er]re p[re]mi[er]e p[ri]sonnier	p barré : |par| ou |per| ✔ *Certains mots comportent une abréviation double, ici un* neuf tironien. ✔ *par exception le prénom Pierre est couramment abrégé en* |per|. p tildé : |pre| ou |pri|

	 	p[ro]mis p[ro]cure[ur]	p bouclé : |pro|
abréviations en q	 	jusq[ue]s laq[ue]lle	*Le* q tildé *a le plus souvent valeur de* |que|.
abréviations en |us|		to[us]	L'abréviation en |us|, en forme de 9, se place ordinairement en exposant à la fin d'un mot.
abréviations en |ur|	   	jo[ur] po[ur] po[ur] le[ur]	*pour*, *jour* et *leur* sont les mots en *-ur* les plus fréquemment abrégés. ✔ *Les deux premiers exemples commencent avec une majuscule, les deux suivants avec une minuscule.*

abréviations en |er|ou |re|	 	f[er]e est[re]	Les abréviations en |er| ou |re|, qui admettent des variantes en |ar| ou |ri|, portent d'abord sur la lettre *r*.

abréviations en s barré	 	s[ain]tz s[eigneu]ries	Les abréviations en *s* barré servent aussi à noter l'abréviation |ser|.

abréviations en d barré	 	led[it] aud[it]	Les abréviations en *d* barré sont typiques des articles anaphoriques extrêmement fréquents dans les textes de la pratique (*ledit*, *ladite*, etc.).

abréviations en |tion|		assign[ati]on	Les abréviations en |tion| se présentent plus ordinairement sous la forme *assigna[ti]on*.

abréviations par suspension		cautionn[ement]	Les abréviations par suspension sont très variées et se laissent déduire tant du début du mot que du sens général de la phrase.
		mon[noie]	
		not[aire]	
		stipul[ant]	
|7| *tironien* (et)		et	Le |7| tironien admet des réalisations variées, entre boucle et zigzag.
		et	
		etc.	
|9| *tironien* (cum)		[com]me	Le |9| tironien s'emploie toujours en composition.
		[con]seil	

Lettres et digrammes

Si la paléographie s'intéresse au tracé des lettres, elle n'en propose aucun type idéal au sens de la calligraphie ou de la typographie. Chaque scribe habille à sa façon le *ductus* de base. Une même page peut présenter des écarts plus ou moins grands dans la réalisation des lettres, naturellement affectées par leur position en début ou en fin de mot, ou encore par les torsions subies en ligature.

Dans l'idéal on devrait parcourir chaque texte en entier avant de le déchiffrer pas à pas, afin d'en reconnaître l'alphabet et noter, à chaque occurrence d'une lettre, les différentes formes qu'elle épouse. Dans la pratique la chose est beaucoup moins évidente.

Certes chaque lettre a sa personnalité, et cet ouvrage essaie d'en tenir compte en proposant des planches ou des encadrés rappelant l'histoire et les particularités de certaines d'entre elles. Pour autant ce ne sont pas seulement des lettres isolées qu'il faudrait classer et inventorier, mais aussi des digrammes, des trigrammes, et pourquoi pas des mots entiers que la cursivité transforme en idéogrammes.

En dernière analyse, la paléographie ne se pratique guère à l'état pur, tel un b.a.-ba inversé. C'est cette constatation, entre autres, qui nous avait amenés à proposer notre *Dictionnaire* afin de contextualiser les difficultés présentées par le déchiffrement des lettres et des mots, ces derniers apparaissant selon un certain ordre de probabilité.

Les lettres elles-mêmes sont loin d'être égales au regard de la statistique. Tandis que les mots apparaissent selon un ordre lié à la nature de l'acte ou à la structure logique de la phrase, elles se succèdent à une fréquence propre au génie de la langue.

	1450-1750		*1850-*
rang	**lettre**	**%**	**lettre**
1	E	17,7%	E
2	S	7,6%	A
3	A	7,6%	S
4	R	7,4%	I
5	T	7,3%	N
6	N	6,9%	T
7	I	6,3%	R
8	U	6,2%	L
9	L	5,4%	U
10	O	5,3%	O
11	D	4,5%	D
12	C	3,4%	C
13	P	2,7%	P
14	M	2,6%	M
15	V	1,5%	V
16	Q	1,2%	G
17	F	1,1%	F
18	Y	1,1%	B
19	G	1,1%	Q
20	B	0,9%	H
21	H	0,9%	X
22	X	0,5%	J
23	J	0,5%	Y
24	Z	0,5%	Z
25	K	0,0%	K
26	W	0,0%	W

Le tableau ci-contre montre les lettres les plus courantes en français. Les colonnes en grisé en indiquent l'ordre de fréquence dans un corpus de transcriptions paléographiques (120 000 mots), avec leur pourcentage ; la dernière colonne, l'ordre de fréquence des lettres dans un échantillon de textes écrits selon les règles du français actuel.

Sans être surprenante, l'information principale que ce tableau délivre est éclatante : c'est la position éminente de la lettre *e*, qui avec plus de 17% d'occurrences, devance largement toutes les autres. Or il s'agit d'une lettre à la personnalité très affirmée, qui joue un rôle essentiel en paléographie.

On constate d'ailleurs peu de différences entre nos deux sources. Par commodité nous avons maintenu la distinction *i/j* et *u/v*. La distorsion la plus flagrante est celle qui apparaît dans le corpus paléographique au profit du *y*, au détriment du *i* qui a la faveur des orthographes modernes. Dans le même ordre d'idée, le *a* a pu creuser l'écart avec le *o* à la faveur du remplacement du groupe *oi* par le groupe *ai*. Quoique concurrencé par le *z*, le *s* était en revanche plus fréquent naguère, avant d'être remplacé par l'accent circonflexe (*maistre* > *maître*). Ce sont là quelques conjectures pour expliquer de menues variations dans un ordre globalement stable. Remarquable en pourcentage, le *z*, très utilisé autrefois pour marquer le pluriel, n'en tire d'ailleurs aucun avantage en termes de classement.

En procédant à des regroupements, on mettrait en évidence un phénomène massif, l'omniprésence des jambages. Dans la plupart des textes en effet rien ne distingue les lettres *i*, *j*, *m*, *n*, *u* ou *v*, auxquelles on peut ajouter le *t* final, généralement non barré, qui représente 50% de l'effectif de cette lettre. Tous ces jambages représentent 23,9% des occurrences de l'alphabet, 27,7% avec le *t* final.

En chiffres ronds 40% des lettres que nous avons à déchiffrer ne sont composées que de *e* et de jambages.

Avec le *a*, le *s* et le *r* elles forment une large majorité des deux tiers !

La lecture des jambages, jointe à celle des abréviations tiendrait parfois du défi si le contexte général de l'acte ne fournissait quelques pistes :

le p[ro]c[ureur] g[e]n[er]al app[el]ant *a minima*

(1586)

Ce serait cela la paléographie, apprendre à reconnaître le *e*, jongler avec les jambages et quelques autres lettres à la personnalité plus ou moins affirmée ? Oui, mais c'en est aussi toute la difficulté, quand les jambages et autres caractères faibles surabondent.

Pour trouver des points d'appui, il faut apprendre à reconnaître les lettres saillantes, celles dont la personnalité affirmée renforce l'ossature du mot. Leur liste peut varier en fonction des scribes. Certains traiteront le *p*, le *l* ou le *d* comme de petites lettres bouclées qui montent ou qui descendent très peu sous la ligne. Ces écritures fluides, plus arrondies, qui tendent à prévaloir après 1650, ne sont modernes qu'en apparence. Elles sont moins faciles à appréhender que les écritures d'inspiration gothique, beaucoup plus anguleuses, qui les précèdent.

Au rang des voyelles fortes, on notera le *a*, le *e*, le *o* et le *y*. Seuls le *i* et le *u* sont véritablement faibles et assimilables à des jambages. Comme on l'a déjà noté, le rôle du *e* est prépondérant à raison de sa fréquence élevée.

Si le e *peut être muet en phonétique, il est d'autant plus parlant en paléographie qu'il voit son relief accru par l'effet des ligatures. Ces deux réalisations de la locution* en événement *(1557) sont exemplaires :*

Sans le relief apporté par la barre du e*, le mot ne serait qu'un amas de jambages, puisque le* t *final tend à leur être assimilé. Dans ce texte de 1613, l'exagération est encore plus manifeste :*

et demeure prevenent de

Un autre phénomène, lié à l'exagération de la ligature, est la ressemblance parfois troublante entre le e *et le* d *bouclé. Alors que ce dernier a tendance à rétrécir, le* e *au contraire monte très au-dessus de la ligne.*

On voit dans ces deux lignes d'un registre paroissial de 1626 deux réalisations du d *et du* e *étrangement similaires. La ligature* er *qu'on voit dans* mer *est par ailleurs d'une facture extrêmement classique.*

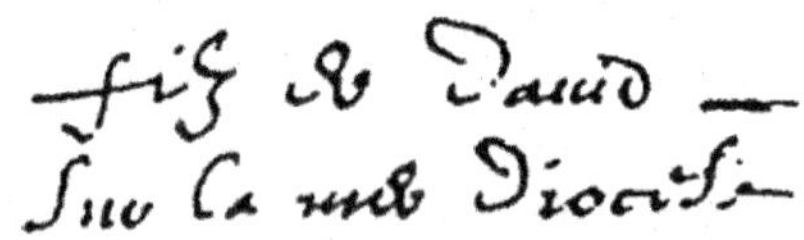

... filz de David...
... sur la mer diocèse... (*1626*)

D'une façon générale, étant donné la relative faiblesse du e *en position finale, c'est en ligature postérieure que son potentiel s'exprime le mieux.*

... sans qu'ilz...
... Et desquelz... (*1580*)

Une dernière difficulté, que la planche consacrée à la lettre s *rendra plus sensible, est l'étonnante similitude de tracé qui peut exister entre le* e *et le* s *final de type oval. On voit cette affinité ci-contre entre la majuscule de* Et *et le* s *final de* sans*, et dans cette suite de mots se terminant en* es *:*

ses (1572) des (1632) après (1675) euvres (1685) nopces (1693)

PLANCHE 10 – La lettre *E*

Le pouvoir structurant du s *droit apparaît pleinement dans cet exemple, où l'on relèvera aussi l'effet produit par le* n *final, toujours plongeant, en ligature postérieure.*

en possession et saisine (1594)

Il s'agit toutefois d'une lettre polymorphe. Non seulement le s *droit n'est possible qu'en début ou milieu de mot, mais même en position médiane on peut trouver une variante bouclée qui annonce déjà le* s *moderne.*

sur ce suffisante (*1594*)

Dans l'exemple ci-contre, tiré de la même page, on voit que cette variante apparaît à la fantaisie du scribe. On notera que le f *ne se distingue du* s *droit que par sa barre médiane.*

Le s *final se présente différemment. Notre texte en propose la forme ovale, promise à un brillant avenir. Elle fut cependant longtemps concurrencée par une forme bouclée, que l'on voit dans le deuxième exemple, où les deux variantes cohabitent :*

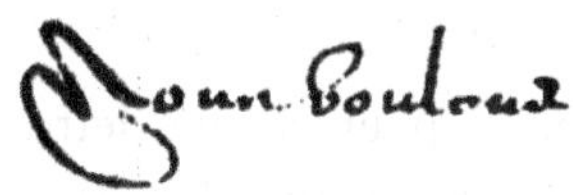

nous voulons (1594)

tous les ouvrages (1550)

Il faut être très vigilant avec le s *final oval qui se développe à la fin du XVII*[e] *siècle sous une forme dont la cursivité exacerbée peut induire en erreur :*

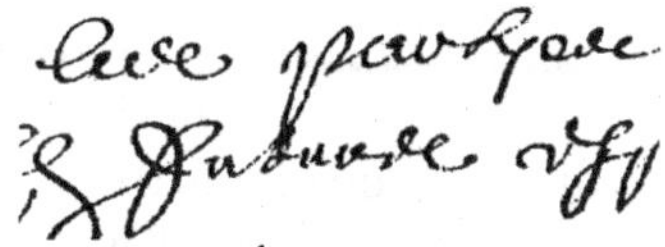

… les partyes…
… futurs esp… (*1677*)

Ce s *final devient si populaire qu'il est encore imité dans les caractères gravés à la veille de la Révolution, et même au-delà :*

Enfin, on rapellera que la séquence ss *dont est issu le* ß *typographique peut donner lieu à certains raffinements, où seul le premier* s *est traité comme une grande lettre. On voit dans l'exemple suivant le nom d'une personne, René Garousse, écrit sur un même acte en 1688 par deux mains différentes :*

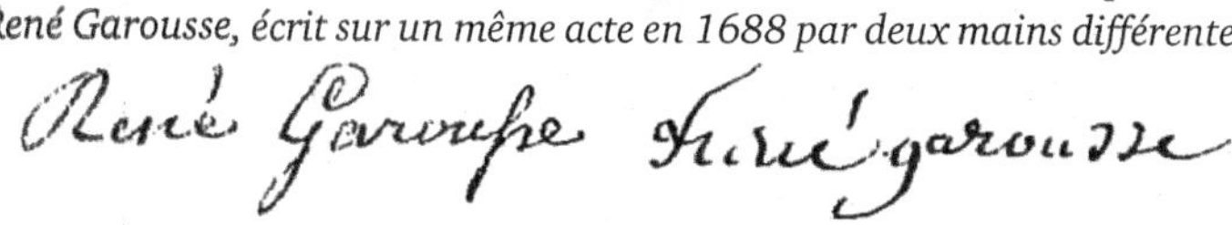

PLANCHE 11 – La lettre *S*

Quelques exemples de ligature st *(*estat*) :*

(1540).

(1547).

(1562).

(1568).

(1667).

Parmi les consonnes on insistera sur le *s* qui joue un rôle un peu analogue à celui du *e* auprès des voyelles. Le groupe *st*, où il a souvent la valeur d'un accent circonflexe, est particulièrement structurant. On ajoutera le *f* qui ressemble beaucoup au *s* droit, avec une barre en plus, et le *h* dont les deux boucles, supérieure et inférieure, sont des plus caractéristiques. Le *z* qu'on trouve surtout en fin de mot a une importance stratégique moindre.

Les lettres *b*, *d*, *g*, *p*, et *q* sont en général saillantes à cause de leur haste (en montée) ou de leur hampe (en plongée), mais elles peuvent être parfois fortement réduites en ligature, notamment le *p*. Quant au *t*, même en faisant abstraction de la position finale où il s'assimile souvent à un jambage, il n'est pas toujours traité comme une grande lettre, sa barre étant diversement mise en valeur.

Il existe en outre pour chaque lettre une probabilité, plus ou moins grande, d'être suivie ou précédée d'une autre. Certains résultats sont sans surprise : ainsi le *h* a 70% de chances d'être précédé d'un *c*.

Certaines ligatures ayant une physionomie bien particulière, comme le *st*, il n'est pas indifférent de noter qu'un *t* à 10% de chances d'être précédé d'un s, et un s plus de 15% de chances d'être suivi d'un *t*.

La prévalence du *e* s'exprime encore sous un autre angle : il a 14% de chances d'être précédé d'un *d* ou d'un *r* (alors qu'en sens inverse un *d* a 59% de chances d'être suivi d'un *e*, et un *r* 39%). C'est d'ailleurs les cas de la plupart des consonnes qui, à des degrés divers, ont un affinité plus grande avec le *e* (*c*, *g*, *h*, *l*, *m*, *s*, *t*, *v*).

En revanche le *f* et le *p* préfèrent la compagnie du *a* (vu la fréquence du groupe *par*), et, sans surprise, le *q* est toujours suivi d'un *u*.

Certaines tendent à être précédées d'une consonne : le *t* par le *n* ou le *s*, le *g* également par le *n* ; quant au *f*, au *l*, au *m* et au *p*, ce sont les lettres le plus souvent redoublées.

Cette constatation nous ramène à notre point de départ, à savoir que les lettres, quelle que soit leur fréquence, sont le plus souvent enchâssées dans des syllabes ou séquences de lettres, seuls le *a* ou le *y* pouvant former des mots isolés.

Les difficultés de lecture étant justement liées aux ligatures, l'étude de la paléographie n'est pas tant celle d'un alphabet que d'un syllabaire composé de digrammes et de trigrammes, c'est-à-dire de groupes de deux ou trois lettres.

	1450-1750		*1850-*	
rang	**digramme**	trigramme	digramme	trigramme
1	**ES**	**ENT**	**ES**	**ENT**
2	**DE**	**ANT**	**DE**	**LES**
3	**RE**	**QUE**	**LE**	EDE
4	**EN**	OUR	**EN**	**DES**
5	**LE**	**LLE**	**RE**	**QUE**
6	**NT**	EUR	**NT**	AIT
7	**ET**	**PAR**	**ON**	**LLE**
8	**ER**	**RES**	**ER**	SDE
9	**ON**	TRE	**TE**	ION
10	UR	EST	EL	EME
11	**OU**	**LES**	**AN**	ELA
12	**TE**	IER	**SE**	**RES**
13	**AN**	PRE	**ET**	MEN
14	QU	QUI	**LA**	ESE
15	**SE**	ELL	**AI**	DEL
16	AR	ILL	IT	**ANT**
17	IE	NTE	ME	TIO
18	EU	POU	**OU**	**PAR**
19	**LA**	ONT	EM	ESD
20	**AI**	**DES**	**IE**	TDE

Le tableau ci-contre montre quels sont les vingt digrammes ou trigrammes les plus fréquents en français, par conséquent les plus utiles à connaître.

Les groupes communs au corpus paléographique et au français contemporain sont marqués en gras.

Ainsi, quand le contexte n'est pas suffisant pour éclairer le sens d'un mot ou d'une phrase et qu'il n'est pas possible d'en déchiffrer toutes les lettres une à une, on peut toujours se demander quels sont les séquences les plus probables, sachant que les digrammes ou trigrammes les plus fréquents sont également les plus susceptibles d'être affectés par la cursivité.

Admettons que notre alphabet compte 26 lettres, ce qui n'est pas tout à fait exact en paléographie, puisque le *i* et le *j*, le *u*, le *v* et le *w* font double ou triple emploi. Ces 26 lettres théoriques peuvent s'accoupler de $26^2 = 676$ manières différentes, et former $26^3 = 17\ 576$ trigrammes différents. Il existe en théorie 676 digrammes et 17 576 digrammes possibles.

En pratique les possibilités sont moindres. On ne rencontre pas plus de quatre cents digrammes différents, dont seule une centaine présente un intérêt statistique. Les vingt premiers digrammes composent déjà 37% d'un texte moyen. Il en suffit de trente-trois pour arriver à la moitié.

Ce sont eux qui participent le plus à la logique de la langue, tant d'un point de vue phonétique, orthographique que paléographique, même s'ils ne donnent pas toujours lieu aux ligatures les plus spectaculaires.

Ces digrammes sont d'abord des syllabes réunissant une consonne et une voyelle, ou encore une voyelle et une consonne, de façon à exprimer un son. On a vu l'importance du *e* qui apparaît dans sept des dix premiers digrammes.

Cependant la façon d'écrire le français n'étant pas purement phonétique, les digrammes ne renvoient pas toujours à des sons, mais à des codes ou morceaux de codes. La fréquence des groupes *en* et *nt* reflète ainsi l'importance du trigramme *ent* qu'on utilise abondamment dans la conjugaison des verbes et la formation des adverbes. Les digrammes *ur* et *qu* doivent également leur importance à la part prise dans la formation d'unités plus complexes subissant une forte contrainte orthographique (*eur*, *our*, *qui*, *que*...).

Un tétragramme se décomposant toujours en deux digrammes, nous ne pousserons pas l'analyse au-delà du trigramme. Bien que le nombre de combinaisons théoriquement possible soit ici beaucoup plus élevé (17 576), la proportion de combinaisons utiles, entre 2500 et 3500 selon les corpus envisagés, est beaucoup plus faible, et seuls 200 trigrammes peuvent être qualifiés de courants.

Leur fréquence est d'ailleurs beaucoup plus circonstancielle que celle des digrammes. Les trigramme *ant* et *que*, particulièrement fréquents en paléographie, renvoient à un mode de narration typique des styles de

À l'instar du e, *le* h *paléographique est d'autant plus parlant qu'il est phonétiquement muet. À cet égard, seul le* h *d'origine germanique est toujours aspiré, empêchant l'élision de l'article : c'est par là que* le heaume *s'oppose à* l'homme.

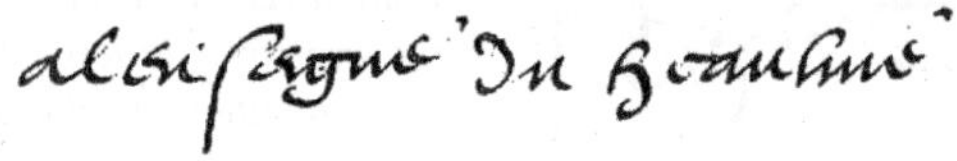

à l'enseigne du Heaulme *(1572)*

Graphiquement, il s'agit d'une lettre double, composée d'une boucle s'élevant au-dessus de la ligne, suivie d'une contre-boucle de même amplitude descendant au-dessous.

Double encore parce qu'il en existe deux variantes principales, comme le montrent ces trois réalisations de la formule honorable homme, *fréquemment abrégée dans les actes notariés (*honn[orable] hom[m]e, *par exemple) :*

(1572)

(1577)

(1601)

On voit qu'en ligature postérieure la contre-boucle remonte parfois bien avant l'achèvement de la lettre. Cette variante, qui n'a rien de prévisible, est très répandue dans les écritures cursives.

en homme *(1642)*

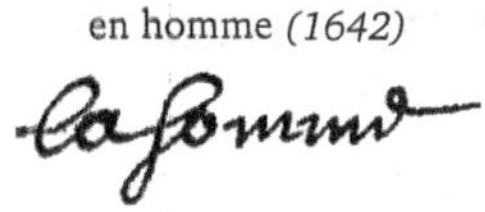

la somme *(1677)*

On notera, comme ci-contre, que la forme ordinaire du h *ressemble parfois beaucoup à celle du* s, *et que c'est principalement le contexte qui peut aider à distinguer la* somme *de* l'homme.

Enfin, on ne peut ignorer la prévalence du groupe ch, *beaucoup plus fréquent que le* h *initial. Un mot aussi courant que* marchant *(marchand), fréquemment abrégé en* m[ar]chant, *servira d'illustration à notre propos :*

(1563)

(1577)

(1584)

(1560)

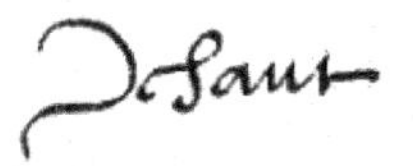

(1564)

(1641)

PLANCHE 12 – La lettre *H*

oblig[eant] etc. *(1547)*

Contrairement à l'idée suggérée par les caractères imprimés, la lettre o *n'est ni un cercle ni un ovale parfaitement clos sur lui-même. Tracée en deux traits, elle tient plutôt de l'anneau brisé.*

Dans l'exemple ci-dessus, la barre qui sert d'ordinaire à marquer les majuscules est seulement suggérée par un tiret à l'intérieur de la lettre. En forme liée le o *affecte la forme d'un ove plus ou moins ouvert sur la gauche.*

Dans les écritures qui jouent sur les brisures gothiques, le o *est souvent, à l'instar du* a, *précédé d'une attaque anguleuse, à l'initiale d'un mot ou à défaut de ligature antérieure.*

Collette *(1590)*

co[ur]t *(1513)*

po[ur] *(1550)*

jo[ur] *(1550)*

La propension du o *à s'ouvrir est également illustrée par les abréviations en* |ur|, *qu'on trouve dans* po[ur] *et d'autres mots courants.*

La nature du o *se révèle encore dans les deux réalisations concurrentes du groupe* co, *l'une ressembant au signe mathématique de l'infini* (∞), *l'autre imitant la lettre grecque omega* (ω) :

com[m]e (1569)

commode (1559)

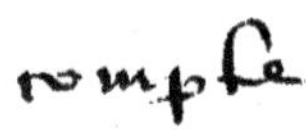

compte (1630)

couvent (1547)

com[m]e (1518)

commode (1531)

comptes (1500)

couvent (1577)

Le c *cherche à accrocher l'ouverture du* o. *Il y réussit tantôt par le bas, tantôt par le haut selon un schéma proche de la ligature de tête en pied.*

On voit ici qu'un même scribe peut utiliser les deux solutions, et que la ligature co *peut être affectée par la brisure gothique de l'attaque du* c.

la corde au col *(1589)*

On notera enfin l'étrange analogie entre le o *ouvert et le* r *bouclé, dont on peut trouver çà et là des exemples frappants (Léonard* vs. *Bernard) :*

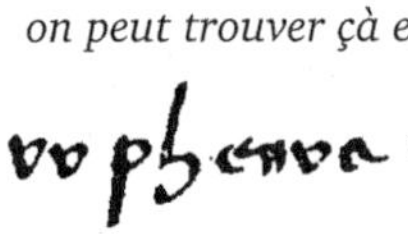

orphèvre *(1549)*

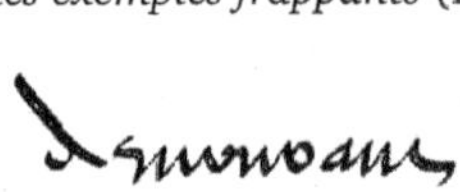

demourant *(1572)*

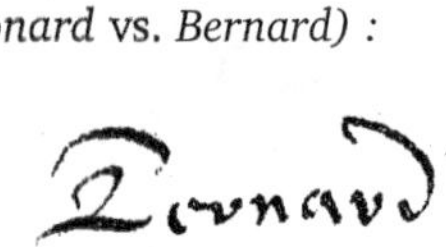

Léonard *(1590)*

PLANCHE 13 – La lettre *O*

procédure, qui abusent du participe présent et des propositions subordonnées.

Du point de vue des ligatures, les trigrammes ont moins d'intérêt que les digrammes. En revanche ce sont les principaux supports des abréviations : *que* > q[ue], *our* > o[ur], *eur* > e[ur], *par* > p[ar], *tre* > t[re], *ier* > i[er], *pre*> p[re], *qui* > q[ui]... Le trigramme *ent* est lui-même couramment résolu à l'aide du tilde, de même que *ant* et *ont*.

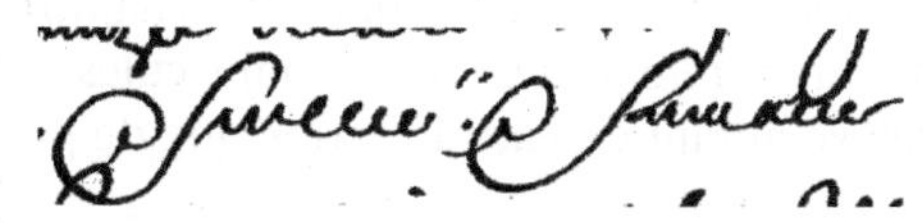

*Les écritures rondes de la fin du XVII*ᵉ *siècle, et même encore celles du XVIII*ᵉ*, peuvent être très difficiles à lire, à raison de l'assimilation pratiquée entre des lettres que les écritures gothiques distinguaient beaucoup plus nettement. On le voit très bien dans cet exemple de 1651.*

Pour ne parler que des deux extraits proposés en gros plan, il est étonnant de voir à quel point les lettres de la séquence « et scellé et suivant *» finissent par se ressembler, du fait de la forte réduction du* l *bouclé et des* e *finals, quasiment assimilés à des jambages.*

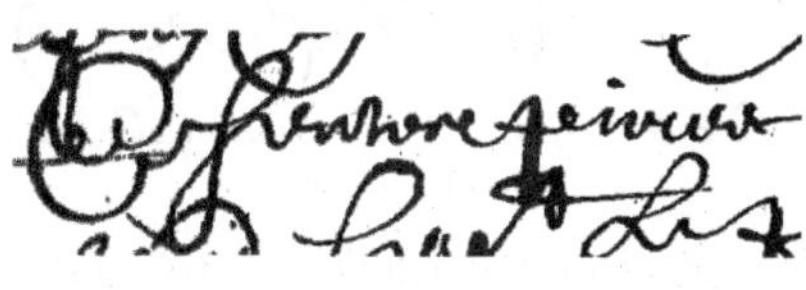

Ligne suivante, la lecture de la séquence « desdictes pièces *» est complètement brouillée par la concurrence que se font le* d, *le* e, *et le* s.

C'est l'exemple même d'une difficulté que peut produire une locution somme toute peu importante pour la compréhension du texte.

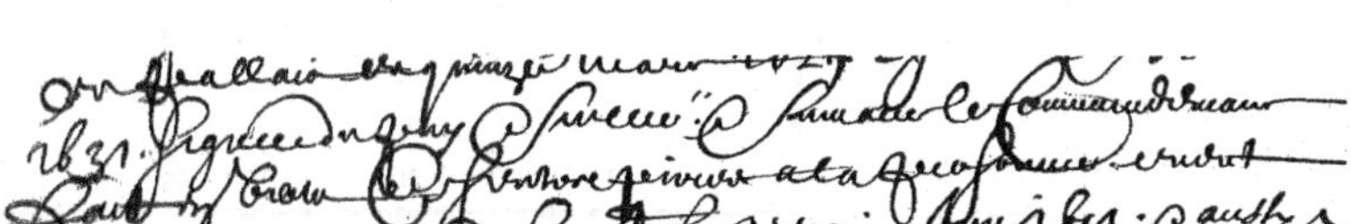

(...) 1631 signée Dupuy et scellée et suivant le commandement fait en vertu desdictes pièces à la personne dudict (...)

L'analyse des digrammes et des trigrammes, venant après celle des abréviations, nous a permis de placer l'analyse des lettres déformées par la cursivité dans un contexte plus large. Cependant, en cas de difficulté, l'analyse purement paléographique d'un mot ou d'une séquence de lettres donne rarement à elle seule la solution de l'énigme.

Il faut lui associer d'autres approches, que nous allons considérer à titre exceptionnel comme des sciences auxiliaires de la paléographie, à commencer par l'orthographe et la syntaxe de la phrase.

Avant d'y procéder dans les chapitres suivants, nous allons faire quelques remarques sur les majuscules et la ponctuation, dont l'emploi relève autant de l'art du scribe que de préoccupations de grammaire.

Majuscules et ponctuation

La ponctuation au sens où nous l'entendons actuellement est à peu près inexistante.

Celle parfois utilisée dans les chartes médiévales (deux points placés côte à côte) a complètement disparu des actes de la pratique.

Quand elle renaît dans des textes plus tardifs, c'est sous une forme bien éloignée de l'usage préconisé par les imprimeurs.

Ce texte de 1639 qui ignore l'usage du point et de la virgule ne méconnaît pas celui de la parenthèse :

(comme il croit)

L'usage qu'il fait des guillemets est un peu plus approximatif :

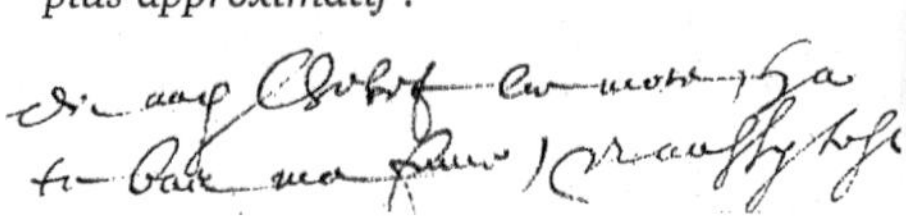

dit aud. Chelef ces mots « Ha tu bas ma feme » et aussytost

Ils furent en effet les principaux innovateurs en la matière. Sans aller jusqu'aux onze signes de ponctuation recommandés par Geoffroy Tory dans son *Champfleury*, les imprimeurs de la Renaissance font un usage assez large du point, de la virgule, du point d'interrogation, des deux points ainsi que des parenthèses. On les retrouve parmi les caractères fondus par Granjon à l'imitation de l'écriture manuscrite. Mais même dans ce cas il s'agit d'un usage emprunté à la typographie plutôt qu'à la pratique des scribes.

L'écriture manuscrite ignore en effet l'usage de la ponctuation, qu'on trouve au mieux sous une forme indifférenciée, par exemple celle d'un trait diagonal assez proche de notre barre oblique (/). Peu utilisés pour séparer les phrases, ces traits peuvent aussi bien servir de parenthèses ou de guillemets en cas de besoin.

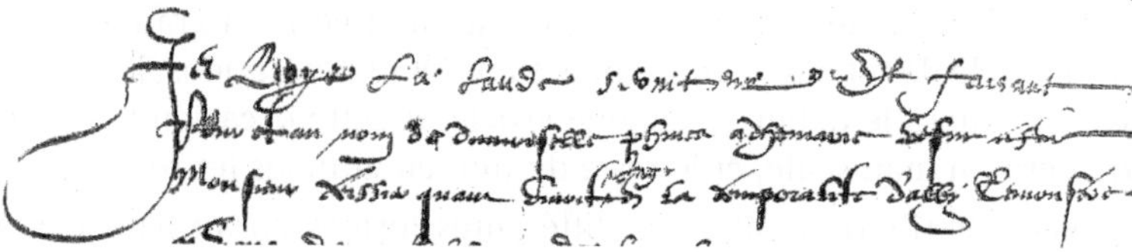

Je Loys La Lande serviteur et faisant
pour et au nom de damoiselle Phines Adhemarie vefve à feu
Monsieur Teissier, quant vivoit juge en la temporalité d'Alby, remonstre
à vous...

Dans cet exemple de 1564, la différence est frappante entre le texte original et sa transcription qui obéit aux règles du français contemporain.

Outre le J *en forme d'ornement, on remarquera l'usage différencié des deux types de* L *majuscule, celui de* Loys*, dont le redoublement du trait correspond au type canonique, et ceux de* La Lande *qui correspondent plutôt à celui de la petite majuscule ou de la grande lettre.*

Loys La Lande *est par ailleurs le seul nom propre gratifié de majuscules, du fait de sa position en première ligne. C'est également elle qui explique le fort développement du* Et*, dont la majuscule a ici valeur de ponctuation faible. Cette valeur se retrouve dans* Pour*, également favorisé par sa position en début de ligne, et dans* Remonstre*, verbe de la proposition principale, commandé par* Loys La Lande.

On notera la propension du U/V *initial à être traité comme une grande lettre, les jambages étant peu aptes à marquer le début d'un mot.*

Les ponctuations fortes ou semi-fortes sont généralement suggérées à l'aide d'une majuscule. Il arrive même que le premier mot d'une proposition soit entièrement écrit en grandes lettres, d'un corps nettement plus haut que le reste du texte. Il s'agit là d'un usage fonctionnel, moins expressément calligraphique que celui consistant à tracer la première ligne en gros caractères, comme on voit dans l'expédition des actes les plus solennels.

À cet égard l'opposition entre majuscules et minuscules doit être relativisée. On trouve souvent entre les deux une catégorie intermédiaire de grandes lettres dont le scribe peut user pour mettre en valeur certains mots, la majuscule proprement dite faisant alors fonction de lettrine.

En l'absence de passage à la ligne, un mot écrit en grandes lettres marquera le début d'un paragraphe. Dans les énumérations, le mot latin *item* indiquera le début de chaque article. À cette occasion le *I* pourra être écrit en majuscule, et le reste du mot en grandes lettres.

Si la distribution entre ces différentes formes paraît n'obéir à aucune règle stricte, c'est que leur fonction grammaticale diffère de celle que nous leur affectons actuellement. Utilisée comme auxiliaire de la ponctuation, la majuscule ne vient pas automatiquement à la suite d'un point, le plus souvent absent. Elle a seulement vocation à mettre en valeur un mot marquant une inflexion du discours, que la phrase soit finie ou non.

De la même façon, bien des noms propres sont écrits sans majuscule, alors que dans certains textes on l'utilise volontiers à l'initiale des noms communs, selon un usage rappelant celui de l'allemand contemporain. Mais qu'il s'agisse de noms propres ou de noms communs, il n'est rien de moins figé que l'emploi de la majuscule.

Dans ce texte de 1644 le verbe avons *apparaît sous deux formes, la première étant mise en valeur en début de proposition :*

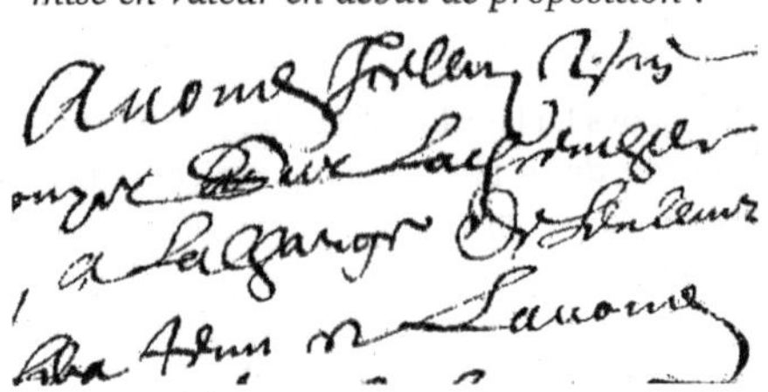

avons icelluy vin
... sur l'enchère
à la charge de l'enlever
sera tenu et l'avons

La planche double proposée en fin de chapitre vise à donner une idée de la physionomie des majuscules et de leur évolution.

Dans l'ensemble leur type n'est pas très différent de celui de la minuscule. Il se caractérise notamment par l'exagération d'un trait propre à chaque lettre et/ou par la barre de redoublement qui est la marque habituelle de la majuscule. Dans certains cas, la lettre s'ornera d'un piètement rappelant l'empattement des caractères d'imprimerie.

Certaines lettres ont vu deux types concurrents s'exprimer, la forme moderne s'imposant plus ou moins précocement à côté de celle qu'elle finira par remplacer. Nous avons privilégié dans notre tableau l'évolution du type ancien.

Par exemple le *R* majuscule de type ancien est caractérisé par une barre horizontale qui lui donne une allure passablement différente du *R* de type moderne, à barre diagonale, qu'on rencontre dès le milieu du XVIIe siècle mais qui présente un intérêt pédagogique moindre.

R moderne (1660)

Parmi les majuscules qui correspondent à une forte exagération du type, on citera le *M* et le *N*, qui peuvent subir une torsion proche d'un angle à 45, voire 90°. C'est une façon de résoudre la difficulté posée par le caractère insignifiant du jambage.

Dans le même esprit la lettre *U* ou *V* se distingue par une forte asymétrie : une ample volute orientée vers l'intérieur ou l'extérieur de la lettre augmentera le premier jambage au détriment du second.

On insistera naturellement sur le *E* dont l'élément horizontal, qu'on a déjà vu mis en valeur dans les excès de la minuscule cursive, est parfois serti dans un entortillement d'une grande puissance graphique. Souvent aussi, ce *E* est barré du trait vertical propre aux majuscules.

Cependant c'est avec le *C* que s'exprime le plus habituellement la puissance de cette barre de redoublement, parfois tracée horizontalement, et dont le traitement en ligature interne peut aboutir à une réalisation éloignée du type idéal d'un *C* tracé en deux traits.

Dans certains cas la barre est suggérée autrement. Le *L* se verra ainsi muni d'un chapeau arrondi en forme de parapluie. Le *O* sera souvent orné d'un point ou d'un tiré tracé à l'intérieur de la lettre.

Nous avons ajouté à notre abécédaire les digrammes *CH* et *AM*, souvent traités comme un couple de majuscules. Le cas du *CH* se passe de

A 1481 1547 1550 1550 1636 1646 1652 1694
AM 1542 1590 1594 1627 1640 1643 1707 1720
B 1572 1590 1638 1641 1650 1668 1693 1775
C 1541 1572 1585 1593 1606 1607 1659 1693
Ch 1450 1518 1554 1565 1579 1613 1638 1724
D 1471 1481 1547 1585 1672 1677 1775 1791
E 1450 1520 1560 1590 1607 1608 1610 1677
F 1493 1572 1635 1641 1647 1677 1683 1724
G 1493 1542 1585 1590 1610 1650 1675 1693
H 1471 1517 1577 1641 1677 1693 1700 1724
I/J 1468 1547 1568 1585 1639 1641 1642 1724

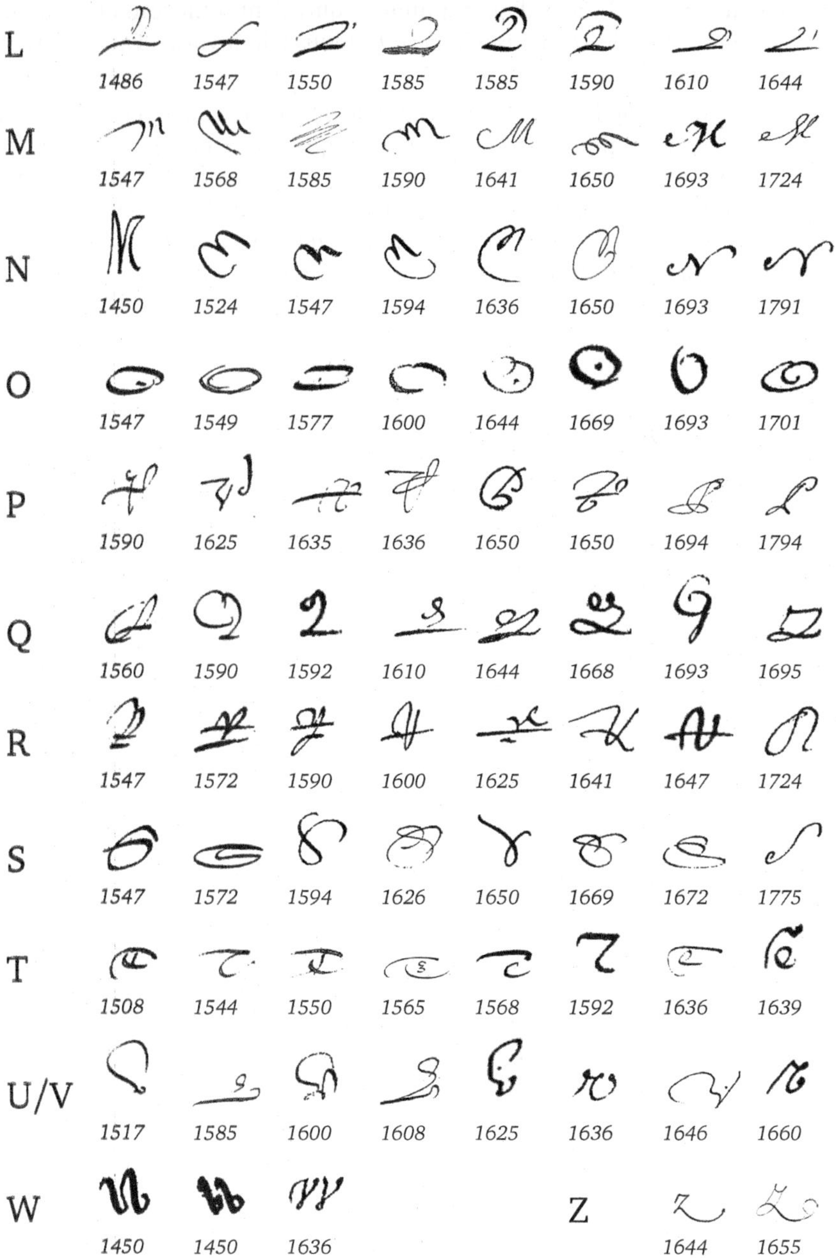
L 1486 1547 1550 1585 1585 1590 1610 1644
M 1547 1568 1585 1590 1641 1650 1693 1724
N 1450 1524 1547 1594 1636 1650 1693 1791
O 1547 1549 1577 1600 1644 1669 1693 1701
P 1590 1625 1635 1636 1650 1650 1694 1794
Q 1560 1590 1592 1610 1644 1668 1693 1695
R 1547 1572 1590 1600 1625 1641 1647 1724
S 1547 1572 1594 1626 1650 1669 1672 1775
T 1508 1544 1550 1565 1568 1592 1636 1639
U/V 1517 1585 1600 1608 1625 1636 1646 1660
W 1450 1450 1636
Z 1644 1655

commentaire. Il s'agit d'un digramme équivalent à un son, et la faible distance entre le *H* majuscule et le *h* minuscule favorise l'assimilation du groupe.

En revanche le digramme majuscule *AM* ne se trouve qu'en tête des placets calligraphiés adressés par un requérant à une instance supérieure, qu'on rencontre fréquemment dans les fonds des juridictions. Typiquement ces supplications se présentent sous la forme « *A Monsieur le... ou son lieutenant : Supplie humblement untel disant que... Ce considéré, Monsieur, il vous plaise... et vous ferez bien* ».

Langue et orthographe

Paléographie et orthographe relèvent de deux logiques autonomes mais complémentaires. Il est donc indispensable de connaître l'ancien usage afin de pouvoir décrypter les mots avec un moindre risque d'erreur.

À la lecture d'un document original on peut avoir l'impression que l'orthographe est sinon inexistante, du moins approximative, surtout quand les majuscules distribuées au hasard et l'absence de ponctuation viennent accroître le désordre apparent de la phrase. Et il n'est pas rare de voir sous la plume d'un même scribe, à quelques lignes d'intervalle, le même mot écrit de différente manière, ou encore abrégé de deux façons distinctes.

Cependant un examen plus attentif montrerait que, sans atteindre à la rigueur que les dictionnaires imposeront par la suite, l'orthographe obéit à une logique réfléchie et que la plupart des écarts constatés ont une explication rationnelle.

L'usage reçu par les principaux producteurs d'écritures publiques a d'ailleurs joué un rôle crucial dans la normalisation de l'orthographe. Pour cette raison les documents issus des juridictions sont moins éloignés de nos habitudes actuelles que certaines correspondances privées, d'apparence plus littéraire mais à l'écriture beaucoup plus relâchée, quasiment phonétique dans certains cas.

On ne trouve pas de tels excès chez les notaires ou les greffiers des tribunaux. L'orthographe de fantaisie est ici exceptionnelle, et c'est la série de simplifications opérées depuis le XVIIIe siècle, avec les progrès de la ponctuation, la généralisation des accents et la disparition d'un certain nombres de lettres parasites, qui peut donner à l'ancienne orthographe cette impression de profusion et d'étrangeté.

Les textes soumis à la perspicacité du paléographe sont même dans l'ensemble plus faciles à appréhender que certaines œuvres littéraires du XVIe siècle. La nécessité d'établir des notes de bas de page afin d'expliquer certains tours de phrases ou le sens des mots sortis du dictionnaire s'impose en effet beaucoup moins à l'historien qui retranscrit un plumitif qu'au professeur de lettres qui parachève l'édition critique d'un roman ou d'un recueil de nouvelles.

En dépit de ses rugosités, la langue des notaires et des tabellions (le *chicanourois* selon Rabelais) est économe en effets de style et n'use pas d'un vocabulaire aussi recherché que celui des écrivains. Elle est même si conservatrice que bien des expressions employées dans les actes de l'Ancien Régime ont survécu dans la pratique juridique actuelle. On pourra s'en faire une idée à l'aide des styles (*Nouveau stile du Châtelet*), des manuels de procédure (*Le Praticien françois*), ou des formulaires tels que *Le Parfait Notaire* qui ont fait l'objet de nombreuses éditions, avant et après la Révolution. Et pourquoi pas en lisant *Le Roman bourgeois* de Furetière qui, en plus d'être très plaisant, constitue une vraie mine d'informations sur le sujet.

Certes la langue a connu une évolution, un enrichissement doublé d'une érosion constante tout au long de la période considérée. Mais la véritable révolution, le saut qualitatif qui sépare le français moderne de l'ancien français a eu lieu bien avant. En dépit de l'âpreté, parfois sensible, du français du XVIe siècle, les efforts à fournir relèvent plus de l'adaptation que de l'apprentissage d'une langue étrangère.

Sans faire un historique de la morphologie et de la syntaxe du français de la guerre de Cent ans à la Révolution, il nous a semblé utile d'insister sur les principales tendances de l'orthographe et de la grammaire entre ces deux termes.

Par commodité on qualifie de *moyen français* l'état de la langue utilisée entre 1350 et 1610, qui se sépare déjà nettement de l'ancien français sans avoir encore atteint l'état d'achèvement du français moderne.

Avant de se consolider sous l'action des réformateurs de la langue, entre la *Défense* de Du Bellay en 1549 et les efforts de Malherbe et de Vaugelas au siècle suivant, le moyen français est une langue encore mouvante, que les écrivains s'approprient selon leur culture ou leur tempérament. Ainsi Froissart écrivait en 1370 dans une langue qui peut paraître syntaxiquement plus évoluée que celle de Brantôme en 1600.

Écrivains, traducteurs, techniciens, tous concourent à son enrichissement en proposant des mots nouveaux, le plus souvent tirés du latin. On le constate dès le Moyen Âge dans les traités de chirurgie, écrits en français puisqu'il s'agissait d'un art manuel, à la différence de la médecine enseignée en latin à l'université. À la fin du XIVe siècle l'humaniste Nicole Oresme, qui traduit en français les classiques de l'Antiquité à la demande de Charles V, en profite pour enrichir la langue des mots qui lui manquent.

Les praticiens ne sont pas en reste, c'est pourquoi on peut trouver dans nos textes des termes dont la greffe n'a pas pris, ou qui sont tombés en désuétude, comme *contempt* au lieu de mépris. À l'inverse nous sommes moins sensibles à la nouveauté radicale d'autres mots depuis longtemps adoubés par l'usage courant. *Politique*, *sédition*, *bénévole* font ainsi partie des quatre cent cinquante néologismes dont nous sommes redevables à Nicole Oresme. Même Rabelais a inventé des mots de fantaisie (comme *patriotique*) que la langue a fini par faire siens.

Dans ses contes, Bonaventure Despériers raconte l'histoire d'un juriste qui « latinisait le français et francisait le latin, et s'y plaisait tant qu'il parlait demi latin à son valet et à sa chambrière aussi, laquelle il appelait *pédissèque* ». Un jour, au lieu de lui dire de mettre à l'abri un pâté de venaison afin que personne n'y touche, il lui dit « Pédissèque, serve-moi ce farcime de ferine, qu'il ne soit point famulé ». La pauvre servante dut courir après un traducteur, d'où de fâcheux quiproquos.

Cette anecdote mettant en scène un de nos types humains favoris est significative dans son excès. Elle aide à comprendre le caractère hétérogène de la langue avant qu'elle ne soit durablement fixée.

Mais si la transition du moyen français au français moderne s'effectue par le biais d'une normalisation progressive qui rend la date de 1610, mort d'Henri IV, quelque peu arbitraire, il faut en revanche insister sur la rupture qui a lieu à partir du XIVe siècle et dont les principaux effets sont acquis autour de 1350.

À cet égard le moyen français n'est pas un nouvel âge de l'ancien français né au IXe siècle, mais le résultat d'une mutation beaucoup plus profonde, presque brutale, qui révèle la puissance des transformations non linéaires. Par contraste les deux ou trois siècles suivants voient le lent polissage du moyen français pour aboutir à la langue classique, à la grammaire réglée et à l'orthographe presque figée qui est la nôtre depuis 1835.

Orthographe

Quelle que soit la période, contrairement à une idée répandue, l'orthographe du français est loin d'être fantaisiste et arbitraire. Il n'est de graphie qui ne puisse être justifiée par un état, même périmé, de la langue. Si les scribes s'autorisent certaines libertés, parfois surprenantes quand l'orthographe d'un même mot varie d'une ligne à l'autre, c'est toujours dans d'étroites limites.

Hier comme aujourd'hui, l'orthographe française est tributaire d'une double tradition, étymologique, qui est celle du moyen français, et phonétique, qui est celle de l'ancien français. Grammaticale enfin, elle marque les accords à l'aide de lettres qui ne sont pas toujours prononcées. Cette discordance plus ou moins forte entre les lettres et les sons lui confère une dimension idéographique dont le paléographe tiendra le plus grand compte.

Comme beaucoup d'autres langues, le français s'est approprié un alphabet, l'alphabet latin, qui n'avait pas été conçu pour répondre à ses besoins. L'orthographe porte ainsi le double héritage d'essais graphiques pour fixer les sons du français (diphtongues dont la plupart ont disparu, voyelles nasales et consonnes chuintantes), et de l'évolution de la phonétique de la langue qui a fini par dépasser une orthographe beaucoup plus conservatrice.

L'apprentissage du latin étant au cœur de la culture écrite, la question ne s'est jamais vraiment posée d'inventer un alphabet plus adapté à nos besoins. D'audacieux réformateurs y ont toutefois songé,comme Honorat Rambaud dès le XVIe siècle et ses lointains successeurs au moment de la Révolution. Par contraste les innovations les plus utiles, telles que la cédille, les accents, la séparation du *u* et du *v*, avec celle du *i* et du *j*, n'ont connu qu'une consécration tardive à la fin du XVIIe siècle, alors que le débat était ouvert depuis cent ans et plus.

Au cours de la lente séparation d'entre le latin et le français, déjà bien entamée à l'époque de Charlemagne, on avait pris l'habitude de lire le latin à la française, et d'écrire le français à la latine. Jusqu'au XIIIe siècle on parle encore de *roman*, l'idée d'une langue proprement française s'imposant seulement avec la centralisation du royaume.

L'ancien français, pleinement reconnu comme langue de culture littéraire au XIIe siècle, est encore largement régional. La version standardisée qui émerge peu à peu ne consacre cependant pas la victoire d'un dialecte sur un autre. Le roi n'impose pas le français de Paris ; c'est plutôt Paris qui sert de creuset à la langue nationale.

Loin s'en faut que l'étymologisme soit une constante de notre orthographe, bien que la paléographie s'en accommode particulièrement. Il s'agit d'une tendance tardive et controversée. L'orthographe de l'ancien français révèle au contraire une composante phonétique particulièrement forte. L'effort des premiers écrivains porte plus sur la manière de faire coïncider et de codifier, à l'aide de l'alphabet latin, les nouveaux sons produits par le français plutôt que de tendre vers une orthographe respectueuse des étymons.

Cette entreprise n'avait rien d'évident. On s'est ainsi demandé comment rendre le *e* muet, si courant dans notre langue. Avant d'adopter la lettre *e*, on a hésité entre le *a* et le *o*, comme le montrent les serments de Strasbourg (842). Cela n'a rien de très étonnant quand on voit comment l'italien traite les consonnes atones, le français traduisant *Roma* en *Rome* et *Palermo* en *Palerme*.

❍ Nasales

Phonétiquement, contrairement aux autres langues européennes et même romanes, le français se distingue à partir du XIe siècle par un usage étendu des voyelles nasales, bien plus général que de nos jours. Cela se traduit par un redoublement de consonne au détriment de l'étymologie : on opposera ainsi le français *homme*, prononcé *hon-me* au latin *homo*.

Le tilde abréviatif jouait même souvent le rôle d'un signe diacritique : c'est clairement le cas chez certains imprimeurs du XVIe siècle qui en systématisent l'emploi comme s'il s'agissait d'un accent servant à marquer la nasalisation de la voyelle. Mais cette pratique n'ayant pas été sanctionnée par l'usage comme règle d'orthographe, le tilde est finalement demeuré dans le champ des abréviations.

Entre l'ancien et le moyen français, on assiste à un phénomène de simplification et de réduction des nasales, et même de dénasalisation qui affecte celles suivies d'un *n* ou d'un *m*. Processus en partie inabouti, puisqu'on dit encore *an-née* dans le sud de la France, et qu'au XVIIe siècle encore la servante des *Femmes savantes* prononçait *grammaire* comme *grand-mère*.

Cela n'est pas sans conséquence sur l'orthographe, où les doubles consonnes tendent à perdurer, bien que certains scribes usent de la graphie modernisée *home* au lieu de *homme*. En conséquence de quoi l'abréviation |hoe| avec tilde utilisée en paléographie peut être interprétée soit comme une abréviation simple par tilde (ho[m]e) ou comme une abréviation par contraction. On notera par ailleurs qu'il n'y a pas de consonne double lorsque le mot est directement dérivé du latin (donner *vs* donation).

❍ Diphtongues

Il y avait bien d'autres défis que la notation des nasales. Contrairement à la langue actuelle, l'ancien français était extrêmement riche en diphtongues résultant de l'affaiblissement ou de l'amuïssement de consonnes latines. Ainsi dans le mot *nuit*, issu du latin *noctem*, la diphtongue résulte naturellement de la réduction de la double consonne. Quand, à la fin du Moyen Âge, des clercs frottés d'humanités classiques préférèrent écrire *nuict* par souci d'étymologie latine, ce fut au prix d'un léger contresens.

Un autre phénomène d'amuïssement très courant, qui ne débouche pas sur une diphtongaison, est la fusion du groupe *rl*, deux consonnes liquides, en un double *l*. C'est ainsi que *varlet* tend à se transformer en *vallet*, puis *valet*, et que les trois orthographes coexistent un certain temps. On notera au passage qu'une fois fixée l'orthographe peut jouer un rôle conservateur jusque dans la prononciation : on continuera d'écrire et de prononcer *Charles*.

Les diphtongues étaient d'autre part extrêmement variées. On en comptait au moins douze, auxquelles s'ajoutaient trois triphtongues. Par exemple les finales en *-eau*, comme dans *beau* et *oiseau*, n'étaient pas originellement prononcées comme un *o*, ce qui arriva seulement entre le XIIIe siècle et le XVIe siècle au terme d'une lente évolution. Dans le cas de *beau* on part du latin *bellum*, qui subit la chute du *m* final, la vocalisation du *l*, puis la réduction des voyelles diphtonguées.

Si l'orthographe de l'ancien français n'avait pas été essentiellement phonétique, elle n'aurait pas ainsi privilégié la transcription des voyelles. Aujourd'hui la notation de ces diphtongues disparues, utile à l'histoire de la langue, contribue à la difficulté de notre orthographe.

Les scribes de l'ancien français usaient d'autre part couramment du *x* en fin de mot pour noter le digramme *us*, dont l'habitude s'est perdue par la suite et n'a plus cours en paléographie française. On notait ainsi *Diex* pour *Dieus*, ou *chevax* pour *chevaus*. C'est seulement dans un deuxième temps, avec l'oubli du sens originel de l'abréviation, qu'on a abouti à l'orthographe *chevaux*, sans compter les variantes pseudo-étymologiques en *chevaulx*, alors que le *l* du latin *caballos*, au pluriel, est déjà contenu dans le *au* de la diphtongue. On remarquera au passage qu'une grande partie du vocabulaire français est issu du latin vulgaire plutôt que de la langue classique : *beau* dérive de *bellus* et non de *pulcher*, *chevaux* de *caballos* et non d'*equos*.

❍ Nouveaux sons, nouvelles conventions

Le *x* lui-même, qui servait à noter le son *us* au Moyen Âge, a toujours valeur d'un double *s* dans l'ancienne orthographe. C'est par abus, suite à une lacune de l'enseignement primaire, qu'on en est arrivé à le prononcer *ks* dans Auxerre ou Bruxelles, ainsi que dans de nombreux toponymes régionaux, du nord au sud de la France. La prononciation *ks* ou *gz* ne devrait être admise que pour les prénoms d'origine étrangère (*Xavier*) ou pour les noms directement dérivés du latin.

L'exemple de *chevaux* nous amène aussi à évoquer l'apparition de la chuintante [ʃ], qui n'existait pas en latin et qu'il a fallu noter à l'aide d'une nouvelle astuce orthographique, notre groupe *ch*. Parallèlement la lettre *k*, dont la fonction en latin était presque décorative, fut largement utilisée à la place du groupe *qu* pour noter le relatif (*ki*, *ke*, *kel*)

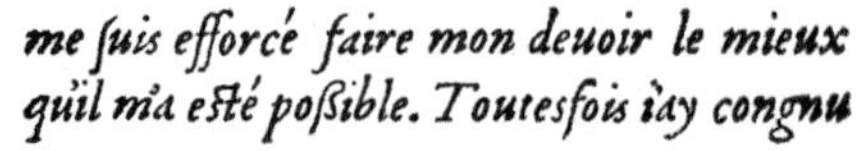
me ſuis efforcé faire mon deuoir le mieux
qu'il m'a eſté poßible. Toutesfois i'ay congnu

Dans cette édition lyonnaise de 1578, le double s *est parfois noté à l'aide d'un* ß, *à la manière de l'eszett allemand et avec la même valeur phonétique. De même que l'esperluette est issue de la ligature d'un* e *et d'un* t, *ce caractère résulte de la fusion typographique d'un* s *droit et d'un* s *bouclé.*

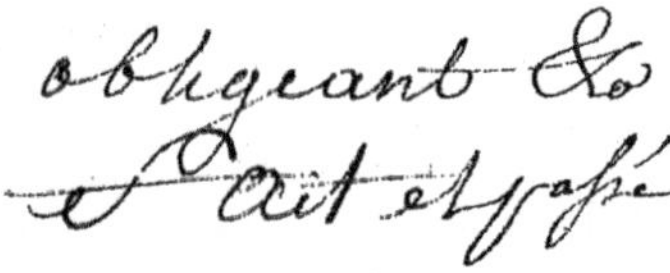

L'écriture manuscrite était moins friande de ce procédé, rare avant le XVIIIe *siècle où il convenait aux écritures appliquées. Ce n'est pas un hasard si dans les clauses finales de ce contrat daté de 1775, l'esperluette voisine avec le double* s *de* passé, *dont l'asymétrie est conçue sur le modèle du* ß.

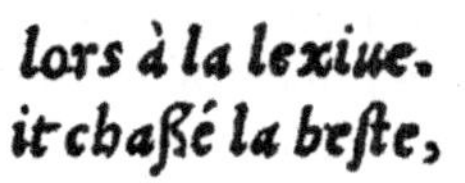
lors à la lexiue.
it chaßé la beſte,

Il est exceptionnel que le x *et le* ß *entrent en concurrence, comme dans la première de ces deux éditions des* Propos rustiques *de Noël Du Fail (1548), où* lexive *précède* chaßé *ligne suivante. Encore s'agit-il d'une graphie étymologique de* lessive, *à rapprocher de* laxatif *directement issu du latin. L'édition de 1554 témoigne d'un autre genre d'hésitation. Alors que* chausses *est réalisé à l'aide d'un double* s *droit, le double* s *de* lessive *est obtenu à l'aide de deux types différents qui annoncent la possibilité d'une ligature* ß.

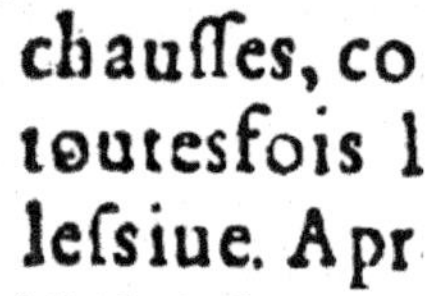
chauſſes, co
toutesfois l
leſsiue. Apr

Facultatif, le ß *est moins polyvalent que le* x *auquel il ne se substitue pas. Il n'existe qu'en minuscule et ne peut se placer qu'en milieu de mot. En revanche on a longtemps écrit* Xaintes *ou* Xaintonges, *comme ici en 1613.*

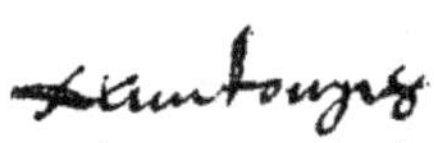

Sur le plan ci-contre, Semur-en-Auxois garde son x *tandis que les villages des environs (Massingy, Mussy, Chassey) sont gratifiés d'un* ß, *comme il est plus fréquent en cartographie.*

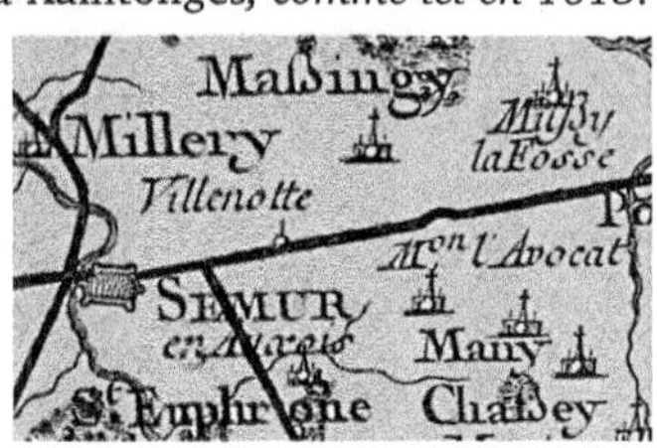

En paléographie la difficulté pourra venir des formes antérieures à l'adoption du x, *comme dans le cas du château de Gaïx, dans le Tarn :*

A Gays, ce VIIIe jo[ur] d'avril *(1586)*

PLANCHE 14 – *x* et *ß*

et d'autres mots analogues, avant de disparaître du moyen français où elle sert à noter les variantes orthographiques de certains mots courants (*Catherine* / *Katherine*, *caresme* / *karesme*).

En revanche aucune solution satisfaisante ne fut trouvée pour la chuintante [ʒ] que nous notons à l'aide d'un *j* pour mieux la distinguer du *i* voyelle. Préconisée dès le début du XVIe siècle, la séparation du *i* et du *j*, tout comme celle du *u* et du *v*, tarda à être officialisée. Adoptée par les Elzevier dont l'imprimerie était installée en Hollande, préconisée par Corneille, elle se généralise en France à la fin du XVIIe siècle, en même temps que l'accent circonflexe. En librairie cette révolution peut être datée avec précision : avant 1667 presque tous les livres confondent le *u* et le *v* ; après cette date la distinction est générale.

Hindret, en 1687, fut le premier à donner un nom aux nouvelles lettres : *ja* et *vé*. Mais le dictionnaire de Furetière n'alla pas si loin. *Irascible* continuait de succéder à *joyeusetés* dans l'ordre alphabétique, puisqu'il considérait le *j* comme une variante du *i*, « auquel cas on allongeait le caractère par en-bas ». L'orthographe manuscrite en tint compte de façon beaucoup plus aléatoire, et, du point de vue de la paléographie, les lettres *i*, *j*, *m*, *n*, *u* et *v* méritèrent longtemps encore leur nom collectif de jambages.

Selon la théorie de Charles Beaulieux, c'est la pure orthographe du *bel françois*, phonétique et rationnelle, fixée au XIIe siècle par les jongleurs, qui aurait été pervertie par les clercs et les tabellions dont les méchantes écritures auraient porté avec elles la « lèpre du praticianisme ». Mauvais procès sans doute, mais passionnant à suivre puisqu'il place la paléographie au centre des enjeux orthographiques du français moderne.

Il faut ici faire justice de l'accusation reprise par Beaulieux

> *L'avocat faisoit des écritures où il ne mettoit que deux mots en une ligne, pour gagner davantage, et, afin de les enfler très-bien, son clerc usoit d'une certaine orthographe où il se trouvoit une infinité de lettres inutiles ; et croyez qu'il étoit bien ennemi de ceux qui veulent que l'on écrive comme l'on parle, et que l'on mette pied sans un* d, *et devoir sans un* b. *Outre cela, il usoit d'un certain caractère majuscule rempli de longs traits qui faisoient qu'en une ligne il n'y avoit que deux mots ; et le pire étoit qu'il n'y avoit rien que des discours frivoles qui n'éclaircissoient point la matière.*
>
> (Ch. Sorel, *Histoire comique de Francion*).

VVarmund, que vous appellés Pharamond, premier Roy.

Le W *que les Français appellent* double V *et les Anglais* double U *ne bénéficie, avant la Révolution, d'aucune reconnaissance particulière. Il s'agit d'un entrelacement de lettres que la distinction du* U *et du* V *va amener à régresser.*

Avant la séparation de ces deux lettres, la séquence double u *en début de mot avait en effet pour principale fonction d'indiquer que le* u *initial était une consonne, le deuxième n'étant pas prononcé. C'était un W avant la lettre, qu'on prononçait* v, *et que la réforme de l'orthographe a fait disparaître des mots les plus courants :* vuider *est devenu* vider, *etc.*

avons vuidé (*1531*)

La phonétique nous apprend par ailleurs qu'en français le v *ou* u *consonne d'origine germanique (*werra *> guerre) ou latine (*vadum *> gué) tend à se transformer en* g *entre le VIIe et le XIe siècle. Mais cette évolution n'est pas toujours allée à son terme, notamment dans le nord de la France. Il en résulte des doublets, fréquents dans le cas des noms propres, avec toutes les variantes orthographiques permises par le statut incertain du* W *:* Galleran *s'oppose à* Valleran *ou* Walleran, Guillaume *à* Vuillaume.

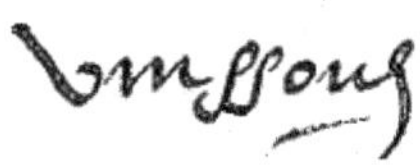

Vuissous (*1608*)

Pour compliquer les choses, le double V *sert parfois à noter le* W *de type anglais ou wallon, comme le montre l'orthographe de certains toponymes. Wissous, en banlieue parisienne, s'écrivait indifféremment Vuissous, Huyssous ou même Huit-sous comme on peut encore lire dans une ordonnance imprimée sous Louis XIV.*

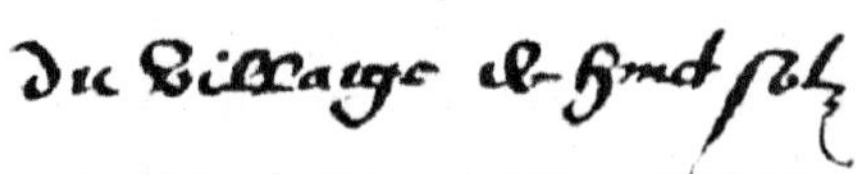

du villaige de Huict-solz [Wissous] (*1576*)

Déjà Chilpéric avait voulu emprunter quatre lettres au grec ($\omega, \chi, \theta, \psi$) *pour noter* w, ch, th, *et* ph.

Nous laissons le mot de la fin à Augustin Thierry, qui lui rend justice contre l'évêque et chroniqueur Grégoire de Tours :

Guidé par un éclair de vrai bon sens, Hilperik avait songé à rendre possible en lettres latines, l'écriture des sons de la langue germanique ; dans ce but, il imagina d'ajouter à l'alphabet quatre caractères de son invention, parmi lesquels il y en avait un affecté à la prononciation qu'on a depuis rendue par le *w*. Les noms propres d'origine tudesque devaient ainsi recevoir, dans les textes écrits en latin, une orthographe exacte et fixe. Mais ni ce résultat cherché plus tard à grand-peine, ni les mesures prises dès lors pour l'obtenir, ne paraissent avoir trouvé grâce aux yeux de l'évêque trop difficile, ou trop prévenu. Il ne fit guère que sourire de pitié en voyant un potentat de race barbare montrer la prétention de rectifier l'alphabet romain et ordonner, par des lettres adressées aux comtes des villes et aux sénats municipaux, que, dans toutes les écoles publiques, les livres employés à l'enseignement fussent grattés à la pierre ponce et récrits selon le nouveau système.

PLANCHE 15 – La lettre *W*

selon laquelle les scribes, payés à la ligne, auraient compliqué l'orthographe à plaisir. L'emploi des abréviations jouait en sens inverse, au moins dans les minutes des actes. Quant aux expéditions, naturellement allongées par le développement de formules usant de tours suffisamment redondants et prolixes, il n'est pas utile de les truffer de lettres superflues. Plaisante, l'accusation portée par Sorel dans son *Francion* ne saurait tenir lieu de règle générale.

Il n'en est pas moins vrai qu'à partir du XIIIe siècle les praticiens, c'est-à-dire les notaires, les greffiers, les juges et tous ceux qu'on qualifierait aujourd'hui de juristes, deviennent avec le développement de l'administration l'équivalent d'une fonction publique organisée et nombreuse, par conséquent capable d'imposer ses codes.

Le français écrit cesse d'être un français majoritairement littéraire (puisque l'Église conserve l'usage du latin) pour devenir, bien avant l'ordonnance de Villers-Cotterêts, la langue du pouvoir. Pour autant que la conservation des fonds d'archives l'ait permis, il n'est pas rare de trouver des textes écrits en français dès le XIVe siècle, et la date de 1350 proposée par Wartburg comme date de naissance du moyen français pourrait bien être également celle de la paléographie française.

Ce phénomène est indissociable de la révolution du papier et de la renaissance culturelle plus large que nous avons déjà évoquée. Le nombre des juges s'accroît avec celui des plaideurs, et on prend très tôt l'habitude de formuler en français les pièces de procédure, les arrêts et les actes notariés de toute nature dont toutes les parties en présence doivent comprendre le contenu. Le lexique s'enrichit ainsi de tous les termes créés par les juristes.

Entre 1550 et 1650, le siècle d'or de la paléographie est le point de rencontre d'une démocratisation de l'écriture et d'un enrichissement économique global fondé sur un état de droit puissant et omniprésent à travers ses greffes et ses tabellionnages. À chaque village son notaire, à chaque seigneurie rurale son juge, à chaque ville son tribunal, ses tribunaux même, puisque à côté de ceux du roi (bailliage, présidial, parlement) on trouve celui de l'échevinage (à Paris il s'agit du Bureau de la ville), de l'évêque (l'officialité) ou encore ceux des juridictions spécialisées sur le fait des impôts (aides, gabelle) ou autres matières administratives (eaux et forêts).

Il faut maintenant normaliser la façon d'écrire les mots en même temps que celle de tracer les lettres. Encore tributaire du latin qui est à la base de la formation universitaire, la langue des légistes est également conçue pour s'adapter aux tracés rapides de l'écriture cursive dont les clercs noircissent les plumitifs au rythme de la parole délivrée par les témoins ou les parties prenantes d'un contrat.

Ayant ses propres exigences de clarté et de relief, elle se caractérise par un abandon de l'orthographe phonétique au profit d'une orthographe étymologique, où la plupart des lettres inutiles à la prononciation servent de repères diacritiques. L'œil doit pouvoir s'y retrouver sans le secours de l'oreille, et l'intelligence doit être en prise directe avec des textes qui ne sont plus conçus pour être lus à voix haute. Du point de vue de la paléographie on reconnaît la fonction idéographique de l'écrit, déjà entrevue avec l'usage d'abréviations régulières.

L'usage admet toutefois des étymologies de fantaisie, depuis longtemps reconnues comme telles. On écrit *sçavoir* au lieu de *savoir*, par analogie avec le latin *scire*, alors que le verbe français descend de *sapere* ; ou encore *poids*, qui dérive de *pensum* et non de *pondus*, mais qu'on n'a jamais corrigé pour ne pas déroger à la suprême politesse de l'orthographe, qui est d'aider l'œil en évitant la confusion des homophones et des homographes. C'est ainsi qu'on fait toujours la part entre le poids (*pensum/pondus*), la poix (*picem*) et les petits pois (*pisum*).

La lettre *p* connaît une faveur spéciale, excessive même quand elle n'a aucune valeur étymologique (*solempnel*, *volompté*) et vient hanter des mots à la physionomie diverse : nepveu (*nepotem*), achapt (*emptum*), nopces (*nuptias*), recepvoir (*receptum*)... Le *p* a pour avantage de casser la monotonie des jambages, comme fait le *y* qui se substitue au *i*, généralement non pointé, qu'on confond trop facilement avec les autres jambages. Ce *p* était naturellement muet sauf dans les cas, de plus en plus nombreux, où l'orthographe a fini par déteindre sur la prononciation (*psaume*).

On hésite à généraliser l'emploi du *h* dans avoir (*habere*) et ses dérivés, audace propre au XVIe siècle. En revanche on ajoute parfois des *h* qui n'ont aucune fonction étymologique, mais seulement diacritique, celle de marquer que le *u* suivant est une voyelle, par exemple dans le cas de *huit* qui dérive du latin *octo*, et qu'on écrit plutôt *huict*, selon une dérivation analogue à celle du schéma *noctem>nuit>nuict*.

D'autres lettres mieux attestées par l'étymologie avaient également pour fonction de distinguer le *u* consonne du *u* voyelle, ce qui explique qu'après l'adoption du *v* elles aient eu tendance à disparaître des dictionnaires et de la pratique. C'est ainsi que le *b* de *debvoir* servait à marquer le *u* consonne que nous transcrivons aujourd'hui par un *v*, tout comme le *d* d'*advis* que nous écrivons aujourd'hui *avis*. Il en va de même pour le *i* et le *j* : dans *subjet* le *b* marque la consonne, et ainsi de suite. On notera que dans les mots les plus récemment empruntés au latin la double consonne s'est naturalisée (*abjurer*), et que certains doublets se sont maintenus dans un sens légèrement différent (*advenir, avenir*).

Inversement le *u* voyelle peut être suivi d'un *l* pour marquer l'unité du digramme qui précède, quand il correspond à une diphtongue qui n'est plus prononcée : *une faulx, il peult, oultre*. Dans certains cas cependant l'orthographe est incertaine, tantôt tirée vers l'étymologie, tantôt vers la phonétique : *outil* peut s'écrire *ustil* (comme *ustensile*), *oultil*, ou encore, par un mélange des deux, *ostil*.

Peu de règles sont infaillibles en cette matière, mais il existe toujours une logique sous-jacente. Une meilleure connaissance des codes de la paléographie permettra d'éviter certaines conclusions hâtives. Ainsi il n'est pas certain qu'on écrive *ung* au lieu de *un* pour éviter la confusion avec le chiffre romain *VII* (vii), en l'absence points sur les *i*. Outre le fait que la nasalisation du *u* ou du *oi* est assez couramment amplifiée à l'aide d'un *g* (*juing, tesmoing*), le *n* final plonge systématiquement en fin de mot, ce qui n'est pas le cas du *i*. Pour les mêmes raisons, le participe passé *sceu* découle naturellement de *sçavoir* et le *c* n'y est d'aucune utilité pour distinguer *seu* de *s'en*.

Avec toutes ses variantes, l'orthographe des scribes a si bien marqué notre langue qu'il existe encore au moins vingt-quatre façons différentes de noter le son *é*. Ses nombreuses règles, avec leur lot d'exceptions, sont encore très présentes dans le français actuel. Les paléographes sont les premiers à s'en accommoder. Sans lettres superflues, bien des mots de notre langue se trouveraient réduits à quelques lettres sans relief, bien plus difficiles à lire.

Mais si les paléographes abordent sans états d'âme l'orthographe et ses difficultés, elles sont la cible des linguistes parmi lesquels se recrutent, de tout temps, les plus ardents partisans d'une réforme. Beaulieux n'était ni le premier ni le dernier à réclamer une simplification conforme au génie de la langue qu'il voyait alourdie et défigurée par les scribes.

« Celui est plus estimé, qui ajoute plus de lettres à un mot », écrivait déjà Laurent Joubert dans sa *Cacographie française* (1579). Le débat est aussi vieux que l'orthographe. Mais il se cristallise au XVIe siècle avec la diffusion de l'imprimerie et la volonté de doter la France d'une langue rénovée, selon les vœux exprimés par Du Bellay dans sa célèbre *Défense* (1549).

Quelques orthographes courantes :

à ce	ad ce
achat, acheteur	achapt, achapteur
affirmer	affermer
âgé	aagé, aigé, eagé
août	aoust
apprenti	apprentil, apprentif
autoriser	auctoriser, authoriser
avril	apvril
besogne	besongne, besoigne
besoin	besoing
blé	bled
cœur	cuer
cour	court
davantage	davantaige
demeurer	demourer
dettes, dû	debtes, deub
deux	deulx
dîme	dixme
garçon	garson
hiver	yver
juin	juing
maître	maistre
néanmoins	néantmoins, –moings
noces	nopces
onze	unze
outrage	oultraige
profit	prouffict
quitter	quicter
receveur	recepveur
savoir, su	sçavoir, sceu
témoin	tesmoing
terroir	terrouer
un	ung
veuve	vefve, veufve
voir, vu	veoir, veu

Le français est alors sur le point d'achever sa mue ; il convient de l'émonder pour en faire une langue non seulement capable de supplanter le latin, mais de concurrencer l'italien, qui pouvait sembler aussi invasif alors que l'anglais de nos jours.

La fixation de l'orthographe n'est qu'une des étapes de ce processus. À la tendance conservatrice des érudits et des praticiens du droit s'oppose celle, résolument réformatrice, d'une minorité active d'imprimeurs et hommes de lettres.

Depuis que Chilpéric avait échoué à introduire quatre nouvelles lettres dans l'alphabet latin, la cause était entendue : il fallait noter les diphtongues et les nouveaux sons du français à l'aide des 23 lettres disponibles.

Louis Meigret fut le premier à proposer un alphabet rénové, moins par adjonction de lettres que par un usage étendu et presque perturbant des signes diacritiques. Raillé par Guillaume Des Autels, il fut peu suivi de ses contemporains. Ses successeurs, Joubert ou Péletier du Mans, se montrèrent plus prudents et leur influence fut notable auprès des milieux littéraires.

Beauchatel louait ainsi son ami Laurent Joubert : « M. Joubert diffère des susdits, grands et très dignes castigateurs de la cacographie française, en ce que principalement il ne change pas de lettres, qu'il ne tranche les siennes, ne les charge d'accents, ne les marque de crocs autrement que fait le commun, dont sa lettre est fort courante et ne retarde point le lecteur ».

GRAM. FRANÇOĘZE,

Dę' figures dę' Vęrbes.
Çhap. V.

LĘ' Vęrbes ont aoſi bien qe lę' noms, ę proms, ſimple figur'ę compozée: la ſimple: come dire, voęr, oír : la compozée , come contredire, preuoęr, defíer. Męs qi ęn voudra conoętre la vraye com pozíçíon, il a bezoin d'ęntęndre la lãge Latine, ę qelqe peu la Gręcqe: par çe qe le plus ſouuęnt l'une dę' partíes de la compoziçíon ęt inconú' ao' Françoęs : come pre: com , qi ſont freqęns, come compozer, combattre, preuoęr, preuenir. Il ęn ęt d'aotres ęn gran' nombre.

Extrait du traité de Louis Meigret (1542)

Plus étonnante fut la contribution d'Honorat Rambaud, maître d'école à Marseille, qui proposa dans sa Déclaration des abus que l'on commet en écrivant *(1578) une refonte complète de l'alphabet au profit d'un système partiellement syllabique composé de 52 caractères.*

Quelle que soit la valeur de son œuvre de pédagogue rompu à l'enseignement des lettres, sa réforme n'avait aucune chance de s'imposer dans un monde où le latin demeurait langue de culture et de communication internationale. Il semble que les signes gravés spécialement pour l'édition bilingue (ou peu s'en faut) de son traité n'aient servi qu'une fois :

Que l'alphabet eſt la meilleur poſſeſſion que nos anceſtres nous ayent laiſſé, lequel a beſoing d'eſtre cultiué. CHAP. II.

OR, apres auoir bien & ſouuent penſé que c'eſt que ie pourrois faire, en quoy

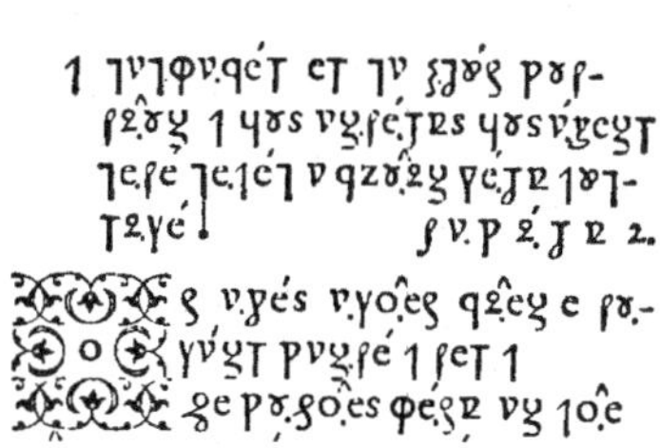

PLANCHE 16 – Les réformateurs de l'orthographe au XVIe siècle

Louis Meigret, auteur en 1542 d'un *Traité touchant le commun usage de l'écriture française*, défendait le point de vue le plus radical, qui impliquait la création de nouveaux signes propres à la transcription du français. Péletier du Mans était également partisan d'une approche phonétique. Son zèle mais aussi sa modération contribuèrent à l'émergence d'une orthographe modernisée qui est déjà celle de Ronsard, amie des accents mais ennemie des lettres muettes, des *x*, des *y* et des *z* qu'affectionnait Rabelais.

Ce sont cependant les tendances conservatrices qui l'emportent à la fin du siècle. Certes les luttes civiles avaient fini par rendre toute idée de réforme suspecte, mais l'influence de l'humanisme et du culte des belles-lettres poussait naturellement à une relatinisation de l'orthographe.

Il en résulte un paradoxe entre l'aversion des humanistes pour les écritures gothiques, qu'ils surmontent en réhabilitant la caroline dont sont issus nos caractères d'imprimerie, et leur orthographe qui ressemble à celle des légistes. Celle de Rabelais ne devait pas être bien différente de celle du juge Bridoye et des autres chats fourrés dont il dénonce la corruption.

Bien mieux, Robert Estienne, auteur du premier dictionnaire de français à faire autorité (1539) avoue sa dette envers « les plus savants en notre langue, qui avaient tout le temps de leur vie hanté ès cours de France, tant du roi que de son parlement à Paris, aussi sa chancellerie et chambre des comptes, esquels lieux le langage s'écrit et se prononce en plus grande pureté qu'en tous autres ».

Cet humaniste chez qui tout le monde jusqu'aux servantes devait s'exprimer en latin, issu d'une famille d'imprimeurs, ami de Budé et de Tory, avait adopté l'orthographe sophistiquée des scribes dont la Renaissance consacre finalement le triomphe.

L'orthographe française doit l'essentiel de ses traits au dictionnaire de Robert Estienne, très vite publié en abrégé et dont l'influence se prolonge bien au-delà de la dernière édition de 1628. Il s'agit encore d'un lexique français-latin, les mots n'étant pas autrement expliqués. Le *Thrésor* de Nicot (1606), premier dictionnaire à proposer des définitions en français, en plus d'une traduction latine, lui est d'ailleurs largement fidèle.

Néanmoins cet héritage était assez lourd. Bien qu'il eût contribué à fixer bien des graphies flottantes, Robert Estienne avait consacré l'orthographe des scribes jusqu'à en généraliser certains abus, comme l'emploi du *l* après les groupes *au*, *eu* et *ou*. Sa principale audace avait été l'introduction de l'accent aigu préconisé par Tory.

À partir du XVIIe siècle, avec l'Académie française fondée par Richelieu, on s'achemine vers une orthographe d'État. Mais cette mutation n'est pleinement achevée qu'au moment de son bicentenaire en 1835, avec la sixième édition de son dictionnaire, deux ans aussi après l'adoption de la loi Guizot qui généralise l'enseignement primaire (28 juillet 1833).

Si le projet de dictionnaire de l'Académie remonte aux origines de l'institution, il n'aboutit que sous la direction de Mézeray à partir de 1673. Encore fallut-il vingt ans pour en venir à bout. Dans l'intervalle Richelet et Furetière avaient fait paraître les leurs, plus modernes à certains égards.

Cette éclosion témoigne d'un nouvel âge de la langue. Paru en 1680, entièrement rédigé en français, le Richelet est le premier à tenir compte des réformes déjà adoptées par une majorité d'écrivains et d'imprimeurs, dans l'esprit qui était celui de Ronsard. Corneille lui-même avait préconisé dès 1663 l'introduction de l'accent grave et la reconnaissance du *j* et du *v* comme consonnes distinctes.

Sans rejeter ces innovations, l'Académie assume pleinement son rôle conservateur, désireuse de suivre « l'ancienne orthographe qui distingue les gens de lettres d'avec les ignorants et les simples femmes ». Les scribes font incontestablement partie de la première catégorie, leur orthographe savante se confondant avec celle de l'honnête homme ayant fait ses humanités. Ils se distinguaient ainsi des femmes qui n'étaient guère instruites en latin, même dans les meilleurs milieux, et usaient d'une orthographe plus spontanée et plus libre.

C'est cette orthographe des « ignorants et des simples femmes » qu'on retrouve, pour le meilleur et pour le pire, dans les correspondances privées, très minoritaires dans nos fonds d'archives. À côté d'écritures phonétiques témoignant, selon nos critères, d'un parfait illettrisme, on en trouve d'autres qui au contraire, sont d'une audace rafraîchissante. Le contraste n'en est que plus vif, autour de 1650, entre le style

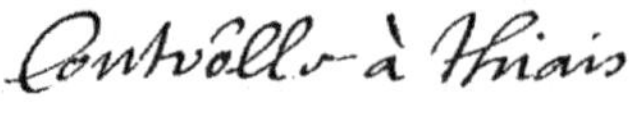

contrôllé à Thiais

avons appellé

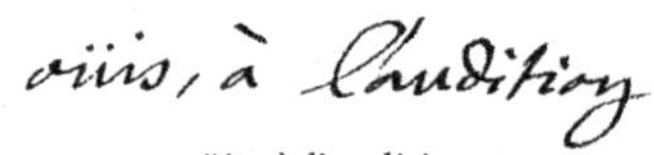

oüis, à l'audition

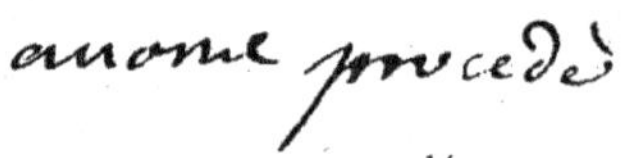

avons procedé

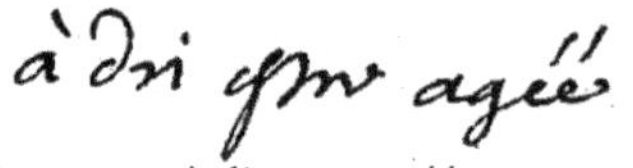

à dit estre agéé

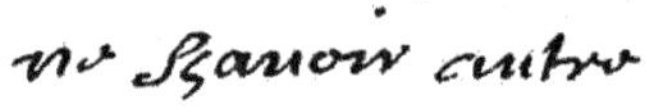

ne sçavoir autre

Le débat sur l'accent et autres signes diacritiques illustre à merveille le retard de l'usage sur la règle, et celui de la règle sur la théorie.

Alors que le typographe Geoffroy Tory préconisait dès 1529, dans son Champfleury, *l'emploi de la cédille et des accents, il fallut attendre le XVIIe ou le XVIIIe siècle pour que ces innovations soient admises par l'Académie.*

Les imprimeurs avaient pris une longueur d'avance, que ce soient les Plantin au XVIe ou les Elzevier au XVIIe siècle, tous deux établis en dehors de France. Mais l'écriture manuscrite demeura plus longtemps rétive aux nouvelles normes. L'emploi des accents, de la ponctuation et autres signes diacritiques demeure marginal sous Louis XIV.

Il existe cependant des précurseurs comme ce greffier du bailliage de Villeneuve-le-Roi, près de Paris, en 1675, qui en fait un emploi aussi généreux qu'irrégulier. Les extraits ci-dessus donnent un aperçu de sa pratique, la ponctuation apparaissant à proportion des accents.

Sa façon de marquer le féminin en -éé n'est pas aberrante, comment le montre l'exemple ci-contre, daté de 1634, où les accents sont, qui plus est, décalés sur la droite. C'est un phénomène assez courant dans les écritures anciennes, qui affecte également le point sur le i.

Au XVIIIe l'adoption du circonflexe n'entraîne pas toujours l'abandon de l'ancienne orthographe, à voir ce eûst *inutilement surchargé. À la veille de la Révolution, la pratique est plus régulière, comme en témoigne cette lettre écrite en mars 1789. Il s'agit toutefois d'une correspondance officielle, où l'application est naturellement plus grande :*

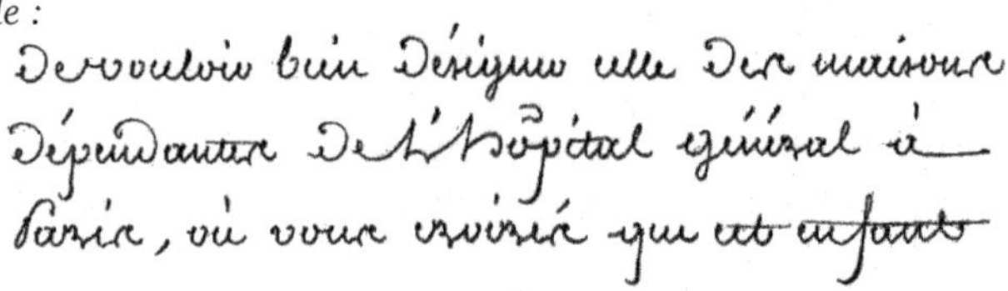

PLANCHE 17 – Les accents

des greffiers, ancré dans le XVIe siècle, et celui des particuliers dont l'écriture humanistique et l'orthographe modernisée annoncent déjà la fin de la paléographie. Les Précieuses n'étaient pas si ridicules, puisque l'écriture préconisée par ces femmes cultivées, quoique ignorantes du latin, annonce l'orthographe du français moderne.

À partir de 1694 l'Académie devient le principal prescripteur en la matière, même si son magistère n'est pas toujours reconnu. Non seulement la première édition de son dictionnaire est tardive, mais il faut attendre la deuxième (1718) pour qu'elle renonce au classement par famille de mots et lui substitue l'ordre alphabétique réclamé par le public.

L'édition de 1694 consacre, dans la logique de l'adoption du *j* et du *v*, l'abandon d'une série de lettres parasites qui n'avaient d'autre fonction que de marquer la distinction entre la consonne et la voyelle. Pour cette même raison, le *y* devant *v* est désormais remplacé par un *i*. Elle élimine aussi la plupart des consonnes étymologiques en finale (*bled* devient *blé*), que les doubles voyelles en hiatus : *aage* devient *âge*, (« l'A est long, & on met un accent circonflexe dessus », est-il précisé).

Cependant il subsiste certaines incohérences liées à la lenteur de l'entreprise et au hasard des votes : l'Académie continue d'écrire *pourveu* au lieu de *pourvû* qui en aurait été l'aboutissement logique. Par ailleurs elle demeure hostile à l'usage de l'accent en milieu de mot, où le *s* muet est conservé pour marquer l'allongement de la syllabe : *tesmoing* aboutit ainsi à *tesmoin*, mais non au-delà. De ce point de vue, elle revient sur Richelet qui avait banni les lettres muettes au prix d'une généralisation des accents, en particulier du circonflexe.

La troisième édition de 1740 marque une rupture beaucoup plus franche avec le passé : sous la direction de l'abbé d'Olivet, l'Académie essaie de rattraper l'usage imposé par les écrivains et les imprimeurs des Lumières qui montrent plus d'audace qu'elle. L'accent grave souhaité par Corneille est enfin introduit, le circonflexe se substitue au *s* muet avec soixante ans de retard sur Richelet, on assiste à la réduction des lettres grecques et des doubles consonnes. Un mot sur quatre se trouve ainsi transformé.

La quatrième édition de 1762 généralise l'emploi de l'accent grave, et, toujours pour répondre au vœu émis par Corneille un siècle plus

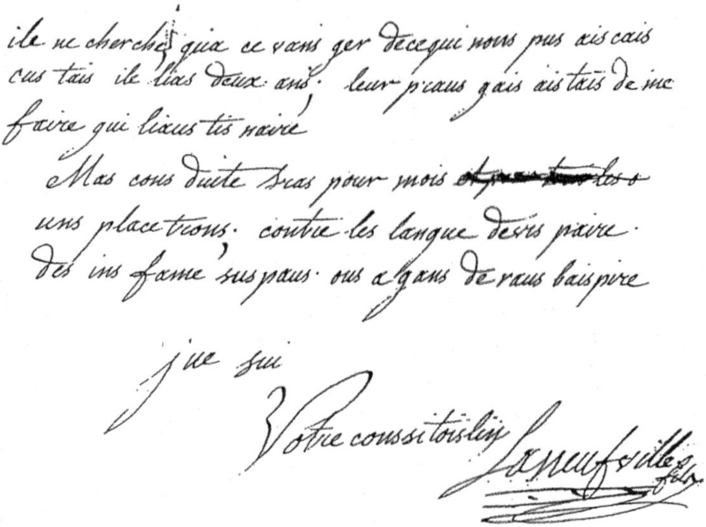

L'écriture des particuliers est beaucoup plus riche en surprises, notamment orthographiques, que celle des professionnels. La lettre ci-dessus était faite pour être lue à haute voix, tant elle prenait de libertés avec l'usage. En voici la transcription littérale, suivie d'une version corrigée :

Ile ne cherche qua ce vans ger de ce qui nons pus ais çais cus tais ile lias deux ans : leur praus gais aistais de me faire gui liaus tis naire. Mas conduite seras pour mois uns placetrons contre les langue de vis paire des ins fame suspaus ous agans de Rausbaispire. Jue suis votre conssitoislin : La Neufville fils.

Ils ne cherchent qu'à se venger de ce qu'ils n'ont pu exécuter il y a deux ans : leur projet était de me faire guillotiner. Ma conduite sera pour moi un plastron contre les langues de vipère des infâmes suppôts ou agents de Robespierre. Je suis votre concitoyen : La Neufville fils.

Un siècle plus tôt (1693), l'écriture de la duchesse d'Alençon était mieux orthographiée. Mais était-elle plus facile à déchiffrer ? On arrive au point où la graphologie l'emporte sur la paléographie :

en toutes choses vous
me trouverez tous-
jours très soumises
aux volontés du roi.

PLANCHE 18 – L'écriture des particuliers

tôt, réduit l'emploi du *z* en finale des mots, les pluriels en *-ez* se faisant désormais en *-és*.

La Révolution n'eut ni le temps ni même la volonté bien arrêtée de bouleverser l'ordre de la phrase. Le souci d'Urbain Domergue, grammairien officiel de la Convention, était plutôt d'œuvrer à l'unité linguistique comme garante de l'unité nationale. L'orthographe y gagna cette solidité toute républicaine qui lui manquait encore sous l'Ancien Régime.

Du côté de l'Académie, les audaces de l'édition de 1798 sont compensées par l'étymologisme volontiers réactionnaire de celle de 1816. En revanche l'édition de 1835 a un caractère quasi définitif, entérinant la substitution du *ai* au *oi* pour marquer le *è* ouvert, comme le réclamait Voltaire avant la Révolution. Elle introduit enfin une réforme beaucoup plus critiquée, et pour une fois assez mal venue tant à l'égard de la simplification de la langue qu'à celui de la tradition paléographique : la réduction du pluriel des noms et des adjectifs en *-ent* et *-ant*.

Date des principales réformes de l'orthographe, selon leur entrée en usage dans l'imprimé :
d'après A. Chervel

1667	apparition du *j* et du *v*
1668	apres > après
1694	seur > sûr
1696	estre > être
1709	vray > vrai
1715	aprés > après
1718	je croi > je crois
1735	des prez > des prés
1763	j'ai bû > j'ai bu
1787	pere > père
1793	françois > français
1817	j'étois > j'étais
1835	des enfans > des enfants

Depuis 1835 en effet on doit écrire *enfants* et *présents* au lieu d'*enfans* et *présens*, règle en faveur de laquelle l'Académie s'était décidée en 1740, selon l'habitude constante du français. Jusqu'au XVIIIe siècle en effet il est exceptionnel de trouver dans les actes de la pratique un pluriel autre que *présens*, qu'on abrège toujours |pns| au lieu de |pnt| au singulier.

Au-delà des ces adjectifs, l'orthographe du XVIIIe siècle tendait aussi à écrire *tems* au lieu de *temps*, à l'imitation de Ronsard qui inclinait déjà en faveur de *tens*, tandis que les scribes demeuraient fidèles au *temps* étymologique. Mal venue, la décision de 1835 fut une des rares à provoquer un tollé et à être boudée par toute une frange de l'édition.

Malgré cela, au regard de la paléographie, les trois éditions qui se succèdent entre 1694 et 1740 sont les plus importantes. Aboutissant ensemble à la modernisation de 70% du vocabulaire, elles accomplissent ce qu'aucune réforme de l'orthographe n'avait réussi avant, ni après elles.

Les scribes n'écrivaient pas avec un dictionnaire sous les yeux, mais le caractère généralement conservateur de celui de l'Académie rend un compte assez fidèle de l'évolution de leurs habitudes. La modernisation de leur écriture, qui franchit un pas décisif à compter de 1650, va finalement de pair avec celle de l'orthographe.

Règles de transcription

Le premier jet d'une transcription résulte le plus souvent d'un compromis inconscient. Bien que le réflexe du paléographe débutant soit de demeurer fidèle aux formes observées par le scribe, il ne peut s'empêcher, à la longue, d'en moderniser certaines afin de rendre son texte plus compréhensible. La tentation d'une copie fidèle ne résiste pas longtemps à l'exercice du sens critique.

À quoi bon reporter exactement la distribution des majuscules, des accents et de la ponctuation dans ce qu'ils ont d'aléatoire et d'inconfortable pour un lecteur moderne ? Que faire d'autre part des abréviations ? Une certaine forme de normalisation finit par s'imposer d'elle-même.

Dans ce cas jusqu'où faut-il aller ? Une modernisation outrancière de l'orthographe et de la grammaire risquerait d'entraîner trop loin celui qui se fixe pour objectif de faciliter la lecture du texte sans en trahir l'origine.

La réponse qu'ont apportée les historiens et les professionnels de l'édition des textes est loin d'être univoque. Les médiévistes ont des pratiques qui ne sont pas forcément celles des modernistes, et parmi ces derniers les spécialistes du XVIe siècle se distinguent de ceux du XVIIIe.

Les règles actuellement observées en paléographie moderne sont plus amplement commentées par Bernard Barbiche sur le site internet de l'École nationale des chartes. On en retiendra ici les principaux enseignements :

- Ponctuation, majuscules : on appliquera les règles actuelles, sans tenir compte de la pratique du scribe.
- Orthographe : la graphie du document doit être rigoureusement respectée.

Cependant :

- ✔ Les lettres *i* et *u* ayant valeur de consonne seront remplacées par *j* et par *v*.
- ✔ Les mots agglutinés seront séparés.
- ✔ Les abréviations seront développées, sauf le cas de certains mots courants (*led.* pour *ledit*, *dem.* pour *demeurant*) d'ailleurs parfois trop ambigus (*Sr.* pour *sieur* ou *seigneur*). Il n'est pas nécessaire d'indiquer de façon apparente les lettres restituées, comme on peut le faire entre crochets à des fins pédagogiques.
- ✔ L'usage des accents devra être adapté à l'époque considérée.

  Si le texte étudié fait déjà un usage régulier des accents, à partir du XVIIIe siècle ou un peu avant, on appliquera les règles de l'orthographe moderne, sans s'arrêter aux usages anciens du tréma ou de l'accent circonflexe.

  Auparavant on peut observer cette règle qui convient à la plupart des textes étudiés en paléographie moderne : on n'accentuera pas la lettre *e* à l'intérieur d'un mot (maniere, pere, present), et on fera un large usage du *é* en final (né, tombé, vous avés, aprés, procés, armée), réservant l'usage de l'accent grave à certains monosyllabes pouvant prêter à confusion (à, là, dès, lès, où).

Ces prescriptions peuvent sembler assez éloignées de celles suivies dans les éditions littéraires courantes, notamment sous le rapport de l'accentuation. Dans le Rabelais de la Pléiade où l'orthographe ancienne

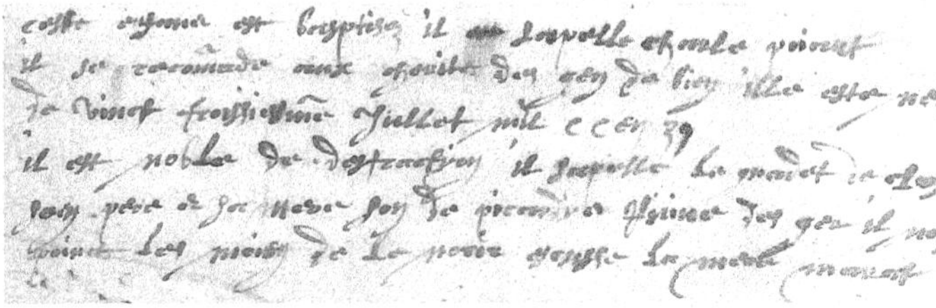

Tout est déroutant, orthographe et syntaxe, dans le billet ci-dessus, laissé dans les langes du petit Charles, confié à la charité publique en 1639. Au mieux y apprend-on qu'il est « noble de destractyon », et que ses parents originaires de Picardie sont « ruiné des ger » – n'oublions pas qu'on se battait à Corbie trois ans plus tôt. La date elle-même serait difficile à lire si on ne savait par avance que l'action a lieu au XVIIe *siècle.*

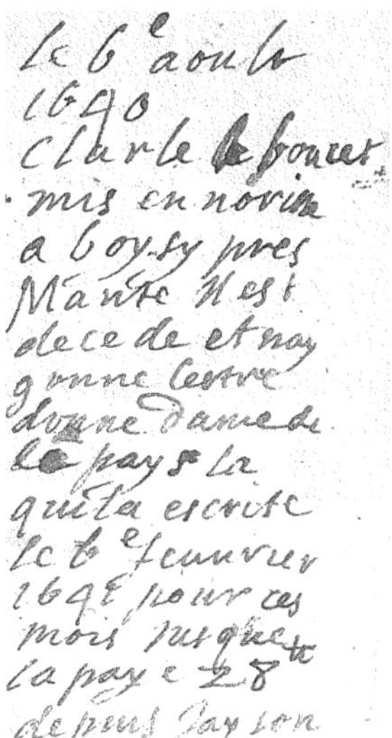

le 6e aoust
1640
mis en novice
a boysy pres
Mante il est
dece de et nay
donne lestre
le pays la
quila escrite
le 6e feuvrier
1641 pour ces
mois jusque
la paye e 28
depuis j'ay son
billet de la sepulture

Moins d'un an après il était mort, après avoir été confié par l'institution des Enfants-trouvés à une nourrice de la région de Mantes, comme en témoigne le billet ci-contre. Là encore la syntaxe est elliptique et l'orthographe témoigne d'une certaine maladresse.

Les généalogistes amateurs seront peut-être moins déroutés par ces écritures approximatives, plus fréquentes dans les registres paroissiaux que dans les minutiers des juridictions.

Paradoxalement ces écritures tracées de la main de particuliers médiocrement instruits peuvent être, sur le plan formel, qualifiée d'humanistiques, par opposition à la grande tradition des écritures financières utilisées par les professionnels du droit, telle que celle du greffier du bailliage de l'abbaye parisienne de Sainte-Geneviève ayant rédigé le procès-verbal de découverte de l'enfant :

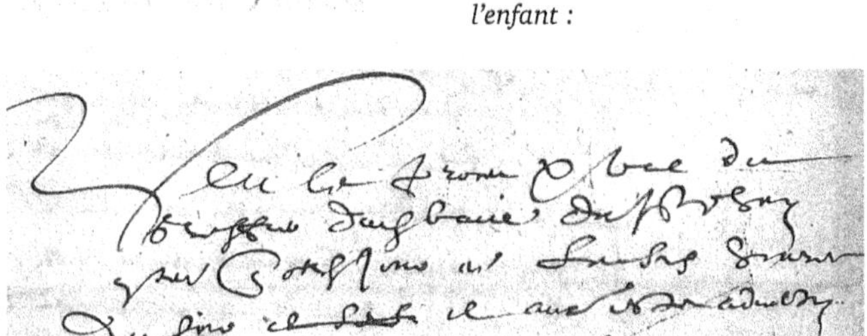

PLANCHE 19 – Professionnels et particuliers (Arch. de Paris DH2DEPOT 329)

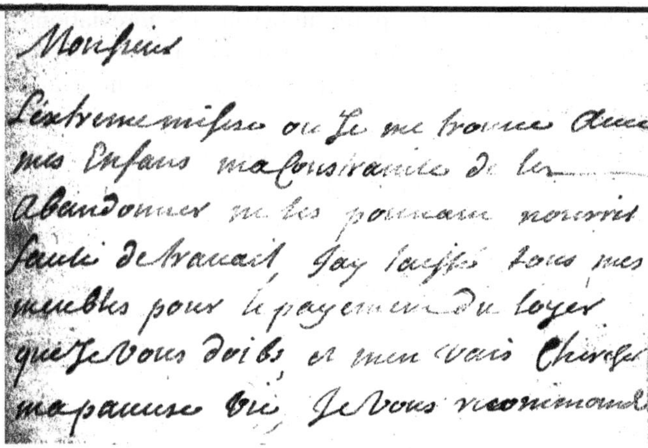

La différence entre l'écriture des professionnels et celle des particuliers saute aux yeux dans les dossiers où l'on trouve des pièces jointes telles que courriers ou lettres missives. Le billet ci-dessus est à l'origine de l'intervention du commissaire de police, qui l'a annexé au dossier et retranscrit in extenso dans son son procès-verbal :

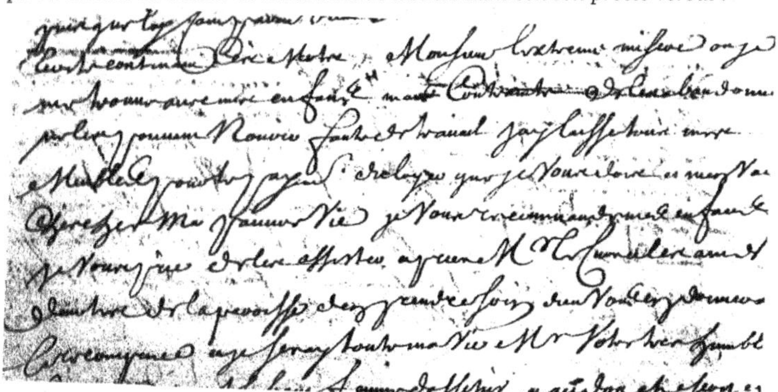

... ecrite contenant ces mots : « Monsieur, l'extreme misere où je me trouve avec mes enfans m'a contrainte de les abandonner, ne les pouvant nourrir faute de travail. J'ay laissé tous mes meubles pour le payement du loyer que je vous dois et m'en vais chercher ma pauvre vie. Je vous recommande mes enfans. Je vous prie de les assister et prie M. le curé et les ames devotes de la paroisse d'en prendre soin, Dieu vous en donnera la recompence, et je seray toute ma vie, Monsieur, votre très humble...

On ne reviendra pas sur la terrible disette de 1693-1694 qui est à l'origine de cet abandon. En revanche on notera la différence entre l'écriture dite financière qui est encore celle des professionnels du droit, et l'écriture humanistique d'allure résolument moderne qui est ici celle d'une « simple femme », pour parler comme l'Académie.

PLANCHE 20 – Professionnels et particuliers (Arch. nat. Y14879)

est respectée, les mots sont séparés au besoin, les abréviations maintenues dans l'ancienne typographie sont développées, mais l'accentuation, encore sommaire dans l'édition originale, est mise au goût du XXe siècle.

Dans le cas d'une transcription courante, le meilleur conseil qu'on puisse donner est d'adopter une règle en fonction de l'objectif poursuivi, et de s'y tenir.

Morphologie et syntaxe

Contrairement à l'orthographe, dont les aspérités s'imposent d'emblée à l'œil, la syntaxe présente des difficultés plus subtiles. Elles n'en sont que plus redoutables.

Bien des fautes de lecture sont dues à des contresens grammaticaux. C'est pourquoi il faut faire preuve de rigueur et prendre garde à tous les signaux d'alerte, aussi bien orthographiques que syntaxiques. En l'absence de ponctuation, cas le plus général dans un document d'archives, la vigilance doit être redoublée.

Prenons un cas très simple, extrait d'un interrogatoire daté de 1555, suivi de sa transcription sans ponctuation, conformément au texte original :

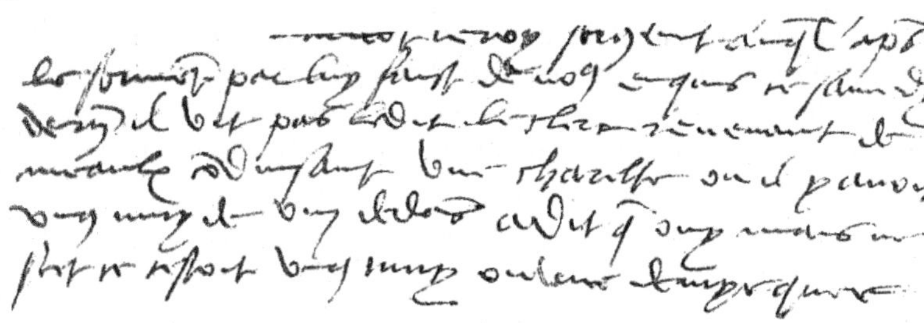

... ap[rè]s
le serme[n]t par luy faict de no[us] enquis ce samedy
dern[ier] il vit pas led. Leclerc revenant de
Meaulx co[n]duisant une charrette où il y avoit
ung muy de vin deda[n]s a dit q[ue] ouy mais ne
scet ce c'estoit ung muy ou une demye queue

En première analyse, on lira et on comprendra *ce samedy*, et même *ce samedy dernier*, comme si le témoin avait été interrogé le jour en question. Mais la phrase en devient bancale : la proposition commençant par *il vit* n'est pas introduite, et il y a quelque chose d'absurde à lire *ce samedy dernier* quand l'interrogatoire est reporté en temps réel.

Tout devient plus clair si on comprend : *enquis si, samedi dernier, il vit pas led. Leclerc...* L'orthographe est en effet régulière dans les limites qu'elle s'impose, et la dernière ligne montre qu'ici la graphie *ce* au lieu de *se* est systématique. Surtout il fallait reconnaître la conjonction *si*, qu'on écrivait encore *se* en moyen français.

On voit comment une simple faute de lecture peut conduire à un contresens mineur, à la fois pour des raisons d'orthographe et de grammaire. C'est pourquoi il est nécessaire de connaître les tours hérités de l'ancien français qui ont peu à peu disparu entre le XVIe et le XVIIIe siècle.

L'effort n'a rien de colossal, puisque contrairement à l'orthographe qui n'en finit pas d'être normalisée, la mutation de la syntaxe est quasiment achevée à la fin de la guerre de Cent ans. La rupture avec l'ancien français s'est opérée très en amont, et le moyen français qui en résulte est plus remarquable par sa modernité que par ses archaïsmes. Cette révolution fut d'autant plus radicale qu'elle touchait à la structure intime de la langue, qui n'admet pas de juste milieu entre deux états successifs.

Pour aller à l'essentiel, le moyen français se caractérise par le bouleversement du système nominal, avec la disparition des déclinaisons et la généralisation de l'emploi de l'article. Sa syntaxe est plus analytique, enrichie en mots outils grâce auxquels s'impose l'ordre des mots et des idées qui est celui du français moderne.

Nous allons maintenant expliquer certaines de ces évolutions, dont les textes étudiés en paléographie présentent un état plus ou moins abouti.

Morphologie

La principale rupture dans la morphologie de la langue est la disparition des déclinaisons, avec tout ce qu'elle entraîne de conséquences pour l'économie de la phrase.

L'ancien français connaissait deux formes héritées de la déclinaison latine à six cas, le cas sujet (CS) et le cas régime (CR). En général le premier était issu du nominatif, le second de l'accusatif. De plus, comme le latin comportait cinq déclinaisons pour le nom et deux pour l'adjectif, il en demeurait une certaine variété dans les désinences.

Les noms masculins, avec leur *s* final et la forme de l'article défini propre au CS, avaient une déclinaison plus marquée que les noms féminins, comme le rappelle l'encadré ci-contre.

masculin 1 (2e déclinaison latine)

	singulier	**pluriel**
CS	li rois	li roi
CR	le roi	les rois

masculin 2 (3e déclinaison latine)

	singulier	**pluriel**
CS	li sire	li seigneur
CR	le seigneur	les seigneurs

féminin 1 (1ère déclinaison latine)

	singulier	**pluriel**
CS	la reine	les reines
CR	la reine	les reines

féminin 2 (3e déclinaison latine)

	singulier	**pluriel**
CS	la suer	les sereurs
CR	la sereur	les sereurs

D'autre part, quel que soit le genre, certains mots hérités de la troisième déclinaison latine se caractérisaient par une alternance du radical.

Or, dès la fin du Moyen Âge ce système tombe en désuétude.

Avec l'affaiblissement du rôle des déclinaisons dans la syntaxe, on emploie de plus en plus souvent le cas sujet ou le cas régime selon l'humeur ou la sonorité de la phrase. Chez un écrivain comme Villon, au XVe siècle, il s'agit de simples réminiscences donnant lieu à des effets de style sans aucun égard à la grammaire.

Dans cette confusion, l'alternance du radical a pu aboutir à certains doublets en français moderne. Le cas sujet et le cas régime ont ainsi donné naissance à deux mots différents que sépare une nuance de sens ou de style : sire/seigneur, gars/garçon, copain/compagnon, et même prêtre/proveire puisqu'il existe toujours une rue des Prouvaires à Paris.

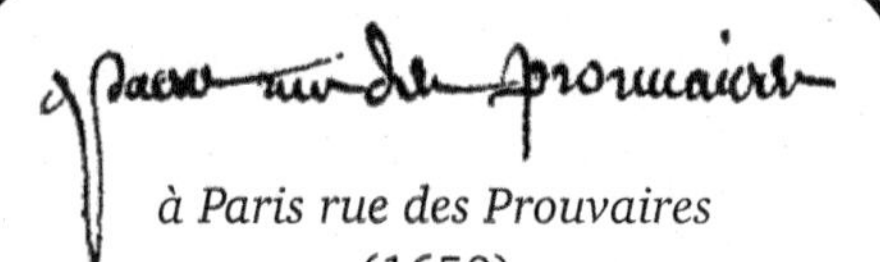

à Paris rue des Prouvaires
(1650)

Le plus souvent c'est le cas régime qui triomphe en français moderne, avec la chute du *s* au masculin singulier, ou bien l'adoption du CR *baron* au lieu du CS *ber*. Mais cela n'est pas toujours le cas quand le mot désigne une personne animée : *sœur* est la graphie modernisée de *suer* et non de *sereur*.

La sélection d'une forme au détriment de l'autre ne s'est pas faite sans hésitation : dans un testament de 1493, il est encore question de donner « aux grises seroeurs XII s., aux noires seroeurs XII s. », avec une antéposition de l'adjectif de couleur qui demeure typique de l'ancien français.

grises s[er]oeurs XII s.
(1493)

On en veut également pour preuve la persistance dans la langue du trio *sire* / *sieur* / *seigneur*, où *sieur* est une variante du cas régime *seigneur* après amuïssement du *g*. La spécialisation de chacun de ces mots est tardive, et se complique de la fusion de l'adjectif et du nom dans *messire* (CS), *monsieur*, *messieurs* et *monseigneur* (CR). Il en résulte qu'en paléographie, il n'est pas toujours possible de développer, avec un degré suffisant de certitude, l'abréviation *Sr* en *sire* ou *seigneur*, ou *Monsr* en *monsieur* ou *monseigneur*. Dans ce cas il est admis de recopier l'abréviation sans autre forme de procès.

Il existait en outre une déclinaison dont l'origine semble plus germanique que latine, qu'on retrouve dans quelques noms communs du féminin (nonne/nonnain, pute/putain) et dans de nombreux noms propres (Charles/Charlon, Pierres/Perron, Berte/Bertain). Si les prénoms ont été réduits à un cas unique, les variantes subsistent dans les noms de famille. Plus tard le suffixe *-on* demeuré s'est imposé comme diminutif des prénoms féminins (Madelon, Marion, Suzon, Toinon...).

Loin de toute déclinaison, certains prénoms ont fait l'objet de réfections savantes d'après l'étymologie : c'est ainsi que Ladre est redevenu Lazare. Dans le langage courant *ladre* a d'abord signifié lépreux, avant de désigner l'avare ; le sens primitif se devine dans *lazaret*. À Paris l'ancienne léproserie de la Villette-Saint-Ladre est devenue le village de La Villette, à quelques kilomètres de l'actuel quartier de Saint-Lazare. On pourrait également citer Jacob, version savante de Jacques, qui connaît quelque succès au XVIe siècle, au moment où les prénoms vétéro-testamentaires deviennent un marqueur assez fiable des familles protestantes.

Les noms communs connaissent enfin des doublets qui ont apparu et disparu sans lien avec l'ancien système des cas. L'ancien français était en effet une langue douée de plasticité, qui formait ses mots par dérivation ou suffixation avec une liberté assez grande. Certains mots se sont imposés au détriment d'autres, et on rencontre encore sous l'Ancien Régime des formes en voie d'extinction : *derrain* au lieu de *dernier*, *plaintif* au lieu de *plainte*, *entretenement* au lieu d'*entretien*...

Il est à noter que certains mots anglais d'origine normande ont conservé le sens qu'ils avaient en moyen français, alors qu'ils ont disparu ou changé de sens en français classique : par exemple *canceller* (to cancel), dans le sens de barrer ou rayer, ou encore *décevoir* (to deceive) dans le sens de tromper.

❍ Adjectifs

À l'égard des adjectifs, il faut prendre garde à ceux issus de la seconde classe latine. Contrairement à la première qui comptait trois formes différentes pour le masculin, le féminin et le neutre (*bonus, bona, bonum*), la seconde classe (*fortis, fortis, forte*) ne faisait pas de différence entre le masculin et le féminin. Ce souvenir est particulièrement vif dans certaines expressions figées par l'usage (la grand rue, la grand messe, des lettres royaux). Même au XVIIe siècle, l'accord n'est pas systématique : on dit encore *de l'eau fort* pour *de l'eau forte*.

Le participe présent, assimilable aux adjectifs latins de la deuxième classe, aurait dû demeurer invariable en français. Mais le génie de la langue tendait à lui appliquer la règle de l'accord universel qui prévalait pour l'adjectif. Il fallut une décision de l'Académie française, qu'à défaut de procès-verbal la tradition fixe au 3 juin 1679, pour qu'il soit déclaré invariable. Jusqu'à la Révolution on admet encore facilement les deux.

❍ Verbes

Plus généralement, et ceci est valable aussi bien pour les noms que les adjectifs et la conjugaison des verbes, on assiste à une réduction des formes irrégulières, refaites selon le modèle le plus courant.

Nous n'insisterons pas sur ce point, le français contemporain étant encore truffé de pluriels et de conjugaisons ayant vaillamment résisté à toute forme d'assimilation (je dois / nous devons ; je peux / je puis ; courre/courir). En paléographie, c'est la lenteur de ce mouvement d'assimilation qui explique le retour sporadique d'anciennes formes que l'on croyait éteintes.

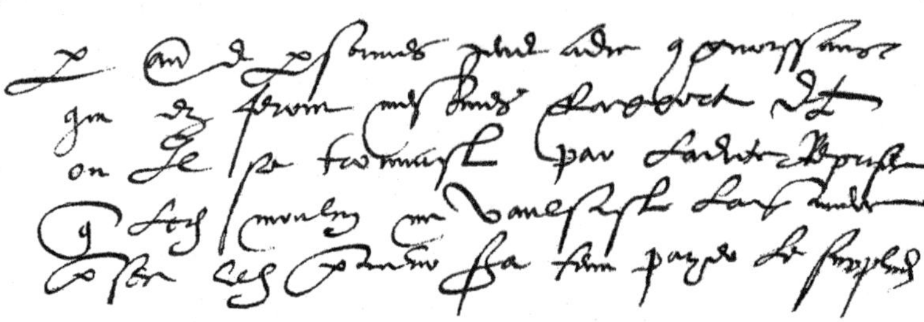

p[ar] au[tr]es p[er]sonnes gens adce [con]gnoissans
qui en feront mesmes rapport ; et
où il se trouvast par ladicte reprisée
q[ue] led. moulin ne vaulsist la p[re]mière
p[ri]sée, led. p[re]neur s[er]a tenu payer le surplus

Dans cet extrait du bail d'un moulin (1560), on relèvera l'accord au pluriel du participe présent *congoissans* (connaissant), ainsi que l'emploi de la forme verbale *vaulsist* (valût) introduite par un emploi classique de la conjonction *où* (au cas où). L'écriture, très élégante, est tracée d'une main régulière avec de nombreuses abréviations.

Entre autres exemples plus ou moins spectaculaires on citera : il veid (il vit), il print (il prit), qu'il voulsist (qu'il voulût), qu'il vaulsist (qu'il valût), qu'ils viengnent (qu'ils viennent) comme ils dient (comme ils disent), poisant (pesant). D'autres verbes courants hésitent encore sur leur radical (il trouve/ il treuve, il demoure/il demeure). Dans la langue juridique, le verbe *apparoir* (il appert) tarde à s'assimiler au verbe *apparaître* (il apparaît) dont il emprunte certaines formes.

L'orthographe a d'ailleurs un rôle conservateur, et peut maquiller, dans les cas les plus simples (veid/vit, demeurer/demourer) une prononciation depuis longtemps normalisée.

D'autre part il est curieux de constater que des verbes aussi courants que *cuidier* ou *souloir* ont disparu de la langue au cours du XVIe siècle.

Cuider ou *cuidier*, dont on retrouve la racine dans *outrecuidance*, est issu du latin *cogitare* d'où il nous est revenu sous la forme *cogiter*. *Cuidier* tenait un juste milieu entre *croire* et *penser*. A-t-il été victime de son excès d'ambiguïté, entre raison et imagination ?

Souloir (latin *solere*) se comportait en revanche comme un quasi auxiliaire dans le sens d'*avoir l'habitude de* :

☛ *les bonnes espèces d'or qui soulloient courir en ce royaulme* (1559).

☛ *à telle force qu'il soloit par ci-devant* (1548).

Ce verbe existe encore en espagnol ou en italien. En français son aspect fréquentatif est maintenant assumé par l'imparfait de l'indicatif ou d'autres effets de style. On dirait maintenant *les bonnes espèces qui avaient cours en ce royaume* ; ou *avec sa force accoutumée*.

On peut toujours se heurter à d'autres formes vieillies. Par exemple le verbe *doloir* peut encore se rencontrer sous la forme pronominale *se condoloir*, à rapprocher de nos *condoléances*.

Dans les contrats d'apprentissage, le formule « plevi de toute loyauté et prudhommie » illustre, jusqu'à la caricature, la rémanence d'un verbe depuis longtemps disparu de la langue juridique, *a fortiori* du langage courant. *Plevir*, remplacé par *pleiger* puis par *cautionner*, peut être ici considéré comme un archaïsme de la troisième génération. Il n'en demeure pas moins usuel dans le contexte étroit de son emploi.

❍ L'article

Le moyen français compense l'abandon des déclinaisons à l'aide d'un éventail plus large de prépositions associées à l'article dont l'usage se généralise, et que Ronsard recommande aux écrivains de ne jamais oublier.

Là où l'ancien français écrivait « la cour le roi », où *le roi* était clairement identifié comme un CR différent du CS *li rois*, le moyen français adopte la forme « la cour du roi » où toute idée de déclinaison disparaît. On dit désormais *le roi* à tous les cas grammaticaux, l'article contracté *du* résultant de la fusion avec la préposition *de*. La variante en *à/au* (le fils au roi) ne s'est maintenue que dans la langue populaire.

Si l'article contracté *du* (de le) ou *des* (de les) est ancien, sa fonction d'article indéfini n'apparaît qu'au XIVe siècle, comme une extension des fonctions de l'article partitif.

En style de procédure l'article *du* sert à introduire les dates : *Du mardy vingt ungniesme juin mil six cens soixante douze, premièrement...* ou sous la forme anaphorique *dud. jour*. Dans certaines locutions, il fait double emploi avec *au* (*quant du* équivaut à *quant au*).

Le moyen français fusionne d'autres articles et prépositions qui ont quasiment disparu de la langue actuelle. La forme *ès* (en les) ne se trouve plus guère que dans certaines expressions figées comme *docteur ès lettres*. Au singulier, la forme *ou* (en le) a disparu encore plus vite en s'assimilant à la forme *au* (à le). Elle résiste encore dans la locution *ou nom et comme* qu'on trouve dans diverses formules, par exemple *ou nom et comme procureur de N...*

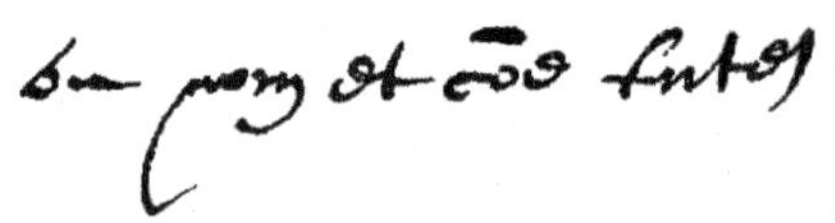

... ou nom et co[m]me tute[ur]... (*1572*)

... payez oud. nom à lad.... (*1572*)

Ou se retrouve encore fréquemment à travers son anaphorique *oudit*, qui n'est définitivement remplacé par *audit* qu'après 1650.

Ainsi notre formule *ou nom et comme* est souvent rappelée par la tournure *oud. nom* (led. procureur oud. nom, led. vendeur oud. nom, led. bailleur oud. nom, etc.). *Oud.* intervient enfin dans des formules stéréotypées telles que : demeurant oud. lieu, assis oud. terroir, demandeur oud. procès.

❍ Le démonstratif

Là où l'ancien français employait les démonstratifs *cel* / *cest* (*celui* / *cestui* au CR) pour marquer la proximité ou l'éloignement, le moyen français s'en sort par la création des suffixes *-ci* et *-là* (*celui-ci, celle-là* pour le pronom, *cet homme-ci, cette femme-là* pour l'adjectif) que nous avons conservés en français moderne. Ce nouveau système met cependant un certain temps avant d'émerger dans toute sa pureté.

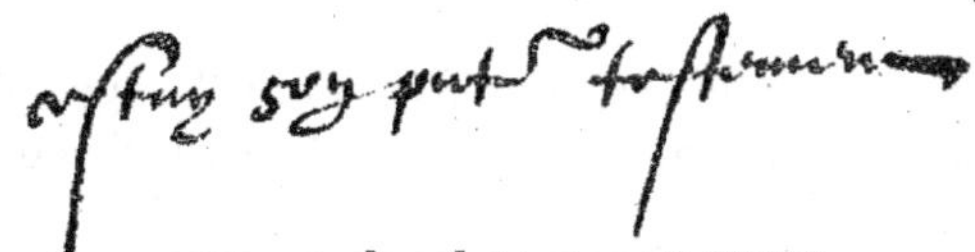

cestuy son p[rese]nt testement (*1570*)

L'adjectif *cel* / *celui* survit à travers la forme *icel* / *icelui* pratiquement réduite à un seul cas, *icelui* au masculin et *icelle* au féminin, tous deux très courants dans les actes de la pratique. La confusion dans l'emploi du démonstratif demeure jusqu'au XVIIe siècle où Vaugelas relève : « *À celle fin* est un fort mauvais mot qui néantmoins est à la bouche de fort honnêtes gens. *À icelle fin* que quelques autres disent est bien encore pis ».

❍ Le pronom personnel

L'amuïssement du *s* final ne concerne pas seulement le groupe nominal (CS) ; on le retrouve dans la conjugaison. Même si l'orthographe a maintenu la distinction entre *je chante* et *tu chantes*, on ne prononce plus le *s* à la fin de la deuxième personne, ce qui rend l'emploi du pronom indispensable pour distinguer les deux.

L'ellipse du pronom peut cependant se produire dans les cas où il n'y a pas de confusion possible, à condition que la phrase ne commence pas par le verbe, ce qui serait contraire au génie de la langue. Fréquente en moyen français, elle subsiste dans le style de chancellerie ou dans les procédures :

☛ *Savoir faisons que aujourd'huy dacte de ces presentes... (1587)*

☛ *Si donnons en mandement à noz amez et féaulx les gens tenans nostre cour de parlement de Tholoze (1594)*

☛ *Interrogé pourquoy il est prisonnier et à la requeste de qui : A dit qu'il ne sçait pourquoy il est prisonnier ny à quelle requeste (1642).*

☛ *Le tout veu et consideré... avons ordonné que... (1647)*

À côté de ces tours figés dont l'usage se prolonge jusqu'à la fin de l'Ancien Régime, la langue du XVIe siècle en propose des exemples plus spontanés :

☛ *il ne se passoyt quasi jour que ne allast aud. logys (1560)*

☛ *et vous jurons que ne demandons que vivre en bons voysins et amis (1580)*

☛ *que luy ay vendu comme plus à plain appert par certain instrument passé par devant N... notaire (1590)*

Le pronom personnel est un des rares types à avoir conservé un cas sujet et un cas régime, et même un cas oblique à la troisième personne : il / le / lui, ils / les / leur. Dans certaines circonstances le CR peut se dédoubler entre une forme atone et une forme tonique : je / me (moi), tu / te (toi)... C'est cette forme tonique que le français actuel réutilise dans le tour : « moi, je... ».

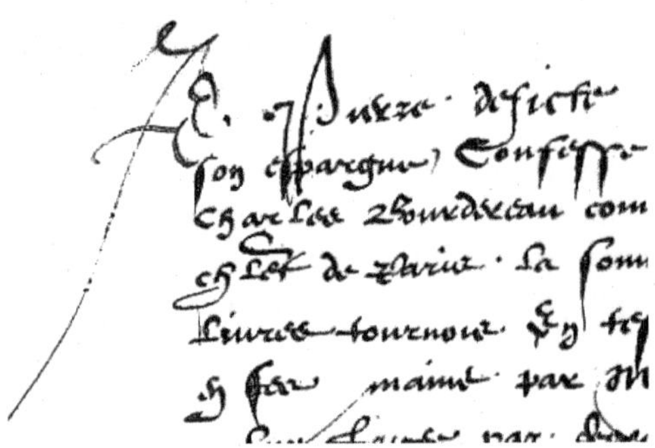

On notera que, dans le style de la pratique, la forme « *Je, ...* » demeure fréquente. C'est ce tour que l'on trouve encore dans la formule « *je soussigné untel* » qui remonte à l'Ancien Régime.

Voici d'autres exemples moins familiers :

☛ *Je, Robert de Falentin, natif de Preschy, fay mon testament (1493)*

☛ *Je, le mardi des feries de Penthecoste XIIIe jour dud. moys de juing l'an dessusd., pour mectre à execution lesd. lettres de commission et appoinctement, me suys transporté au lieu et villaige de Champigny (1508)*

☛ *Je, Maximilien de La Haye, escuier, seigneur du Fresnoy, confesse que... (1590)*

☛ *Je, huissier soubsigné, certifie avoir leu et publié l'ordonnance cy dessus, au son du tembour, à l'issue de la messe paroissial... (1719)*

Le verbe peut se trouver encore plus loin du sujet exprimé. Dans ce texte de 1713 cette difficulté est renforcée par la liberté qu'à prise l'officier d'écrire *jay* au lieu de *je* :

L'an mil sept cent treize le vingt quatriesme jour de mars huit heur du matin, ***jay****, Nicolas Gillet, guarde des plaisirs du Roy ès plaines de Villeneuve-le-Roy et Ablon dem. aud. Villeneuve-le-Roy soubzsigné, sur l'advis qu'il m'a esté donné que le nomé Claude Arnoul, vigneron demeurant à Ablon, avoit en sa maison un lièvre pris au colet,* ***me suis transporté*** *en la maison dudit Claude Arnoul...*

À la troisième personne, le pronominal hésite également entre forme tonique et forme atone (se / soi). Des tours tels que « *lui remonstrant qu'il faisoit mal de soy ainsy gouverner* » demeurent courants jusqu'au XVIe siècle. La forme tonique du réfléchi se maintient également dans les formules notariales telle que « *untel, soi faisant et portant fort de untel* ».

Il en reste quelques traces dans la langue actuelle, avec la locution *soi disant*, littéralement *se disant*, qu'on n'employait à l'origine qu'au réfléchi. C'est pourquoi on disait la *Religion prétendue réformée* (ou *RPR*), et non *soi-disant réformée* comme on serait enclin à faire aujourd'hui, ce que l'ancienne grammaire aurait considéré comme un solécisme.

❍ Adverbes de circonstance

Beaucoup d'adverbes naguère fréquents ont disparu du français courant. *Illec*, écrit parfois *illecques*, est le plus souvent employé comme adverbe de lieu dans le sens de *là-bas* (le lieu où l'on n'est pas). Il s'oppose à *céans* qui désigne le lieu où l'on se trouve actuellement :

☛ *auquel il a aud. nom donné pouvoir et puissance de comparoir pardevant N... et illec soustenir l'exploit de saysie et opposition (1626)*

☛ *où d'illec en vertu du commandement et ordonnance qu'il m'a esté ce jourd'huy faict me suis transporté au logis de N... (1650)*

☛ *Aujourd'huy sur la requeste et complainte du procureur et des sergens de céans, disans que... (1550)*

☛ *N... prisonnier de prisons de céans sur les charges et informations par nous contre luy faittes (1672)*

Parmi tous les adverbes de temps qui ont vieilli ou vu leur sens glisser (*jà, piéça* ou *japiéça, jadis* et *naguère...*) il faut en citer un encore très fréquent dans la langue du XVIIe siècle : *ença*, qu'on écrit en un ou deux mots, toujours en postposition.

Il sert à actualiser les données introduites par la préposition *puis* ou *depuis*, suivie d'un complément de date ou de durée : puis vingt ans ença, depuis deux jours ença, depuis la Toussaint ença... Racine voit dans cette construction un trait de la langue des plaideurs, mais son emploi n'était pas limité au palais.

CHICANNEAV.

Voicy le fait. Depuis quinze ou vingt ans en ça,
Au trauers d'vn mien pré, certain Aſnon paſſa,
S'y veautra, non ſans faire vn notable dommage
Dont, ie formay ma plainte au Iuge du village.
Ie fais ſaiſir l'Aſnon, Vn Expert eſt nommé,
A deux bottes de foin le degaſt eſtimé:

Plus rare, la locution *depuis ença* est l'équivalent de notre *depuis lors*, qu'on exprimait encore sous la forme *du depuis*.

D'autres adverbes de circonstance, aujourd'hui disparus ou vieillis étaient encore couramment employés jusqu'au XVIIe siècle : *d'abondant* (en outre), *derechef* (de nouveau).

❍ Conjonctions de coordination

Parmi les conjonctions de coordination dont l'emploi s'est perdu, on peut citer *ains*, avec sa variante *ainçois*, employé dans le sens de *mais* :

☛ *la susd. besoigne laquelle il n'a parachevé, ains l'a laissé imparfaicte (1579)*

☛ *et prie justice luy faire misericorde, protestant l'advenir de plus commettre telles actions, ains de vivre en homme de bien (1642)*

❍ Prépositions et locutions prépositionnelles

De nombreuses prépositions ou emplois prépositionnels ont vieilli :

☛ *fors et excepté Marin Delalande (1650)*

☛ *ensemble moy notaire soubzsigné pour le deu de mon office (1557)*

☛ *dem. au fauxbourg de Sainct-Anthoine lez Paris (1668)*

D'autres locutions sont à connaître à raison de leur fréquence dans les contrats, notamment *moyennant et parmi le prix et somme de...* remplacée par *moyennant le prix...* dès le XVIIe siècle :

☛ *Cette vente, cession et transport faicts aux charges susd. et oultre moyennant et parmy la somme de seize livres tournois, que pour ce lesd. vendeurs en confessent avoir eue et receue dud. achepteur (1554)*

En général *moyennant* appelle une somme exprimée en deniers comptants, mais l'expression *moyennant le serment par lui fait* se rencontre en style de procédure.

La locution *chacun endroit soi* (chacun pour soi, chacun en ce qui le concerne) est non moins fréquente dans le formulaire notarié :

☛ *promettant chacun endroit soi corps et biens (1572)*

❍ Expression de la négation

L'emploi de *ne... pas...* n'est pas aussi général que de nos jours. Il est concurrencé par *ne... point...* ou *ne... guère*. Dans les textes les plus anciens on peut encore trouver des formes plus archaïques, telles que *ne... mie...* :

☛ *les prisonniers qui sont povres laboureux et n'ont mie vaillant trois deniers (1450).*

Syntaxe

Les bouleversements connus par la morphologie de l'ancien français ont eu de grandes répercussions sur la syntaxe, c'est pourquoi il n'est pas toujours évident de les présenter séparément. Ainsi, avec la disparition des déclinaisons, l'ordre des mots devient moins flexible, puisqu'il sert à marquer la relation entre verbe et sujet.

Les juristes ont devancé les prosateurs dans leur effort d'ancrer le français classique dans le latin, au prix d'une certaine réinvention de la langue. L'humanisme de la Renaissance, considérant que le français est un latin déformé, entreprend à son tour de lui rendre vigueur et pureté en le rapprochant autant que possible de sa langue mère, non sans certains excès.

Les lettrés se plaisent ainsi à employer la proposition infinitive dont l'emploi demeure marginal dans les actes de la pratique. La clause de renonciation *au droit disant générale renonciation non valoir* est d'ailleurs un pur décalque du latin *juri dicenti generalem renunciationem non valere*.

Les audaces sont plus rares dans les actes de la pratique que dans les textes littéraires. Plus conservateurs que novateurs, les juristes ont laissé certaines de leurs formules inchangées depuis cinq ou six siècles. D'où cette étrange familiarité que nous pouvons éprouver, une fois surmonté l'obstacle paléographique, avec ces textes de nature très technique.

❍ L'ordre des mots

À la veille de la Révolution, Rivarol justifiait la clarté et l'excellence de la langue française par une succession du sujet, du verbe et du complément correspondant à l'ordre naturel de la pensée. Il lui opposait la plus grande expressivité de la syntaxe latine, où l'existence des cas permettait de varier l'ordre des termes.

Il s'agit là d'un aboutissement, au terme d'une longue transition. La principale caractéristique de l'Ancien Régime syntaxique est que des tours anciens, à peu près disparus aujourd'hui, coexistent avec des tours modernes souvent apparus très tôt.

L'inversion du sujet demeure fréquente en début d'acte, derrière des verbes ou locutions verbales qui n'admettent pas de complément direct :

☛ *Sachent tous presens et advenir que aujourd'huy... (1572)*

☛ *Furent presens en leurs personnes Jean Audoux masson dem. à Sucy-en-Brie d'une part, et Pantaleon Gillard vigneron dem. à Amboille estant de present en ced. lieu de Sucy d'aultre part, lesquelles partyes... (1673)*

En cours de rédaction, elle demeure fréquente après un cas oblique, ou encore un mot outil tel qu'un adverbe ou une conjonction de coordination :

☛ *son procès auquel faire fut Chappelle commis, et luy furent baillées les charges... (1481)*

☛ *et furent lesd. Duboys et sa femme voyant ce contrainct de se retirer en leurd. logys, et estant en icelui rua led. Monjay plusieurs coups de pierre contre l'huys desd. Duboys et sa femme (1569)*

☛ *et luy ayant la depposante dict que cela estoit faux (1639)*

❍ La subordination

L'ancien français avait une structure parataxique, procédant plus par coordination que par subordination des idées. Il avait hérité du latin les conjonctions *comme*, *quand / quant*, *si / se* et *que*, dont l'usage extensif, comme subordonnant universel, commença très tôt (*par ce que, pour ce que...*).

Comme pouvait également servir de subordonnant par défaut, comme le montre cet exemple :

☛ *De la part de noz bien amez NN... nous a esté exposé et remonstré comme icelle ville ait esté... (1515)*

Mais le tour est peu fréquent. Au XVIIe siècle, il s'agit d'un archaïsme dont se moque Racine dans les *Plaideurs* : « *Présente ta requête comme tu veux dormir, m'a-t-il dit gravement* ».

Beaucoup plus fréquente, la locution *si comme il disait*, typique des actes de la pratique, serait aujourd'hui exprimée sous la forme *ainsi qu'il disait*, ou plus simplement *comme il disait*, avec un emploi moins ambivalent de *comme*.

Cette syntaxe fut modernisée par le biais d'une relatinisation bien antérieure à la Renaissance. Dès le XIVe siècle, clercs et magistrats construisent une langue répondant à leurs besoins, mettant au point un arsenal de formules et de conjonctions de subordination destinées à mieux articuler entre eux tous les attendus de leur exposé.

Alors que, *afin que*, *attendu que* sont autant de créations du XIVe ou du XVe siècle. Le foisonnement devint tel que certaines constructions disparurent, par exemple *jaçoit que*, qui avait le sens de *bien que* ou *quoique*. *« Jaçoyt que mandement plus spécial y convienne »*, peut-on lire dans une procuration datée de 1572.

Écrit sous la forme **|9me|**, *avec un neuf tironien,* **comme** *présente avec* **que** *une analogie frappante. Ces exemples en donnent un aperçu :*

|9me| :

(1450) (1572) (1623)

que :

(1600) (1626) (1671)

Toutefois, la ligature entre le q *et le* u *se faisait plus fréquemment en sens inverse, avant la disparition progressive du neuf tironien au XVIIe siècle :*

que :

(1547) (1610) (1669)

❍ Avec des « si » ...

Comme on l'a vu au début de ce chapitre, l'expression de la conjonction *si* peut poser un problème d'orthographe et de syntaxe. On insistera ici sur le risque de confusion avec l'adverbe homonyme, comme dans cette formule qu'on trouve dans les contrats de mariage, *« si Dieu et sainte Église si accordent »*, où le premier *si* a une valeur conditionnelle, et le deuxième une valeur d'adverbe (*ainsi*).

Il y avait moins d'ambiguïté au XIVe ou au XVe siècle, où on aurait écrit *« se Dieu et sainte Église si accordent »*, *si* étant cantonné dans son rôle d'adverbe. Il faut prendre garde à cette valeur, extrêmement fréquente, qu'on trouve même en début de phrase en style de chancellerie, quand l'ellipse du sujet le permet :

☛ *Si vous mandons, commandons et enjoignons, et à chacun de vous si comme à luy appartiendra, que... (1550)*

Cet exemple est remarquable par le redoublement du *si* adverbial, et l'emploi de la locution *si comme* dans le sens de *ainsi que*, qui lui serait préféré aujourd'hui.

On retiendra également la locution adverbiale *et si* dans le sens de *et cependant* :

☛ *Et si ne poura led. preneur transporter ce present marché à autre sans le consentement desd. sieurs bailleurs esd. noms (1558)*

☛ *Et si a en oultre led. N... baillé... (1547)*

Quant au *si* conditionnel, il supplante *se* au XVIe siècle, ce qui n'empêche pas de trouver les deux formes dans un même contrat d'apprentissage :

☛ *l'advertir du contraire se vient à sa congnoissance (1584)*

☛ *pour, sy trouver le peult, le ramener à sond. maître (1584)*

L'élision laisse parfois planer un doute, comme dans la formule *s'aucuns sont* :

☛ *Veult et entend ses debtes estre paiés et torts faitz, s'aucuns sont, reparez et amendez par son executeur cy après nommé (1585)*

Le *si* adverbial est également susceptible d'être élidé, si bien qu'on peut trouver dans une même phrase une succession de *se* et de *si* dans un sens tantôt pronominal, conditionnel ou adverbial :

☛ *le plustost que bonnement fere se pourra se Dieu et sainte Eglise s'accordent (1493).*

○ La proposition relative

Comme pronom relatif, *que* est souvent employé à la place de *qui*, que ce soit en toutes lettres ou par le biais de l'abréviation en *q* tildé. La séparation entre le *qui* sujet et le *que* complément ne s'impose définitivement qu'à la fin du XVIe siècle, bien que ces formes grammaticales remontent à l'ancien français.

Dans ce texte de 1586, **que** *est employé successivement comme conjonction de subordination (nous dirions plutôt aujourd'hui* « Avisez comme... »*), et comme pronom relatif sujet, avec la valeur de de* **qui** *:*

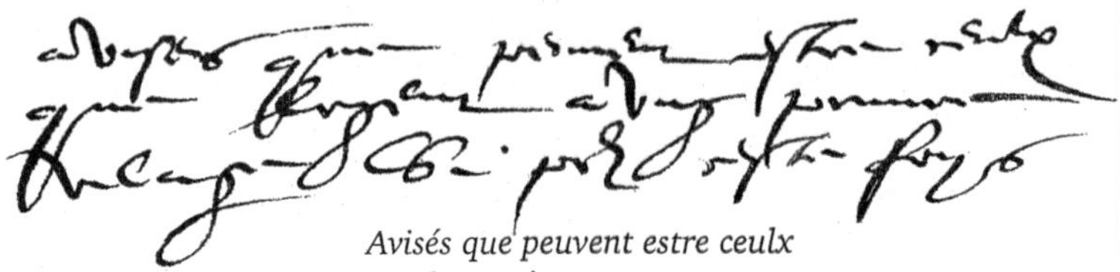

Avisés que peuvent estre ceulx
que logent à ung pauvre
vilage. Si po[ur] ceste foys...

Le relatif *quoi* est d'un usage également assez large dans la langue de la pratique, à travers différentes locutions : *pour quoi, au moyen de quoi...* cette dernière étant particulièrement fréquente dans le sens de *raison pour laquelle* :

☛ *la cause pour quoy led. cheval a esté emprisonné (1577)*

☛ *pour quoy à l'instant l'avons fait fouiller, pour veoir si elle n'avoit rien sur elle qui pût estre cause des raisons pour quoy elle s'estoit ainsy travestie (1694)*

☛ *pour à quoy obvier (1558)*

☛ *à quoy fere estoit present led. Prunoys (1641)*

☛ *et luy dist qu'il y avoit une chambre où il seroyt bien, au moyen de quoy y alla demeurer (1560)*

☛ *ung coffre de boys ouquel n'a esté aulcune chose trouvé concernant le faict de nostre commission, au moyen de quoy nous sommes retirez (1560)*

☛ *veit aussy que led. poullet estoit aussy lyé par le becq, au moyen de quoy il ne pouvoit pas crier (1634)*

On utilise néanmoins le relatif analytique *lequel* dont la diffusion, caractéristique du moyen français, permet de reproduire avec exactitude certains tours latins. Ce goût pour l'abstraction qui est encore la marque du français contemporain explique que les textes procéduraux du XVIe siècle conservent une certaine modernité dans l'expression.

D'autres tournures sont aujourd'hui vieillies comme l'emploi du pronom sans antécédent, en particulier *où* dans le sens de *au cas où* :

☛ *Et où il y auroit aucuns procès et differants concernants l'exécution desd. baux... (1650)*

D'autre part la forme atone du pronom est admise comme antécédent dans le style de procédure, notamment dans la formule *il qui parle* qu'on trouve dans les interrogatoires :

☛ *et mena il qui parle en l'ostel de la royne à Saint-Pol (1462)*

☛ *il se gecta à deux genoux devant il qui parle, et dist « Mon cousin, pardonnez-moy » (1550)*

❍ Redondances de style

La langue des praticiens ne reculait pas devant le redoublement des noms, des verbes et des formules, dont l'accumulation pouvait allonger démesurément les actes. Mais l'ancien français avait déjà l'habitude d'accoupler les synonymes, par exemple l'un de racine romane, l'autre germanique, l'un précisant l'autre. L'art scolastique et juridique systématisa cette tendance, y ajoutant un certain goût de la périphrase.

La redondance est un trait largement partagé par les textes de la pratique, qu'elle soit binaire ou ternaire. Souvent un terme vieilli en côtoie un plus moderne (*ars et brûlés, mussé et caché, recors et mémoratif, adhirées et perdues, hanter et fréquenter...*). On groupe les synonymes ou quasi-synonymes par deux, trois ou plus encore, comme pour mieux cerner le sujet. On conjugue non moins fréquemment une formule au passé pour la répéter au présent :

☛ *obstant ce qu'ilz estoient et soient prisonniers (1450)*

☛ *en sont et demeurent chargez, obligez et hypothequez (1486)*

☛ *eulx estans armez et embastonnez d'armes et bastons (1486)*

☛ *lequel congnut et confessa avoir prins et retenu, prend et retient à titre de pur et chef cens (1493)*

☛ *lesquelles parties de leurs bons grez recongnurent et confessèrent avoir fait, firent et font ensemble de bonne foy les traictié, accords, promesses et convenances qui s'ensuivent (1493)*

☛ *les enfants qui viendront et yssiront dud. mariage (1493)*

☛ *pour traicter, chevir, transiger, accorder et appoincter de certains dommages, interestz et despens (1531)*

☛ *l'entretenement, reparation et refaiction des thuyaulx et canalz de plomb qui sont et continuent depuis deux fontaines dud. villaige (1578)*

☛ *pour par iceux preneurs en jouir en tous fruictz, proffictz, revenus et esmollumens generallemens quelconques aud. tiltre de ferme et loyer pendant et durant lesd. cinq annez, ceste presente prinse, bail à ferme et loyer ainsy fait comme dict est (1677)*

L'usage de l'anaphore rend encore plus pesante cette impression de répétition systématique. À peine une personne, un lieu ou un fait-il est-il cité qu'il est répété à l'aide d'un article anaphorique : *led. Jehan, aud. futur époux, oud. Paris*, etc.

Ce tour peut cependant aider à réveiller l'attention défaillante du paléographe : quand on voit, introduit par *led.* ou *lad.*, un nom qu'on n'a jamais lu auparavant, il faut se demander si on n'a pas fait preuve d'inattention.

L'emploi de démonstratifs tels que *icelui, icelle*... ou encore de relatifs comme *lequel, laquelle*... fait partie de ces tours anaphoriques, auxquels on peut encore assimiler certaines figures où un mot est automatiquement repris par un autre :

☛ *Geoffrine Gervaise vefve de feu Jehan Baudet en son vivant laboureur demourant à Nogent sur Marne confesse avoir... (1547)*

☛ *come heritier de deffunt Anthoine Heude son cousin, luy vivant estant en la compagnye dud. sieur de Briet (1593)*

Ici c'est l'adjectif *feu / défunt* qui requiert l'explication de ce que faisait la personne *en son vivant*. La connaissance de ces automatismes de rédaction est d'autant plus utile que l'écriture en est bâclée par le scribe.

❍ Le conditionnel de narration

Qu'on nous pardonne ce néologisme que les grammairiens trouveront sans doute impropre. L'utilisation du conditionnel comme temps de la narration n'en est pas moins un des faits les plus frappants pour qui entreprend de dépouiller les procès-verbaux rédigés par les officiers de judicature.

Ce mode d'expression n'intéresse plus que les spécialistes de la grammaire historique. Pourtant il est déjà évoqué par Maupas dans sa *Grammaire et syntaxe française* (1608), qui y voit un optatif ayant valeur, « en style de plaidoirie », du prétérit parfait de l'indicatif que nous appelons passé composé.

Cet emploi du conditionnel passé n'aurait guère retenu l'attention de la postérité si Racine ne l'avait joyeusement parodié dans les *Plaideurs*. L'alexandrin y restitue en effet, avec le plus grand naturel, le style employé par les huissiers dans leurs rapports.

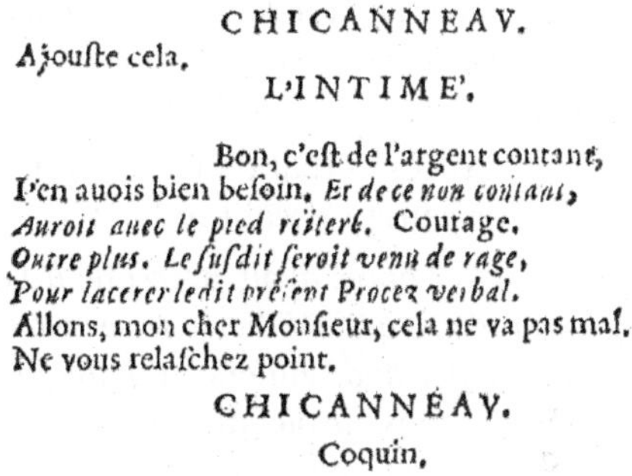
CHICANNEAV.

Ajouſte cela.

L'INTIME'.

Bon, c'eſt de l'argent contant,
I'en auois bien beſoin. *Er de ce non contant,*
Auroit auec le pied reïteré. Coutage.
Outre plus. Le ſuſdit ſeroit venu de rage,
Pour lacerer ledit preſent Procez verbal.
Allons, mon cher Monſieur, cela ne va pas mal.
Ne vous relaſchez point.

CHICANNEAV.

Coquin.

L'Intimé, qui se fait passer pour un sergent du Châtelet de Paris, use du conditionnel pour faire le récit des événements dont il a été témoin dans l'exercice de ses fonctions prétendues. Voilà qui peut paraître surprenant pour relater des faits dans un procès-verbal ayant valeur probatoire.

> **CHICANNEAU.**
>
> Oh ! tu me romps la tête. // Tiens, voilà ton paiement.
>
> **L'INTIMÉ.**
>
> Un soufflet ! Écrivons : // *Lequel Hiérome, après plusieurs rébellions, // Aurait atteint, frappé, moi sergent, à la joue,// Et fait tomber d'un coup mon chapeau dans la boue.*
>
> **CHICANNEAU.**
>
> Ajoute cela.
>
> **L'INTIMÉ.**
>
> Bon : c'est de l'argent comptant ; // J'en avais bien besoin. *Et de ce non content, // Aurait avec le pied réitéré.* Courage ! // *Outre plus, le susdit serait venu, de rage, // Pour lacérer ledit présent procès-verbal.*

Or cet emploi du conditionnel se retrouve dans d'autres actes officiels avec la même fonction narrative. En voici quelques exemples :

☛ Transaction amiable passée devant notaire (1593) :

[...] et voyant lesd. parties que ce n'estoict leur proffict de plaider l'ung à l'encontre de l'autre... se seroient ce jour d'huy retirez les ungs avec l'autre et auroient chevy, traicté et acordé ce qu'il s'ensuit, c'est assavoir que...

☛ Procès-verbal d'incident lors de l'élection d'un soldat, consigné par le procureur fiscal (1644) :

[...] et après avoir proceddé à l'eslection, le nommé Charles Bridou, charon dem. aud. Villiers, se seroyt adressé à nous et à Me Michel Guesdon, greffier dud. Villiers, et d'une fasson mauvaise et remply de mauvais desseing, nous auroict dict en ses motz : « Mort dieu, vous ne voullez vous mesler de rien, mais mordieu s'il y avoict quelque chose à prendre ou s'il falloit aller effondrer et rompre la porte de Nicollas Paillart, vous yriez encore comme vous avez desja faict ». Et alors nous procureur fiscal luy aurions dict qu'il regardast comme il parloit, et que les officiers de justice n'estoyent poinct des malfaicteurs, ny qu'ilz n'avoyent point rompu la porte dud. Paillart, icelluy Bridou nous auroyt faict responce : « Oy, vous l'avez rompue... ».

☛ Procès-verbal de police rédigé par un commissaire du Châtelet (1693) :

L'an mil six cent quatre vingts treize le seizeisme jour de juillet dix heures du matin, nous, Jean-Baptiste Cocuel conseiller du roy commissaire au Châtelet de Paris soussignez aurions entendu dans la rue au devant de nostre hostel un colporteur qui crioit un livre de propheties, c'est pourquoy pour le deub de nostre charge aurions fait entrer led. colporteur en nostred. hostel et à luy enjoint de nous montrer led. livre, ce qu'il auroit fait.

☛ Procès-verbal de perquisition faite par les officiers de l'Hôtel de ville de Paris (1693) :

Puis serions remontés à cheval et transportés au lieu de Villeneuve St. Georges distant d'environ trois lieues dud. Créteille, où estans nous nous serions transportés en la maison du nommé Jean Marsillé, hostellier tenant l'hostellerie des Trois Roys, où après avoir parlé à sa personne je l'aurois sommé de me déclarer s'il avoit en sad. maison des bleds de serrés, et de me faire ouverture des portes des lieux qu'il occupe en lad. hostellerie pour y estre par moy fait perquisition : à quoy led. Marsillé m'auroit fait responce qu'il y a quelque temps qu'il y en avoit chez luy environ trente six muids...

On remarquera que quand une narration est incluse dans la narration, comme dans certains de nos exemples, l'officier de justice retrouve l'usage de l'indicatif, ce qui souligne d'autant mieux la valeur particulière du conditionnel initial : *et alors nous procureur fiscal luy aurions dict... que les officiers de justice n'estoyent poinct des malfaicteurs* (1644) ; *à quoy led. Marsillé m'auroit fait responce qu'il y a quelque temps qu'il y en avoit* (1693).

La signification de ce conditionnel de narration, dont on faisait de plus en plus souvent l'économie (comme le montre notre exemple daté de 1713 dans la section consacrée au pronom), n'était plus vraiment comprise au XVIIIe siècle. Voltaire, pourtant fils de notaire, est le premier à se plaindre de cette survivance dans son *Dictionnaire philosophique* (article *Langues*) :

> *Le style des ordonnances des rois et des arrêts prononcés dans les tribunaux ne sert qu'à faire voir de quelle barbarie on est parti. On s'en moque dans la comédie des* Plaideurs *(acte II, scène IV) :*
>
> Lequel Hiérôme, après plusieurs rébellions,
> Aurait atteint, frappé, moi sergent à la joue.
>
> *Cependant il est arrivé que des gazetiers et des faiseurs de journaux ont adopté cette incongruité ; et vous lisez dans des papiers publics : « On a appris que la flotte aurait mis à la voile le 7 mars, et qu'elle aurait doublé les Sorlingues. »*

Voltaire fait ici le lien entre l'ancien conditionnel de narration et ce que les grammairiens qualifient aujourd'hui de conditionnel épistémique, d'un usage fréquent chez les journalistes, et dont la principale fonction est de marquer la non-prise en charge de l'information par le locuteur.

Peut-on admettre ce rattachement ? C'est l'avis de Damourette et Pichon qui se sont saisis du problème dans leur *Essai de grammaire de la langue française* (t. V, 1936), où ils citent, outre Racine, des arrêts du Parlement du XVIe siècle.

Ces auteurs soulignent l'impropriété qu'il y a à parler de mode conditionnel en français, et n'en reconnaissent que deux, l'indicatif et le subjonctif. Ce que nous appelons ici, par commodité, conditionnel de narration, relève pour eux de la catégorie du *toncal futur*. Ils font en effet la distinction entre *toncal*, *noncal* et *priscal*, termes dont l'étymologie latine est suffisamment explicite (*tunc*, *nunc*, *priscus*). Dans cette idée le conditionnel ne pose pas un problème de mode, mais d'actualité et d'énarration.

Le toncal futur a pour principale fonction d'adoucir les informations en les transportant dans l'actualité moins brutalement présente que la noncale. Il permet de rapporter une affirmation proférée par autrui, sous bénéfice d'inventaire ; ou de faire une proposition, une offre ou un conseil sans caractère impératif. Et, comme le disent explicitement les auteurs, « c'est à côté de cet emploi exprimant l'affirmation atténuée qu'il faut, nous semble-t-il, classer les toncaux futurs qu'on employait dans la pratique judiciaire ancienne pour rapporter des faits ayant réellement eu lieu ou des décisions de justice authentiques ».

En définitive le conditionnel de narration présente un caractère plus évidentiel qu'épistémique, la prise en charge de l'information par le sergent ou l'huissier n'étant soumise à aucune hypothèse particulière – à moins de séparer la robe de celui qui en est revêtu.

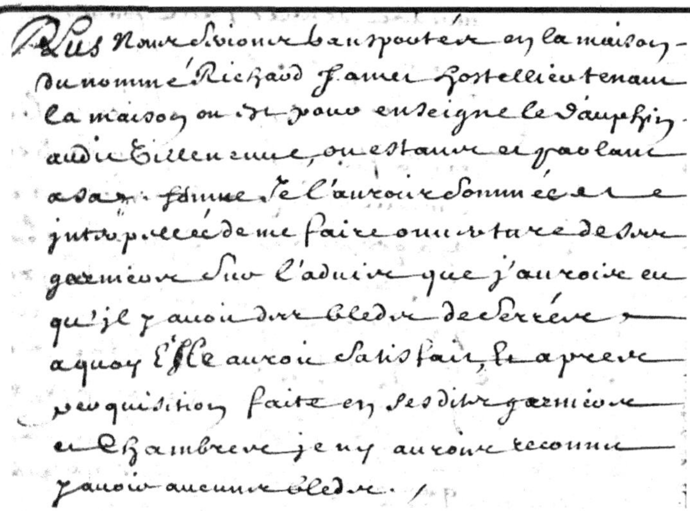

Tout l'intérêt paléographique de ce procès-verbal de 1693 est d'avoir été copié par deux mains différentes. La version ci-dessus est nettement plus moderne d'aspect que celle présentée ci-dessous.

En voici la transcription, les lignes étant coupées selon la deuxième version :

Plus nous serions transportez en la maison du nommé
Richard Jamet, hostellier tenant la maison où est po[ur]
enseigne le Dauphin aud. Villeneuve, où estans et
parlant à sa femme je l'aurois sommée et interpellée
de me faire ouverture de ses greniers sur l'advis
que j'aurois eu qu'il y avoit des bleds de serrés :
à quoy elle auroit satisfait, et après perquisition
faite en sesd. greniers et chambres je n'y aurois
reconnu y avoir aucuns bleds.

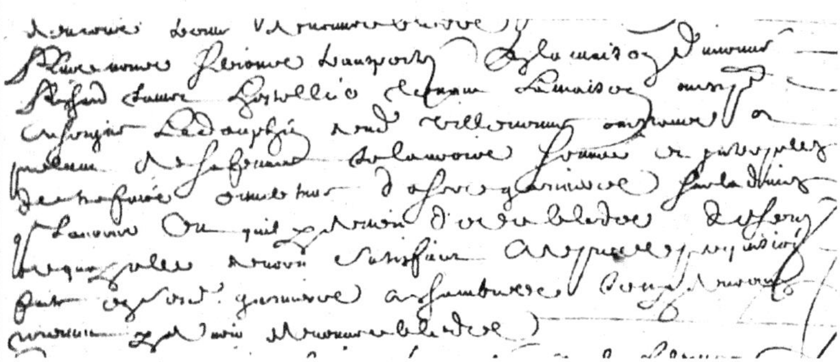

PLANCHE 21 – Le conditionnel de narration

Texte et contexte

L'apprentissage de la paléographie est utile à tous les stades de la recherche historique. Quel que soit le but poursuivi, la méthode à suivre et les écueils à éviter demeurent à peu près les mêmes.

L'édition d'un texte est plus exigeante à première vue. Transcription intégrale, elle oblige à s'interroger, parfois longuement, sur des sujets d'hésitation mineurs, tandis qu'une lecture trop confiante peut conduire à des étourderies qu'on n'aura pas toujours l'occasion de rattraper. Éditer un texte, c'est viser à une forme de perfection qui est rarement atteinte.

Moins tatillonne en apparence, une recherche historique courante consistera à collecter, à partir de différentes sources d'archives, toutes les informations relatives à un sujet. Avec un peu de chance, les difficultés de lecture ne se rencontreront pas dans la partie utile du document, mais dans les formules abrégées qui n'apportent rien à la compréhension de l'acte.

Il ne faut pas pour autant bâcler la lecture du texte dont on veut extraire l'information essentielle. La tentation est de ne lire que ce qu'on lit bien, ou pire encore, ce qu'on croit bien lire. Or comme l'écrivait Robert Marichal, « rien ne détruit plus sûrement un texte que ce mélange d'inattention, de compréhension partielle et d'initiative ».

C'est pourquoi on ne peut faire de paléographie sans procéder à un minimum de critique historique des documents qu'on aborde. Il est même indispensable de réfléchir au contexte dans lequel ils ont été produits avant d'en commencer la transcription. À défaut, on s'expose à des lectures téméraires, formellement admissibles dans certains cas, mais

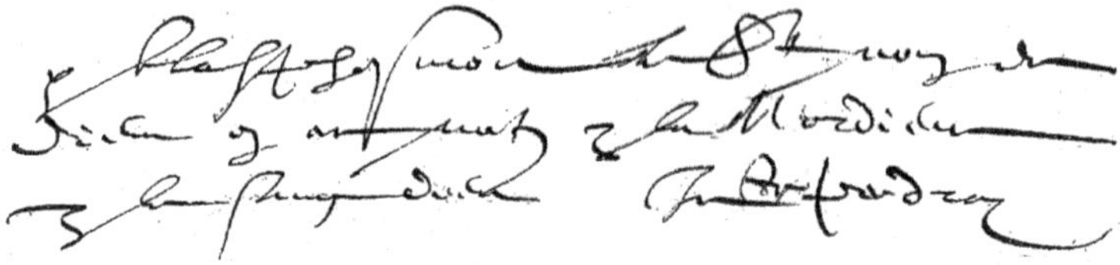

Ce texte de 1639 montre à quel point les jurons courants étaient ressentis comme une atteinte à l'ordre divin : ... et blasphesmoit le St. nom de Dieu en ces motz : P[ar] la Mordieu, p[ar] le sang Dieu, je te perdray...

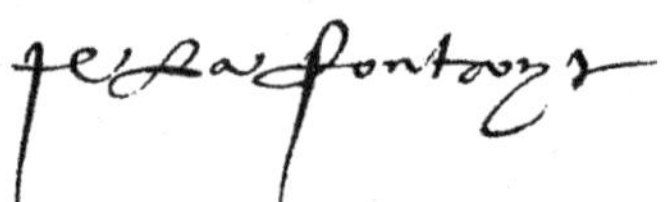

il la foutroyt *(1550)*

f[outre] *(1723)* j[ean] f[outre] *(1791)*

Les jurons les plus spontanés ont toujours eu une connotation religieuse ou sexuelle. La lutte contre le blasphème allant de pair avec les progrès de la pudeur, on assiste à un glissement progressif où le Mortdieu *du XVII*[e] *siècle est remplacé par le* F... *du XVIII*[e] *siècle, mais écrit avec des points de suspension, ce qui n'aurait pas été le cas un ou deux siècles auparavant.*

Dans les procédures, les filles se plaindront d'avoir été traitées de garces ou de putains, termes suffisamment explicites de nos jours. Mais quand un garçon est traité de b... ce n'est pas seulement un mauvais bougre, c'est un enc... comme on aurait dit en français du XXe *siècle. Certaines injures sont à ce point passées de mode que l'aide d'un dictionnaire s'impose. Dans l'exemple ci-dessous (1639) on lit facilement* bonne chienne, *mais ensuite ?*

tuer ces B... là *(1720)*

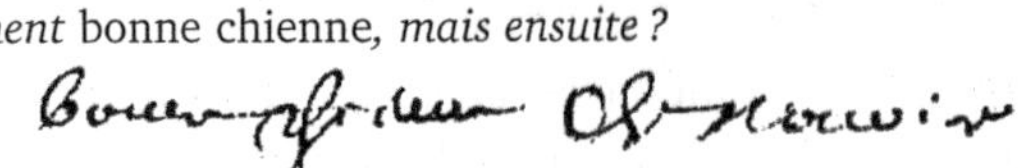

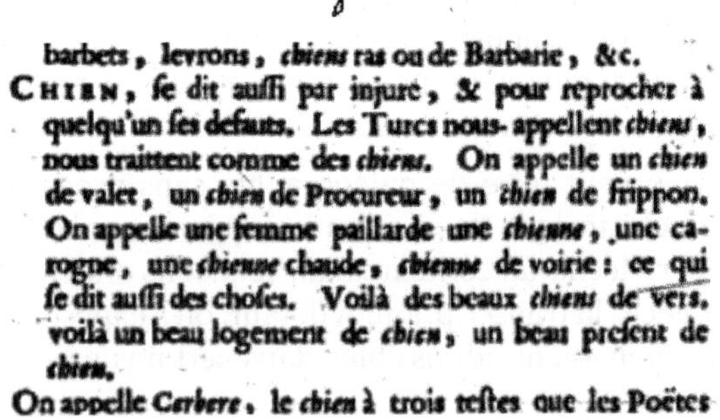

barbets, levrons, *chiens* ras ou de Barbarie, &c.
CHIEN, ſe dit auſſi par injure, & pour reprocher à quelqu'un ſes defauts. Les Turcs nous appellent *chiens*, nous traittent comme des *chiens*. On appelle un *chien* de valet, un *chien* de Procureur, un *chien* de frippon. On appelle une femme paillarde une *chienne*, une carogne, une *chienne* chaude, *chienne* de voirie : ce qui ſe dit auſſi des choſes. Voilà des beaux *chiens* de vers, voilà un beau logement de *chien*, un beau preſent de *chien*.
On appelle *Cerbere*, le *chien* à trois teſtes que les Poëtes

Là encore l'écriture ronde qui s'impose au XVIIe *siècle s'avère redoutable. C'est un cas où la solution est plus facile à trouver chez Furetière que sur Google.*

PLANCHE 22 – Les injures

qui pourront être absurdes sur le plan de l'histoire des techniques, des mœurs ou des institutions. Une erreur en entraînant une autre, on aboutira très vite à un contresens total.

Les pièges sont nombreux, qu'ils tiennent à l'évolution de la langue ou à celle du contexte historique de la production des actes. Seule une certaine familiarité avec l'époque étudiée, qu'on ne peut acquérir que par l'expérience, peut aider à reconnaître des formes lexicales aujourd'hui tombées en désuétude, ou, au contraire, éviter de lire des termes qui n'appartiennent qu'à notre temps.

Même dans les cas où on aboutit à une transcription techniquement parfaite, on doit se demander si les mots qu'on lit n'ont pas connu un glissement de sens susceptible de modifier notre compréhension du texte.

Quand on lit dans un procès-verbal de police les verbes *navrer* et *excéder*, on doit comprendre qu'il ne s'agit pas d'une simple souffrance morale. Une personne navrée et excédée a toute chance d'avoir été rouée de coups. Le contexte de l'acte peut aider à en appréhender le sens, mais cela n'est pas toujours évident.

Dans le registre politique et administratif, on se méfiera de mots aussi courants qu'*élu* ou *élection*, qui n'ont aucun rapport avec le suffrage universel. Les élus sont des officiers chargés de répartir la taille au sein d'une circonscription fiscale, justement appelée *élection*. Contrairement aux apparences, les pays d'élections connaissent une fiscalité plus arbitraire que celle des pays d'états, qui disposent d'assemblées élues.

Dans le même ordre d'idée, le terme de *département* s'emploie, avant la Révolution, dans le sens général de partage, avant de désigner, par extension, une division du territoire. Exceptionnellement, dans la langue courante, *département* peut encore signifier *départ*, même s'il s'agit d'un emploi vieilli ; dans le domaine judiciaire, il peut également se rencontrer comme substantif correspondant au verbe *se départir*.

Enfin les faux amis ne sont pas seulement les mots affaiblis ou transformés par les effets du temps qui passe. Certains termes, courants dans les actes de la pratique, sont fortement teintés de polysémie. Un *procureur*, c'est-à-dire un particulier fondé de procuration pour agir au nom d'un tiers, ne remplit pas la même fonction qu'un procureur au châtelet, avocat de profession ; un procureur fiscal officiant dans le cadre

Le paléographe occupé à une transcription s'expose à commettre les mêmes fautes d'inattention que le moine copiste. Certaines sont banales, comme l'haplologie qui consiste à sauter une syllabe d'un mot quand elle est suivie d'une autre à la sonorité proche.

Mais il est encore plus fréquent de sauter plusieurs lignes sans s'en apercevoir. C'est un fait que nous avons souvent expérimenté en faisant nos transcriptions, comme le montrent les exemples ci-dessous.

Dans ces deux extraits, datés respectivement de 1584 et 1694, on trouve à intervalle rapproché deux lignes commençant par le même mot (en gras dans la transcription). Il suffit alors d'un peu de distraction pour que l'œil passe de l'un à l'autre en ignorant toute la partie que nous avons mise en italique.

L'omission est d'autant plus difficile à rattraper que l'équilibre de la phrase demeure satisfaisant, particulièrement dans le second exemple, et que le sens du texte n'est pas substantiellement modifié.

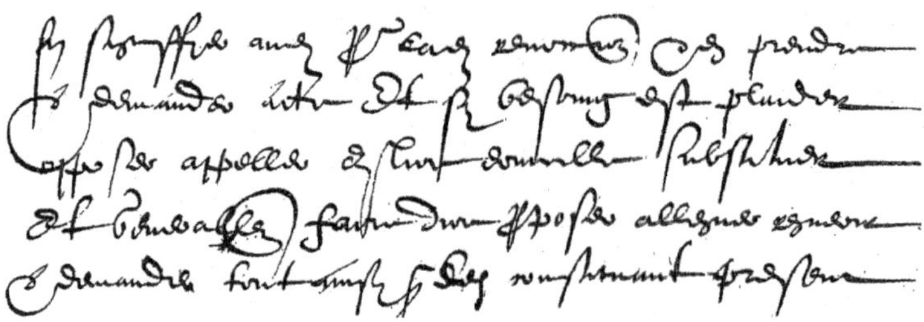

f[aire] signiffyer aud. p[rocureu]r lad. renoncia[ti]on et en prendre
et demander *acte et sy besoing est plaider,*
opposer, appeler, eslire domicille, substituer
et generallem[ent] faire, dire, p[ro]poser, alleguer, requerir
et demander tout ainsy q[ue] led. constituant present

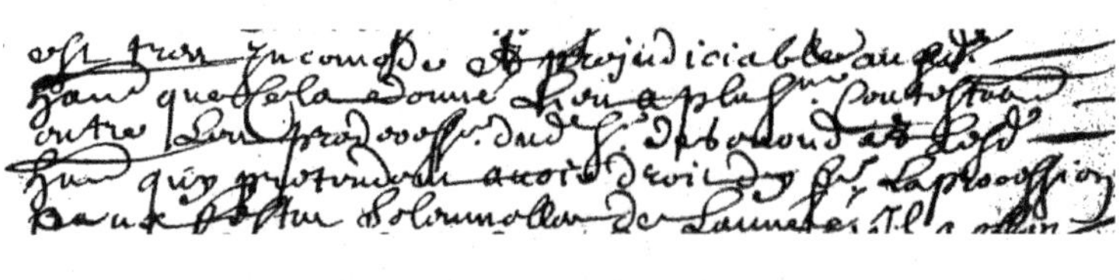

est très incommode et préjudiciable ausd.
h[abit]ans, *que cela a donné lieu à plus[ieurs] contesta[ti]ons,*
entre les prédécesse[urs] dud. Sr de Genoud et lesd.
h[abit]ans qui prétendoient avoir droit d'y f[er]e la procession

PLANCHE 23 – Sauts périlleux

d'une seigneurie rurale n'a pas le même prestige qu'un procureur du roi chargé de défendre l'intérêt public auprès des tribunaux et cours souveraines.

Il faut considérer la paléographie à la fois comme une clé d'accès aux textes et un outil de contrôle et de vérification. Mais son rôle est loin d'être exclusif. Entre lecture et relecture, on s'appuie naturellement sur d'autres éléments d'analyse contextuelle, qu'ils soient d'ordre historique ou diplomatique, orthographique ou syntaxique.

Or, sans s'en rendre bien compte, notre esprit se trouve assailli d'une multitude d'informations entre lesquelles il opère une hiérarchisation inconsciente, le plus souvent au détriment de la rigueur.

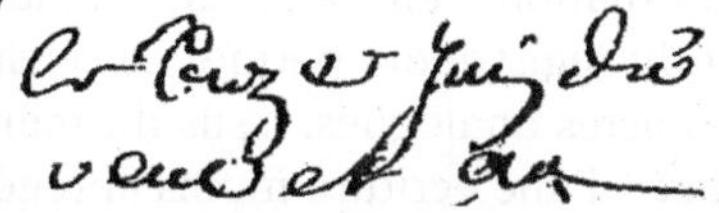

La connaissance précise d'une date peut avoir une importance cruciale. Dans ce texte de 1701, faut-il lire *le unze* ou *le treze juin dernier* ?

Dans la plupart des cas la confusion entre *T* et *U(V)* initial n'a pas lieu d'être. Or notre greffier ne faisait pas grande différence entre les deux :

desd. vols

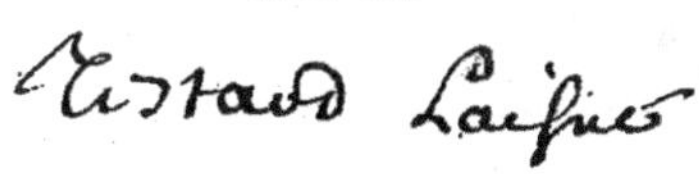

Testard l'aisné

Ici c'est la ligature entre le *e* et le *z* qui constitue l'argument le plus décisif en faveur de *treze* plutôt que *unze*.

Les erreurs les plus difficiles à corriger proviennent des biais d'anticipation qui peuvent nous amener à mépriser, à notre corps défendant, les règles de la paléographie. Il ne faut pas lire ce qu'on souhaite lire, mais seulement ce qu'il est possible de lire. Même quand on croit avoir le choix entre plusieurs solutions, on s'apercevra que certaines sont impossibles pour de simples questions de *ductus*.

Les situations extrêmes sont celles où l'on perd complètement le fil d'une phrase. Il faut alors se demander si on n'a pas mal interprété le début du texte, afin d'y remettre un peu d'ordre et de cohésion. Toute la transcription doit être passée au crible d'une critique interne : une syntaxe bancale poussera à vérifier le choix des conjonctions, les éventuelles fautes de conjugaison, ou à reconsidérer la ponctuation de la phrase. Un non-sens oblige à une analyse plus serrée pour voir où la faute a été commise.

Si l'écriture est réellement difficile, il faut procéder par comparaison, en essayant de s'approprier l'alphabet et les digrammes dont use le scribe afin de mieux comprendre ses habitudes. Dans certains cas l'exercice tourne à l'ascèse : le jeu en vaut-il vraiment la chandelle ? À chacun de donner sa réponse selon les objectifs poursuivis.

À cet égard, les exercices de paléographie, où l'on demande à l'élève de transcrire une page isolée de son contexte, ont un caractère artificiel. En situation réelle, c'est souvent la comparaison avec le reste de la liasse ou du registre qui permet de se tirer d'un mauvais pas : on y trouvera des actes analogues, issus du même greffier ou d'un de ses collègues, tracés d'une écriture moins abrégée ou mieux calibrée.

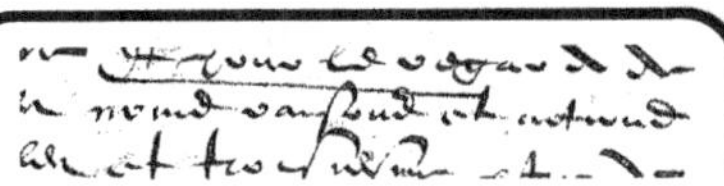

Sans forcément être plus difficiles à lire que le reste du texte, certaines formules peuvent dérouter par leur caractère inhabituel. Est-ce bien *actions* qu'on lit dans ce testament de 1580 en suite de *noms, raisons et...* ?

Ici il suffit de lire les deux premiers mots pour avoir confirmation du troisième :

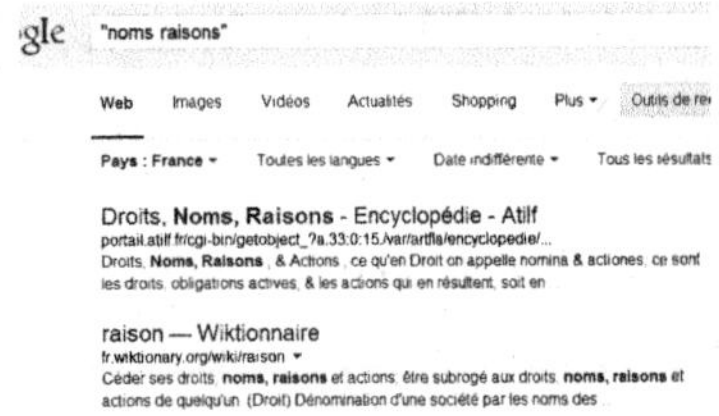

Dans l'ensemble les solutions les plus simples sont les plus élégantes. Comme ce sont les mots les plus courants qui se dérobent le plus volontiers à l'œil, on évitera de combler les vides d'une transcription à l'aide de mots rares ou non attestés dans des textes analogues à ceux qu'on étudie. En cas de doute, on consultera un dictionnaire comme celui de Furetière qui accorde une grande place aux locutions et aux expressions toutes faites, aux techniques et au vocabulaire des métiers.

Depuis l'avènement d'internet, les ressources en lignes se sont multipliées. La Bibliothèque nationale de France offre, à travers Gallica, une importante bibliothèque virtuelle, y compris des cartes et des plans. La carte de Cassini, qui couvre la France entière, est également disponible en ligne sur le site de l'EHESS.

D'autres sites, à portée des moteurs de recherche, proposent de nombreux imprimés anciens en mode plein texte, qu'il s'agisse de traités d'histoire ou de jurisprudence, de styles de procédure ou de factums incluant la transcription d'actes de toute nature.

Nombreux enfin sont les particuliers qui proposent en ligne des éditions d'actes, pour illustrer un fait de généalogie ou d'histoire locale. Il s'agit d'une documentation précieuse, même si ces textes ne sont pas exempts de fautes, étant donné la difficulté de proposer une transcription parfaite.

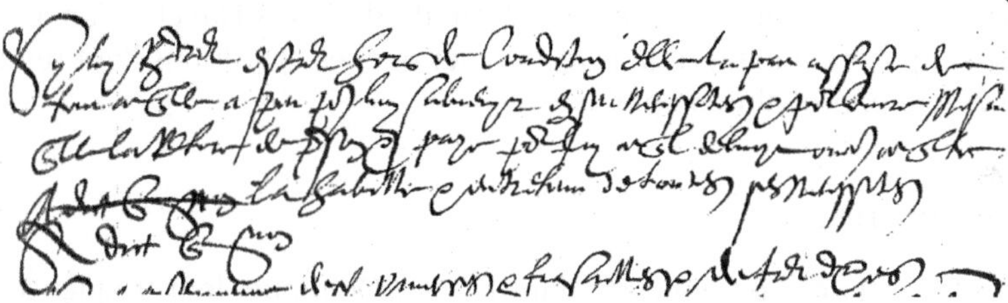

Sy luy r[epon]da[n]t esta[n]t hors de condition elle l'a pas assisté de tout ce q[u'e]lle a peu po[ur] luy subvenyr en ses necessités et po[ur] vivre, mesme q[u'e]lle l'a retiré de p[ri]son et payé po[ur] luy ce q[u'i]l debvoyt out[re] ce q[u'e]lle l'a habillé et entretenu de toutes ses necessités :
A dict que non.

Chaque texte présente des particularités plus ou moins déroutantes selon sa nature, comme cet interrogatoire de 1620 où l'on devine que la vérité se trouve moins dans la réponse que dans la question posée.

Il faut comprendre que dans un système judiciaire où l'intime conviction du juge n'entre pas en ligne de compte et où, sauf flagrant délit, l'aveu est considéré comme la seule preuve qui vaille, la tendance naturelle du justiciable est de nier en bloc afin d'être mis hors de cause. C'est ainsi qu'aux questions circonstanciées du juge l'accusé répond le plus souvent par un *non* lapidaire.

Quand le cas était criminel, le juge pouvait faire usage de la torture ou *question*, mais, en dépit de certaines bavures retentissantes, elle était de moins en moins utilisée et les accusés avaient intérêt à ne pas coopérer.

Ces ressources cumulées peuvent aider à valider ou à infirmer un mot, un nom ou un bout de transcription dont on a quelque raison de douter. Quand on ne parvient qu'à décrypter quelques mots mal reliés entre eux, ou qu'au contraire on lit à peu près correctement une expression dont le sens paraît surprenant, c'est une solution pratique d'en vérifier la probabilité sur internet.

On ne doit accuser la négligence du scribe qu'une fois tous les recours ordinaires épuisés. Déjà les copistes du Moyen Âge commettaient en moyenne une faute par page, plus ou moins selon leur degré de distraction ou de compréhension du texte. Le greffier rédigeant sa minute à la hâte, sans avoir le temps de se relire, est encore plus sujet à l'erreur. Qu'il perde le fil de son développement, et la phrase ne retombera pas sur ses pieds. Toutefois, selon la formule de Louis Havet, « jamais on ne supposera une faute sans rechercher quelles conditions l'ont rendue inévitable, probable ou possible ».

Les prénoms

Le choix des prénoms est dans l'ensemble limité, leur fréquence ou leur disponibilité variant en fonction du lieu et de la période concernée. Malheureusement il n'existe pour l'Ancien Régime aucune base de données comparable à celle que l'INSEE propose pour le XXe siècle.

Les Parisiens pourront utiliser la base Arno du Minutier Central des notaires aux Archives nationales, qui dispose d'une indexation par prénoms pour les années 1551, 1751 et 1761, les seules à avoir fait l'objet d'un dépouillement intégral. Le tableau ci-contre montre le classement des prénoms masculins et féminins les plus populaires à deux siècles d'intervalle.

On peut y ajouter l'étude de Hassen El Annabi, qui a recensé sur une période relativement brève (1693-1714) les prénoms les plus fréquents parmi la clientèle de Me Boutet, notaire parisien. Les prénoms masculins sont ici au nombre de 346, ou 153 à l'exclusion des prénoms composés qui sont de plus en plus nombreux au XVIIIe siècle. L'ordre des douze prénoms les plus courants n'est pas sensiblement différent de celui de 1751 : Jean, Pierre, François, Nicolas, Jacques, Louis, Claude, Antoine, Charles, Michel, Jean-Baptiste, Étienne.

Les prénoms féminins se répartissent à leur tour en 111 noms de baptême différents, dont 45% de prénoms composés avec une nette

Les prénoms les plus portés à Paris en 1551 :

Hommes	%
Jean	*22,2%*
Pierre	*9,6%*
Nicolas	*6,6%*
Guillaume	*6,4%*
Jacques	*5,2%*
Claude	*4,4%*
François	*3,1%*
Antoine	*2,6%*
Louis	*2,4%*
Étienne	*2,3%*
Michel	*2,1%*
Robert	*2,0%*

Femmes	%
Marie	*9,4%*
Marguerite	*7,8%*
Catherine	*7,2%*
Nicole	*6,5%*
Anne	*3,7%*
Perrette	*3,2%*
Guillaumette	*3,0%*
Madeleine	*2,7%*
Geneviève	*2,5%*
Denise	*2,4%*
Élisabeth	*2,4%*
Louise	*2,0%*

Les prénoms les plus portés à Paris en 1751 :

Hommes	%
Jean	*10,6%*
Pierre	*10%*
Louis	*7,8%*
François	*7,0%*
Jacques	*5,9%*
Nicolas	*5,2%*
Charles	*5,0%*
Claude	*5,0%*
Jean-Baptiste	*4,6%*
Antoine	*4,1%*
Joseph	*2,1%*
Étienne	*1,9%*

Femmes	%
Marie	*14,4%*
Marie-(composés)	*26,1%*
Anne	*9,2%*
Jeanne	*6,7%*
Marguerite	*5,8%*
Catherine	*5,2%*
Françoise	*4,2%*
Élisabeth	*3,9%*
Louise	*3,7%*
Madeleine	*3,1%*
Geneviève	*2,9%*
Charlotte	*1,4%*

PLANCHE 24 – Les prénoms parisiens, 1551-1751

prédominance de ceux commençant par Marie. Les plus fréquents sont Marie, Catherine, Marguerite, Jeanne, Anne, Françoise, Marie-Anne, Madeleine, Louise et Elisabeth.

Sur la longue durée, les effets de mode ne sont pas à négliger. L'expérience montre que certains prénoms sont typiques du XVIe siècle, comme d'autres le sont du XVIIIe. Ces fluctuations sont moins apparentes dans le peloton de tête des prénoms, même si on constate que Guillaume, Michel ou Robert tendent à s'effacer au profit de Charles, Joseph ou Jean-Baptiste.

D'un point de vue purement paléographique, les prénoms peuvent être considérés comme des termes courants qu'on trouve rarement hors contexte. Ils ont vocation à être abrégés, notamment par contraction : |Guille| pour Guillaume, ou |Phles| pour Philippes qu'on écrit le plus souvent avec un *s* final. Pierre s'écrit souvent P[er]re avec un *p* barré. Jean (Jehan) et Antoine (Anthoine) sont plutôt abrégés par suspension, sous la forme |Jeh| ou |Anth|.

D'autres prénoms s'écrivent avec une orthographe plus ou moins archaïsante : Loys pour Louis, Denys pour Denis. Jusqu'au XVIe siècle on peut encore trouver Nicole au lieu de Nicolas, au masculin.

Quelques prénoms couramment abrégés :

Anth[oine] *(1608)*

Guill[aum]e *(1545)*

Jeh[an] *(1650)*

Ph[i]l[ipp]es *(1570)*

P[er]e *(1551)*

Parmi les prénoms féminins, Catherine illustre à merveille la disparition de la lettre *K* qui, d'après notre corpus paléographique, a lieu assez brutalement entre 1560 et 1570 : avant 1560 on écrit Katherine, et après 1570 Catherine, avec très peu de chevauchement entre les deux formes. Sous son ancienne forme, Katherine est couramment abrégé en exposant sous la forme Ka^{ne}.

Il faut enfin prendre garde aux prénoms tirés de l'Ancien Testament, comme Isaac ou Judith, relativement fréquents à partir du XVIe siècle, et qui deviennent à la longue le marqueur assez sûr d'un protestantisme d'obédience calviniste.

Les noms

Le prénom ou nom de baptême est le principal support de l'identité individuelle, mais peu de personnes à l'exception des rois de France avaient gardé le privilège de signer de leur prénom seul. C'est par dérision que Louis XVI fut appelé Louis Capet au moment d'être convoqué à la barre du tribunal révolutionnaire.

Le corpus des prénoms chrétiens étant trop restreint, l'usage du nom de famille s'est imposé au cours du Moyen Âge dans un souci de différenciation des individus mais aussi d'affirmation du lignage. Il n'est en effet pas rare que plusieurs enfants portent le même prénom au sein d'une fratrie, ce qui complique la tâche du généalogiste. La famille moderne prend alors sa place dans l'organisation sociale, comme cadre privilégié de l'exercice des libertés individuelles et du droit de propriété.

Parfois on trouvera la mention « l'aîné » ou « le jeune », placée après le prénom et le nom, pour distinguer le père ou le fils au sein du lignage, quand ils portent le même prénom, mais aussi à propos de deux frères. Dans les cas plus rares où il existe un troisième frère on pourra même trouver la série « l'aîné », « le moyen », et enfin « le jeune ».

Il faut attendre le règne de Louis XIV pour que le nom l'emporte sur le prénom dans l'expression de l'identité d'un individu. On en veut pour preuve les registres d'écrou des prisons parisiennes, tous munis d'un index en début de volume. Jusqu'en avril 1684 à la Conciergerie et décembre 1687 au Grand Châtelet, les détenus sont enregistrés à la lettre de leur prénom. L'apparition de l'indexation au nom a lieu à la faveur d'un changement de registre. Ce nouvel usage social, qui coïncide avec l'avènement de la monarchie administrative, illustre à sa manière le grand tournant des années 1680.

Moins aisée que celle des prénoms, l'analyse des noms propres obéit à des règles qui relèvent autant de l'onomastique que de la paléographie. La découverte d'un nom inconnu est souvent cause de perplexité, surtout s'il est riche en jambages et qu'il est impossible de distinguer clairement les *i*, *m*, *n*, *u* ou *v*.

Dans cet acte passé en région parisienne en 1688, par exemple, doit-on lire *Jean Santy* ou *Sauty* ? La deuxième solution est plus probable, ce que confirmera l'annuaire du téléphone ou une carte de fréquence des noms propres comme celles qu'on peut consulter sur internet. Sur la même page, on pourra encore hésiter entre *Baptiste Lanere* ou *Lancre/Lancré* ; là encore la deuxième solution s'impose pour des questions de sonorité, le doublet *Lancret* étant également fréquent à Paris.

Quand la généralisation de l'état civil permet la constitution, à partir du XVIe siècle, de séries d'archives homogènes, la pratique du nom et du prénom est bien établie. Encore proche du sobriquet, le nom n'a pas encore trouvé sa forme invariable, surtout quand il renvoie à un adjectif d'apparence, à un nom de métier ou à une origine géographique. Dans la plupart des cas il est écrit à la fantaisie du greffier, et, même quand les gens sont capables de signer, l'orthographe qu'ils ont adoptée n'est pas forcément celle de l'acte.

Non seulement l'orthographe des noms peut évoluer d'une génération à l'autre, mais jusqu'à une époque tardive ils ont tendance à s'accorder grammaticalement en genre et en nombre. En 1517 on verra par exemple une mention de « Jehanne Hallarde fille de feu Estienne Allard » : ici le nom de famille gagne un *H* initial en même temps qu'il est mis au féminin ! Dans un acte de 1584 il est question d'un « marché que led. Jehan Thuau dict avoir faict avec Claude et Guillaume Thuaulx ses frères » : le nom s'accorde au pluriel. Dans un texte de 1650, les dénommés Claude Le Clerc, Nicolas et Thimoléon Victon sont ensuite désignés sous la forme « lesd. Le Clerc et Victons », ce dernier portant la marque du pluriel à cause des deux frères.

Un nom comme celui de Le Clerc aurait pu se prêter à d'autres fantaisies. Les noms composés commençant par un article (Le-, La-) ou une préposition (De-, Du-) ne sont pas toujours écrits d'un seul mot, et on constate dans certains cas, par l'emploi de l'article anaphorique *ledit*, que les deux éléments peuvent encore être assez facilement dissociés. *Lemaistre* pourra être indifféremment écrit *Le Maistre* à quelques lignes d'intervalle, et repris sous la forme *led. Maistre* sans qu'on doive s'en étonner outre mesure.

On pourrait également trouver *Le Maistre* abrégé en *Le M*^{e}. Bien que la pratique d'abréger les noms propres soit moins spontanée, la tentation en est grande dès qu'on peut faire le lien avec un mot courant. Dans un registre de 1590 il est ainsi question d'un certain Raoullin Apert, écrit *Ap[er]t* avec un *p* barré, par assimilation à la forme conjuguée du verbe *apparoir*, peut-être aussi parce qu'on a l'habitude d'écrire *Paris* en abrégé *P[ar]is*, selon le même principe.

Enfin, mais cet argument ne doit être retenu qu'en dernière analyse, certaines hésitations semblent échapper à toute forme de rationalité propre. Dans un procès-verbal d'adjudication de 1644 il est ainsi question d'un certain Jehan Bonnyer et deux lignes plus loin *dud. Bonnouvryer* alors qu'il s'agit manifestement de la même personne.

Une brève analyse suffit à montrer ici qu'il s'agit d'un lapsus. Mais tous les cas ne sont pas aussi simples.

Dans notre exemple le nom de Bonnyer n'apparaît plus ensuite, tandis que celui de Bonnouvryer revient encore deux fois au cours de l'acte, sans compter la signature de l'intéressé lui-même. Ici c'est l'anaphorique *dud.* qui permet de trancher à coup sûr en faveur d'un lapsus, et d'éliminer la possibilité d'une substitution d'enchérisseur.

L'expression honorable homme *peut être très difficile à reconnaître hors contexte, particulièrement quand elle est réalisée à l'aide d'un* h *dont la boucle plongeante, à peine esquissée, remonte aussitôt en ligature :*

h[onorable] homme
(1577)

h[onorable] ho[mm]e
(1601)

Civilité et titres d'honneur

Les actes de la pratique veillent à rendre à chacun ce qui lui est dû selon son rang social. Pierre Chaunu notait qu'un avocat d'abord qualifié d'*honnête personne* ne tardait pas à devenir un *honorable homme*, pour atteindre, au sommet de sa carrière, les titres enviés d'*honorable homme et sage*, comme on disait encore au XVIe siècle.

Analyse paléographique et sociologique sont ici étroitement mêlées, certaines formules comme *honorable homme* pouvant donner lieu à des abréviations remarquables.

Dans ce domaine comme en d'autres il faut se méfier des faux amis. Ainsi un *noble homme* est le plus souvent un bourgeois vivant noblement, le titre d'écuyer (placé après le nom) étant un marqueur de noblesse beaucoup plus sûr.

À cet égard il faut opérer une distinction entre le statut des terres et celui de personnes : un noble peut détenir des terres roturières de même qu'un bourgeois peut avoir acquis une terre noble et se prévaloir du titre de seigneur.

Voici quelques exemples pour rendre compte des nuances parfois subtiles qu'on trouve dans les titres d'honneur :

☛ *tenant d'une part à noble homme Pierre Auger escuyer (1492)*

☛ *en la censive de Bureau Benardin, escuyer, Sr dud. Bry (1568)*

☛ *noble homme Me Charles Delestre, advocat au parlement de Rouen (1626)*

☛ *messires Sebastien et Jean Malo escuyers demeurant rue Saint-Antoine (1679)*

Parmi les ecclésiastiques un curé sera qualifié de *vénérable et discrète personne*, un évêque sera dit *révérend*, un prélat ou un cardinal *illustrissime et révérendissime*.

Les marchands et artisans se contentent du titre d'*honorable homme* ou, à défaut, d'*honnête personne*. Le titre de *maître* (Me) s'applique à des gens qu'on qualifierait aujourd'hui de diplômés, qu'il s'agisse de maîtres artisans au sein de leur corporation ou de gradués de l'université qu'on retrouve dans les professions juridiques. Il s'oppose à *messire* (Mre) qui désigne les gens de qualité :

☛ *honnorables hommes maistres Thomas Guerry, Loys Gilles, procureurs ou Chastellet et bailliage de Paris (1531)*

☛ *reverend pere en Dieu messire Eustache du Bellay à present evesque de Paris et honnorable homme Hugues Le Sueur, marchant musnier dem. à Paris (1558)*

☛ *furent presens honnestes personnes Charles Contesse Me maçon à Paris dem. rue des Escouffes parroisse Sainct-Gervais d'une part, et Gratien Logeris Me maçon à Paris (1585)*

☛ *furent presens en leurs personnes venerable et discrette personne Me Jehan Tonnelier curé de Bry-sur-Marne d'une part, et honorable homme sire Jean Evrard bourgeois de Paris receveur general de la terre et seigneurie de Noisy-le-Grand (1598)*

Les *conseillers du roi* forment une aristocratie à part, le plus souvent issue de la noblesse de robe. Le roi ayant l'obligation de prendre conseil, n'importe lequel de ses sujets a vocation à le devenir ; dans la pratique ce titre est réservé aux titulaires d'un office, c'est-à-dire l'équivalent de nos magistrats ou fonctionnaires.

☛ *noble homme et sage Me Nicole Le Berryer, sire de Villiers, conseiller du roy nostre sire en sa court de parlement à Paris (1541)*

☛ *noble homme Jacques Guyot, conseiller et secrettaire du roy et de ses maison couronne de France et de ses finances, advocat en tous ses conseilz, seigneur du fief de la Haulte Maison lez Sucy (1677)*

☛ *Jean-Baptiste Cocuel conseiller du roy, commissaire au Châtelet de Paris (1693)*

☛ *messire Joseph Paris du Vernay écuyer conseiller secrétaire du roy, maison couronne de France et de ses finances, seigneur dud. lieu (1724)*

Les habitants des villes, notamment les Parisiens, sont fiers de leur titre de *bourgeois* qui leur confère de nombreuses immunités, en particulier fiscales. À la campagne, l'aristocratie paysanne est celle des *laboureurs* ou *marchands laboureurs*, ce qui ne leur vaut aucun titre d'honneur. Ils sont suivis par les vignerons, qu'on appelle parfois *laboureurs de vignes*, puis par les manouvriers ou journaliers.

Dans cet ensemble disparate, les femmes occupent une place à part. Une fille noble est généralement qualifiée de *damoiselle* ou de *dame* si elle est l'épouse d'un seigneur. Sous l'Ancien Régime le titre de damoiselle s'étend aux femmes mariées de la bourgeoisie. Dans l'exemple suivant, par exemple, le plaignant n'est autre que le Sr. Loyauté qui poursuit sa femme pour adultère :

☛ *le plaignant a eu avis que lad. damoiselle Loyauté sa femme estoit allée pour louer conjointement avec led. Marialle une chambre (1693)*

Mais, quelle que soit leur condition sociale, les femmes sont sous la puissance de leur mari et interviennent plus rarement que les hommes dans les actes de la pratique. Celles qui passent devant le notaire se répartissent entre femmes autorisées, veuves et filles majeures. On ne manquera pas de relever les formules relatives à leur condition matrimoniale :

☛ *damoiselle Marie de Hacqueville, sa femme, de luy suffisamment auctorisée en ceste partie (1572)*

☛ *damoiselle Geneviefve Menaut, sa femme, de luy auctorisée pour l'effect des presentes (1662)*

☛ *ou nom et comme procureur de Symonne Robillon veuve de feu Alyot Defforges en son vivant laboureur de vignes demeurant aud. Créteil (1577)*

☛ *Information faite par nous... à la requeste de Marguerite Beuzeville fille majeure dem. aud. Nogent demanderesse et complaignante (1723)*

Dans certains cas une femme mariée peut être autorisée par justice à passer un acte malgré l'opposition de son mari :

☛ *auctorisée par justice au reffuz de hault et puissant seigneur messire Jehan de Lafay chevalier seigneur de Beauvoir son espoux (1565).*

Les signatures

Particulièrement bienvenues quand la minute de l'acte ne permet pas de déchiffrer le nom des parties avec certitude, les signatures témoignent de l'histoire de l'alphabétisation en France.

À côté des somptueuses ruches notariales, on trouve les marques souvent plus modestes des clients de l'étude, parfois réduites à un symbole ou une simple croix d'analphabète.

Jusqu'à la fin du XIXe siècle les hommes ont devancé les femmes, les villes les campagnes, les classes aisées les couches inférieures de la société. La France elle-même était partagée en deux, avec une alphabétisation plus poussée au nord d'une ligne Saint-Malo-Genève, moyennant de grandes disparités régionales.

Ce contrat de 1659 entre un meunier et un charpentier se termine par une mention classique, « et ont lesd. partyes declaré ne sçavoir escripre ne signer ». *Les seules signatures sont en effet celles du tabellion Morisset et de témoins également officiers de judicature, sauf Nicolas Letourneur, simple domestique, au paraphe déjà moins ample. Le meunier Guillomet a cependant laissé sa marque, que le greffier a entourée et glosée.*

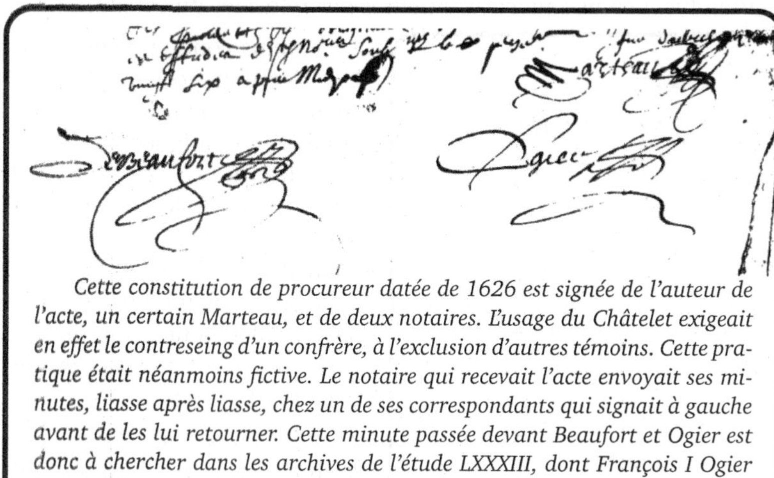

Cette constitution de procureur datée de 1626 est signée de l'auteur de l'acte, un certain Marteau, et de deux notaires. L'usage du Châtelet exigeait en effet le contreseing d'un confrère, à l'exclusion d'autres témoins. Cette pratique était néanmoins fictive. Le notaire qui recevait l'acte envoyait ses minutes, liasse après liasse, chez un de ses correspondants qui signait à gauche avant de les lui retourner. Cette minute passée devant Beaufort et Ogier est donc à chercher dans les archives de l'étude LXXXIII, dont François I Ogier fut titulaire entre 1622 et 1631, avant d'être remplacé par François II jusqu'en 1681. C'est le type de renseignement que la base ETANOT du minutier central délivre avec la plus grande facilité.

À Paris, l'alphabétisation des hommes constitue un fait massif dès la fin du XVIe siècle, alors que leurs épouses savent à peine écrire leur nom. La campagne suit avec un siècle de retard : si la plupart des laboureurs savent signer, certains d'un paraphe majestueux, c'est beaucoup moins vrai des vignerons, des marchands ou des artisans, *a fortiori* des manouvriers.

À Wissous, lors de rédaction du terrier entre 1599 et 1603, sur 100 villageois 49 sont totalement illettrés, 26 apposent leur marque et 25 savent signer. Sous Louis XIV, en Brie, moins de la moitié des présents aux assemblées d'habitants sont capables d'en parapher le procès-verbal. Le XVIIIe siècle voit cependant de nouveaux progrès, et à la veille de la Révolution l'Île-de-France est largement alphabétisée.

Les dates

Non moins indispensable au tri et à la hiérarchisation des actes, la lecture et l'interprétation de la date peuvent poser des problèmes inattendus, le plus souvent tributaires des réformes du calendrier.

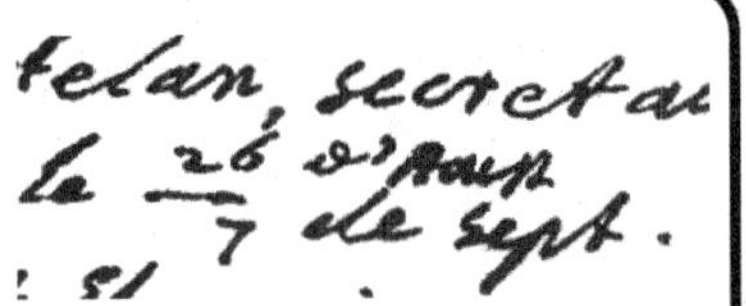

Même quand ils écrivent en français comme ci-dessus, les Allemands conservent volontiers l'usage du calendrier julien. Ils n'hésitent cependant pas à juxtaposer les deux systèmes afin de lever toute ambiguïté.

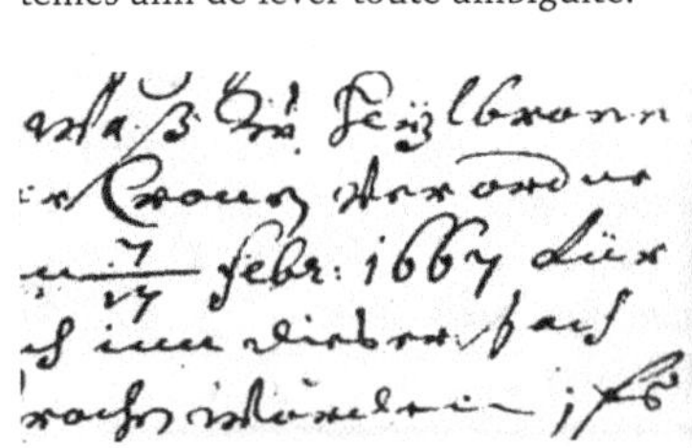

La plus connue d'entre elles, la réforme grégorienne, a relativement peu d'impact en paléographie. Promulguée par le pape Grégoire XIII afin de combler le retard pris par le calendrier julien sur le cycle solaire, qui atteignait alors dix jours, elle s'imposa d'abord aux habitants de Rome qui se couchèrent le soir du jeudi 4 octobre 1582 pour se réveiller le matin du vendredi 15.

Au moment où l'Europe était déchirée par les conflits religieux, cette innovation pontificale fut diversement appréciée. Si la France l'adopta presque aussitôt, dans la nuit du 9 au 20 dé-

Avec l'avènement de la monarchie administrative, le monogramme des rois du Moyen Âge a évolué en une signature assez sobre pour être imitée par les secrétaires de la main *chargés des expéditions courantes. On voit ci-contre la signature du jeune Louis XIV telle qu'elle apparaît au bas d'un contrat de mariage de 1659.*

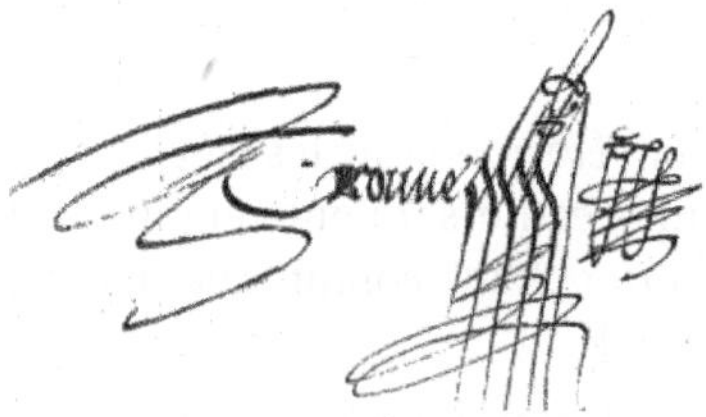

À l'inverse les notaires firent de leur paraphe un élément d'authentification beaucoup moins facile à contrefaire, à l'élégance recherchée. On appelle ruche *les ornements complexes qui prolongent les signatures de Jean Trouvé (1547) notaire au Châtelet, ou de Pierre Lamy (1610) greffier et tabellion juré de Mons et Ablon-sur-Seine.*

Les gens qui ne sont pas des professionnels de l'écriture ont une signature beaucoup moins sophistiquée, même quand elle témoigne de l'aisance qui va de pair avec un certain rang social.

Au-delà des simples croix et marques tracées d'une main mal assurée, on peut trouver des initiales comme celles de Jean Hérard (1601), glosées par un notaire qui préfère le H *au* E *phonétique choisi par son client.*

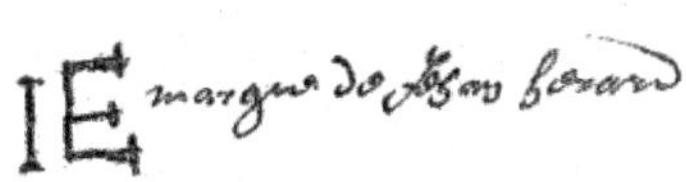

On admirera surtout le seing manuel de Richard Troche, maître potier d'étain, qui après avoir dicté son testament et « declaré ne sçavoir escrire ne signer, a faict la marque cy dessoubz » (1585).

PLANCHE 25 – L'art de signer

cembre 1582, l'Angleterre attendit 1752 pour y souscrire. C'est un fait qu'on ne doit pas perdre de vue quand on étudie une correspondance échangée entre les deux pays. Certaines provinces comme l'Alsace, qui n'étaient pas françaises en 1582, conservèrent le calendrier julien jusqu'au jour de leur annexion.

Pratiquement ce saut de dix jours ne doit pas être interprété comme une lacune, notamment dans les documents sériels. Dans la mercuriale des grains vendus à Paris, on ne trouve par exemple aucun marché inscrit entre le 8 et le 22 décembre 1582, avec cette explication en marge : « ordonnance du roi ».

Afin de conserver le bénéfice de la réforme pour les siècles à venir, on décida enfin que les années séculaires ne seraient plus bissextiles sauf tous les quatre cents ans : 1600 et 2000 compteraient ainsi un 29 février, mais non 1700, 1800 et 1900.

Plus importante pour nous fut la réforme de Charles IX qui fixa le jour de l'an au 1er janvier à compter de 1565. Si la Chancellerie l'appliqua immédiatement, le Parlement attendit 1567 pour s'y soumettre. Auparavant, l'année commençait officiellement à Pâques : c'est ce qu'on appelle le style de Pâques (ou ancien style), par opposition au style du 1er janvier (ou nouveau style).

L'année 1547 ancien style allait par exemple du 10 avril 1547 au 31 mars 1548 nouveau style et ne comptait que 355 jours. À l'inverse l'année 1540 ancien style allait du 28 mars 1540 au 17 avril 1541 nouveau style ; tous les jours situés entre le 28 mars et le 17 avril existaient en doublon, au début et à la fin de l'année.

Ces années de plus de 365 jours présentaient un inconvénient majeur pour les contemporains. Il fallait dissiper le doute inhérent à la période située entre le 22 mars et le 25 avril, qui correspondait aux dates extrêmes de Pâques. On précisait alors si l'on était « avant Pâques » ou « après Pâques ».

Les historiens ont généralisé, à des fins de clarté, l'usage du nouveau style dans leurs reconstitutions. Ils convertissent toutes les dates comprises entre le 1er janvier et Pâques jusqu'à l'année 1564 incluse. Ainsi le paléographe averti, occupé à transcrire un acte daté du 3 janvier ou du 15 février 1540 n'oubliera pas que, vu d'aujourd'hui, nous sommes déjà en 1541 ; *a fortiori* si l'acte est daté du 10 avril « avant Pâques ».

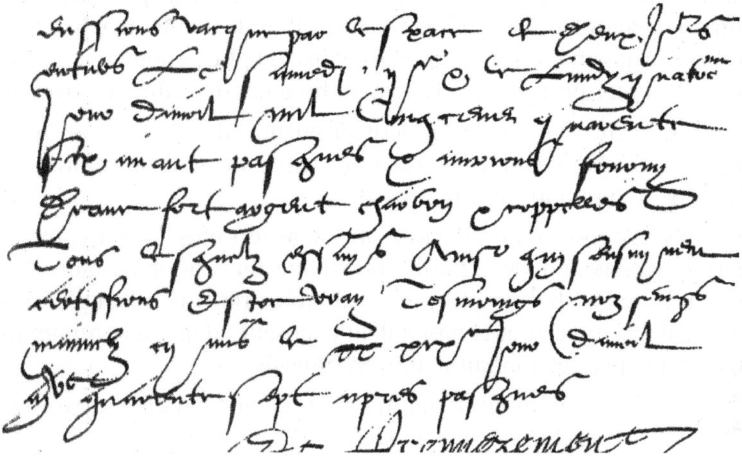

eussions vacqué par l'espace de deux jo[ur]s
entiers le samedi IIe *et le lundy quatriesme*
jour d'avril mil cinq cens quarente
six avant Pasques, et aurions fourny
d'eaue fort argent charbon et coppelles,
tous lesquelz essays ainsi qui s'ensuyvent
certiffions estre vray, tesmoings nos seings
manuelz cy mis le XIXe *jour d'avril*
M V^{C} *quarente sept après Pasques.*

Pâques tombait le 10 avril de l'année 1547 nouveau style. Il s'ensuit que dans ce texte, encore fidèle à l'ancien style, les 2 et 4 avril 1546 avant Pâques et le 19 avril 1547 après Pâques correspondent pour nous aux 2, 4 et 19 avril 1547.

On remarquera l'hésitation entre l'emploi des chiffres romains et la transcription purement littérale des dates, fréquente au XVIe siècle.

On notera également l'emploi du conditionnel de narration, typique des procès-verbaux, ainsi que le vocabulaire technique propre à la Cour des monnaies.

PLANCHE 26 – Avant Pâques, après Pâques

Aux difficultés de lecture s'ajoutent celles liées à l'expression des chiffres, qui glisse d'une forme littérale vers une forme plus strictement numérique entre le XVIe et le XVIIe siècle. C'est le moment où les chiffres arabes se substituent aux chiffres romains, ou plus exactement à l'interprétation assez libre qu'en faisaient les hommes de la fin du Moyen Âge.

À la fin du XVIe siècle on écrivait encore Mil V^{C} IIII^{XX} au lieu de MDLXXX (1580), ce qui constituait une triple ou quadruple entorse aux règles de la numération romaine.

Mil V^{C} s'oppose d'abord à MD par son aspect plus littéraire, incluant le développement du M et l'utilisation d'une abréviation parlante, V^{C} au lieu de D. Avec IIII^{XX} on affronte un double problème : l'emploi de IIII au lieu de IV, et surtout l'emploi d'un exposant adapté à la numération vigésimale qu'affectionnait le moyen français.

Non seulement on disait quatre-vingts comme on dit encore aujourd'hui en France, mais encore six-vingts (120), sept-vingts (140) et ainsi de suite, d'où la séquence IIII^{XX}, VI^{XX}... IX^{XX}. Même si, en paléographie moderne, on compte rarement de cette manière au-delà de neuf-vingts (180), on rappellera que l'Hôpital des Quinze-vingts avait été initialement conçu pour accueillir trois cents aveugles.

L'ordre des mois :

20 septembre 1670

19 octobre 1666

le 16 novembre 1782

Si l'emploi des chiffres arabes gagne du terrain à partir du XVIe siècle, il s'agit d'une pratique sociale différenciée, les professions juridiques demeurant attachées aux chiffres romains qui ne disparaissent qu'à la fin du siècle suivant. Les exemples de l'encadré ci-contre sont d'ailleurs extraits de correspondances privées.

On remarquera qu'avec la vogue des abréviations par exposant, l'expression des mois connut d'autres avatars : on commença à écrire 9bre au lieu de novembre, 10bre au lieu de décembre, en concurrence avec IX^{bre} ou X^{bre}. Attention à ne pas lire ici septembre ou octobre : il s'agit d'un reste du calendrier julien ou novembre était le 9e mois de l'année, comme il le demeure par l'étymologie. Septembre s'abrégeait naturellement en 7bre.

Les mesures

Les poids et mesures constituent un des aspects les plus complexes de la vie quotidienne sous l'Ancien Régime. La matière en est inépuisable. On retiendra qu'un même terme peut recouvrir des réalités très différentes selon le lieu ou la nature de la marchandise, les plus courantes étant vendues au volume.

L'adoption du système métrique en 1790 entraîna la disparition des anciennes unités. Les tables de conversion élaborées par les Commissions départementales des poids et mesures, publiées sous l'égide des préfets jusqu'en 1815, en ont néanmoins gardé un souvenir précis. Elles ont été rééditées ces dernières années, en différents recueils, par Pierre Charbonnier et le Comité des travaux historiques et scientifiques (CTHS).

Dès le XIIIe siècle la Chambre des comptes avait procédé à des enquêtes afin d'établir des concordances entre les mesures locales et celles de Paris. On y apprend qu'en Picardie 117 localités utilisaient 57 muids de blé différents.

Par ailleurs un muid mesure de Paris n'a pas la même valeur selon qu'il s'agisse de liquides (environ 275 l.) ou de matières sèches (environ 1,83 m^3 dans le cas du blé). Un muid de vin contenait 280 pintes, mais on raisonnait aussi en pipes ou queues (1,5 muid) pour les grandes quantités, selon l'usage observé à Orléans.

Le muid de blé valait douze setiers, soit quatre mines ou douze boisseaux. Mais en allant vers la Bourgogne, on comptait déjà en bichets, et celui de Montereau-Fault-Yonne était déjà plus grand que celui de Moret. Pour compliquer les choses, à Paris même, le muid d'avoine valait le double du muid de blé, tandis que les muids de charbon ou de sel avaient leur contenance propre.

Cette diversité permet d'apprécier l'importance des instruments de mesure dont l'étalon était exposé sur la place du marché, comme on le voit encore dans certaines localités, et le rôle des officiers chargés d'assurer la police des marchés, pour laquelle ils percevaient différents droits de minage et de mesurage. On mesurait comble à Paris jusqu'au

Le contraste est saisissant entre ces colonnes de chiffres tracées par deux greffiers du Châtelet à un siècle de distance. À la simplicité des chiffres arabes s'oppose la complexité des chiffres romains, que le système de numération vigésimal propre au français rend encore plus déconcertants :

Une colonne de chiffres romains (1590) :

(Transcription)

LXXIIII *(74)*
IIII^{XX} II *(82)*
IIII^{XX} X *(90)*
IIII^{XX} XVI *(96)*
CV *(105)*
CXII *(112)*
VI^{XX} XVIII *(138)*
VII^{XX} II *(142)*
VIII^{XX} IIII *(164)*
VIII^{XX} VI *(166)*
IX^{XX} III *(183)*
IX^{XX} IIII *(184)*
II^{C} X *(210)*

Une colonne de chiffres arabes (1701) :

PLANCHE 27 – Chiffres romains, chiffres arabes

1er février 1670 où l'on décida de mesurer ras, à l'aide de nouveaux boisseaux, sans modification du volume théorique.

Les mesures de longueur et de surface posent des questions tout aussi délicates, comme l'a montré Mireille Touzery pour les 450 paroisses de l'élection de Paris.

Si l'arpent carré mesurait toujours 100 perches carrées, la longueur de cet arpent de dix perches pouvait varier d'un village à l'autre. Rien qu'en région parisienne on en comptait dix-huit différents, bien que les trois principaux (l'arpent de Paris à 18 pieds par perche, l'arpent commun à 20 pieds et l'arpent du roi, dit encore des eaux et forêts, à 22 pieds) aient été utilisés dans 88% des cas.

On imagine sans peine la confusion à l'échelle du royaume, entre la diversité des mesures et des appellations. Parmi les unités inférieures à la perche et à l'arpent, c'est-à-dire, en ordre décroissant, la toise, le pied, le pouce, la ligne et le point, on notera que le pouce ou la ligne d'eau correspondaient à des unités de débit utilisées par les fontainiers.

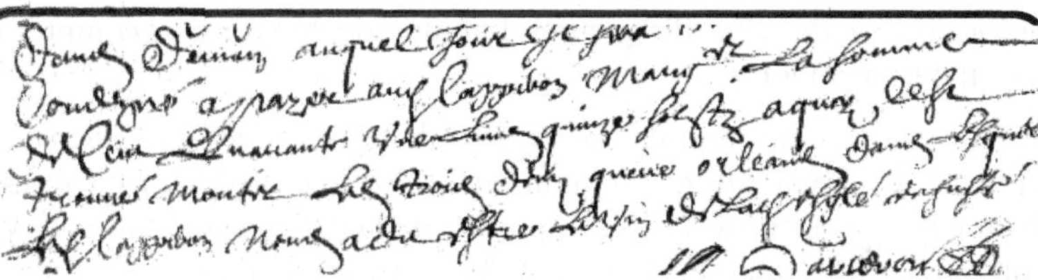

... condempné à payer aud. Capperon marg[uilli]er la somme de cent quarante une livres quinze solz tz. à quoy c'est trouvé monter les trois demy queue Orléans dans lesquels led. Capperon nous a dit estre le vin de lad. esgl[is]e enfusté

Ce procès-verbal d'adjudication du vin de l'église de Sucy-en-Brie (1644) donne une occasion parmi d'autres de jongler avec les mesures et les monnaies.

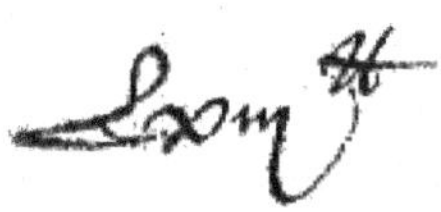

On a appris quelques lignes plus haut que le vin avait été enchéri à LXIII# le muid, c'est-à-dire 63 livres tournois. Sachant qu'un muid et demi de vin fait la queue d'Orléans, on peut vérifier ici que trois demi-queues font 2,25 muids, soit 63 x 2,25 = 141,75 soit 141 livres 15 sols. Le compte est bon !

La monnaie

Sous l'Ancien Régime, les prix sont libellés en livres tournois, c'est-à-dire de Tours. Cette devise a fini par supplanter la livre parisis, sauf dans l'expression des rentes et redevances fixées à la fin du Moyen Âge, en particulier des cens seigneuriaux, réputés immuables au fil du temps. Elle est également plus faible, 5 tournois équivalant à 4 parisis.

S'agissant de simples unités de compte, cette dualité monétaire était sans importance pratique. Quand les prix passèrent de parisis à tournois sur les marchés parisiens le 21 juillet 1568, le public s'en aperçut à peine.

Il n'existait en effet aucune pièce d'une livre, de dix ou vingt sous. Les espèces sonnantes et trébuchantes se distinguaient uniquement à leur effigie, leur valeur libératoire variant au gré des ordonnances monétaires qui en déterminaient le prix.

Au XVIe siècle les monnaies les plus prestigieuses étaient l'écu d'or au soleil et le teston d'argent. À partir de 1640 il circule principalement des louis d'or, des écus d'argent et du billon de cuivre, sans compter les monnaies étrangères.

Ce système permettait un jeu subtil de dévaluations (*augmentations*) et de réévaluations (*diminutions*) selon le taux de change interne décidé par les autorités. L'augmentation de la valeur monétaire de l'écu correspondait à une dévaluation de la livre ; les débiteurs, dont la monarchie, avaient alors moins de métal à débourser pour satisfaire à leurs obligations.

Afin d'éviter les fraudes, tous les contrats notariés devaient être passés en livres tournois pour avoir valeur légale. Seule la période 1577-1602 fait exception. Afin de rétablir la confiance dans la monnaie, l'exécutif décida d'établir une stricte équivalence entre monnaie de compte et monnaie circulante.

La livre tournois fut convertie sur la base d'un écu pour trois livres, d'où de nombreux tiers résiduels dans l'expression des sommes stipulées dans les contrats. La réforme de 1577, qui ne permettait pas de pratiquer une politique monétaire aussi souple que précédemment, fut cependant abandonnée au bout de vingt-cinq ans.

Ces deux contrats respectivement datés de 1584 et 1585 sont libellés en écus, comme tous ceux de la période 1577-1602.

L'expression des tiers résiduels montre cependant que les gens continuent de raisonner en livres tournois, les sommes portées par nos exemples équivalant à 20 et 200 livres :

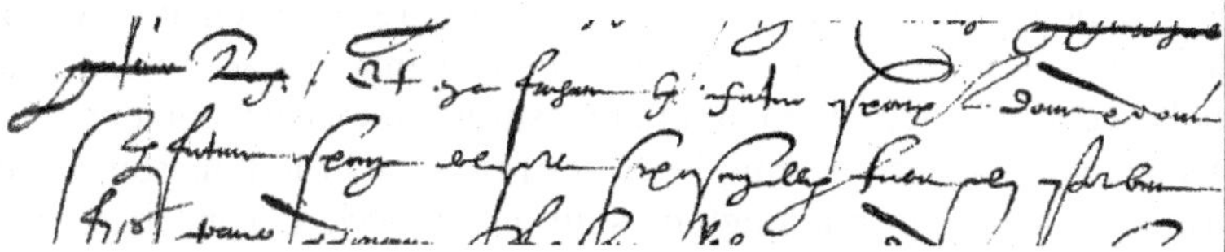

et en ce faisant led. futur espoux a doué et doue
sad. future espouze de la somme six escus deux tiers solz pour une
foys paiée...

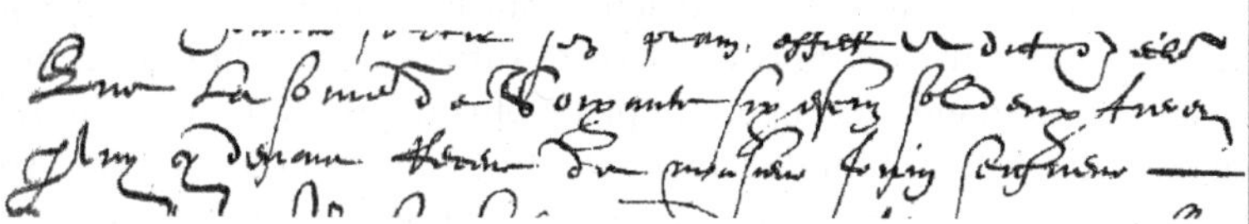

que la som[m]e de soixante six escuz sol deux tiers
par luy cy devant receue de Monsieur Fouin seigneur...

Dans d'autres contrats, comme ce dernier daté de 1580, la conversion en livres tournois subsiste à titre indicatif, un peu comme celle des euros en francs dans l'affichage des prix au début des années 2000 :

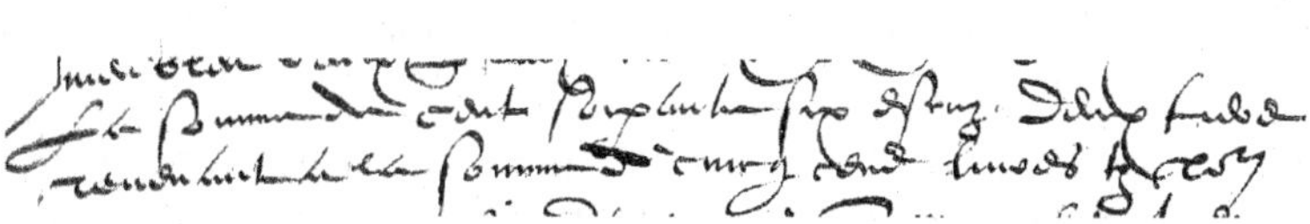

la somme de cent soixante six escuz deux tiers
revenant à la somme de cinq cens livres tournois po[ur]...

PLANCHE 28 – Les tiers résiduels (1577-1602)

Après le système de Law et les manipulations en cascade des vingt-cinq dernières années du règne de Louis XIV, la livre tournois est définitivement stabilisée en 1726. Le dernier ajustement de parité entre l'or et l'argent, accompagné d'une refonte en 1785, est avant tout technique. Il y a ainsi très peu de différence entre un louis d'or à l'effigie de Louis XV et une pièce de 20 francs-or frappée en 1914. Dans la langue du XVIIIe siècle, francs et livres tournois sont déjà synonymes.

Quelle que soit l'époque considérée, la livre comprenait vingt sous de douze deniers chacun. Les système vigésimal et duodécimal, habituellement utilisés pour compter et mesurer, sont ici étroitement mêlés. Jusqu'à concurrence de cinq livres les prix étaient le plus souvent exprimés en sous, et on a longtemps dit une « pièce de cent sous » pour une « pièce de cinq francs ».

Les actes notariés

Il existe une grande variété d'actes notariés. Quelle que soit l'époque, on en compte environ deux cents types différents au Minutier central. La vie économique y occupe une place plus importante que celle relevant du droit de la famille : baux, ventes, constitutions de rente sont beaucoup plus fréquents que contrats de mariage, testaments ou inventaires après décès.

Pour donner un ordre d'idée, les testaments représentent seulement 0,59% de l'activité de Me Boutet entre 1693 et 1714, et 0,89% des actes passés à Paris en 1551. Par comparaison les constitutions de rentes et leurs accessoires représentent plus de 20% de l'ensemble. Parmi les autres catégories stables dans le temps, on notera les quittances et les procurations (5 à 6% chacune), les contrats d'apprentissage (4%) et les transactions amiables (2%).

Chaque catégorie obéit à un style plus ou moins codifié selon les lieux et les époques, et il peut être intéressant d'avoir recours à un ouvrage tel que le *Parfait notaire* pour se familiariser avec le formulaire utilisé.

Le schéma le plus courant est celui où le déclarant est introduit par une formule du type *Fut présent N... lequel...* (ou *furent présents NN... lesquels...* dans le cas d'un couple, par exemple). Contrairement aux apparences il ne s'agit pas toujours d'un acte unilatéral tel qu'un testament ou une attestation. Les contrats (bail, vente, apprentissage) épousent en effet la même forme :

☛ *Fut present Pierre Catois M^e savetier à Paris demeurant rue Mortellerye parroisse Saint-Gervais, lequel a recogneu et confessé avoir baillé et delaissé à tiltre de loyer et prix d'argent du jour et feste Saint-Martin d'hiver dernier passé jusques à neuf ans après ensuivans, finis et accomplys, et promet garantir et fere jouir à Philippes Breval vigneron dem. à Icy de present à Paris, à ce present preneur et retenant pour luy aud. tiltre le temps durand ung demy arpent tant terre que vigne scis au terroir dud. Icy et Vaugirard... (1610)*

Les contrats présentant les parties sur un pied d'égalité (*Furent présents en leurs personnes* ou *personnellement constitués N... d'une part et N... d'autre part, lesquels ont...*) sont plus rares. Cette forme est plutôt celle des contrats de mariage, qu'on appelle justement *traités*.

L'introduction d'un acte est souvent longue, car elle contient la civilité et la qualité des parties, leur domicile et différentes clauses telles que la mention d'un procureur en cas d'absence, ou bien l'autorisation donnée à une femme par son mari. Souvent on précise à l'aide d'une formule que la volonté des contractants est libre : *de leur bons grés, pures, franches et libérales volontés sans aucune contrainte* ou plus simplement *de leurs bons grés etc.*

Ensuite vient le verbe, élément clé du dispositif de l'acte dont il régit la nature. Il est parfois précédé d'un considérant, digression plus ou moins longue expliquant les raisons pour lesquelles les parties en présence ont décidé de passer devant le notaire. Cette narration constitue alors un élément des plus intéressants.

Les verbes *reconnaître* et *confesser* sont extrêmement fréquents étant donné la nature recognitive d'un grand nombre de contrats, incluant aussi bien les traités de mariage que les baux et les actes de vente. Dans ce cas c'est le verbe placé à la suite de *confesser* qui indique la portée réelle de l'acte. Dans l'exemple suivant il s'agit d'un contrat de société :

☛ *Fut present en sa personne Jehan Thuau le jeune, voituryer par eaue dem. à Auxerre, lequel a confessé et confesse avoir assocyé et assocye Laurens Foleau aussy voituryer par eaue dem. aud. Auxerre, à ce present et acceptant, au marché que... (1584)*

Très variés et extrêmement modulables, ces verbes sont souvent répétés au passé et au présent selon le style redondant propre aux praticiens. Sinon c'est la juxtaposition de synonymes ou de quasi-synonymes qui sert à produire un effet d'amplification, comme dans cet acte de vente ou, plus exactement, de revente :

☛ *lequel volontairement a recognu et confessé, recognoist et confesse avoir revendu, ceddé, quitté, transporté et delaissé, du tout dès maintenant à toujours... (1626)*

Il arrive néanmoins que le verbe principal soit directement introduit sans l'intermédiaire de *confesser*, par exemple en cas de transaction ou d'accommodement amiable (*composer, chevir et transiger*), ou de nomination d'arbitres (*nommer et convenir*) :

☛ *pour à quoy obvier, nourrir paix et amour ensemble et redimer vexation, ont sur ce traicté, transigé, chevy, composé et accordé ensemble en la forme et manière qui s'ensuyt... (1558)*

On notera que les actes de constitution de procureur commencent généralement par le nom de l'auteur : *N... faict et constitue son procureur N...* et usent d'un formulaire spécifique :

☛ *Noble homme Me Rollin Dumoys receveur general de Montpellier filz et heritier de feu noble homme Me Estienne Dumoys en son vivant aussi receveur general aud. Montpellier en son nom fait et constitue ses procureurs NN... pour plaider etc. opposer appeler etc. substituer etc. eslire domicille etc. et par especial pour et ou nom dud. constituant reprandre en proceddant le procès qui estoyt pendant... (1559).*

Cependant, même dans un domaine aussi circonscrit dans le temps et l'espace que Paris et sa banlieue entre 1550 et 1650, on trouvera une certaine variété dans le style des actes. Ainsi un contrat d'apprentissage commencera tantôt par *Fut présent*, tantôt par le nom du premier intervenant ; et la première personne citée pourra être soit celui du père de l'apprenti, soit celui du maître d'apprentissage.

On a vu dans l'exemple précédent plusieurs formules abrégées en *etc.*, mais c'est dans les clauses finales de l'acte qu'elles ont vocation à se multiplier.

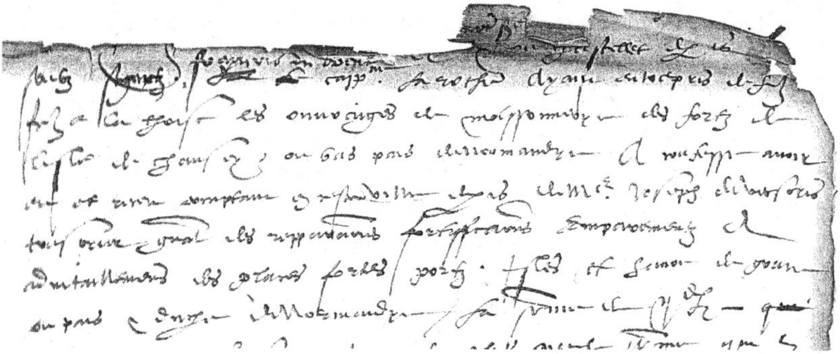

Par devant les notaires gardenotes du roy nostre sire ou Chastellet de Paris
soubz signez, François Du Breuil cappitaine La Roche ayant entrepris de fere
fere à la thoise les ouvraiges de massonnerye des fortz de
l'isle de Chausey ou bas pays de Normandye, a confessé avoir
eu et receu comptant en ceste ville de Paris de Me Joseph de Versoris
tresorier general des repparations, fortiffications, remparementz et
advitaillemens des places fortes, ports, isles et Havre de Grace
ou pays et duché de Normandye la somme de II[C] £...

Ce texte de difficulté moyenne, néanmoins très représentatif des difficultés qui attendent le paléographe amateur des écritures du XVIe siècle, est extrait du Minutier central des notaires parisiens.

Paradoxalement c'est la première ligne qui est peut-être la plus facile à transcrire, tout effacée qu'elle paraisse, emportée par l'usure de la marge supérieure du papier. Mais nous savons que c'est en début et fin d'acte que se nichent les formules les plus stéréotypées, et il suffit ici de connaître un minimum de formulaire pour restituer les mots manquants avec une probabilité de 100% ou presque.

La clé de toutes les autres difficultés, abréviations, forme des lettres, archaïsmes syntaxiques ou orthographiques est donnée dans les différents chapitres de ce manuel, qui aura ainsi, comme nous l'espérons, rempli son objectif.

PLANCHE 29 – La possibilité d'une ligne

Formules finales d'un traité de mariage (1695) :

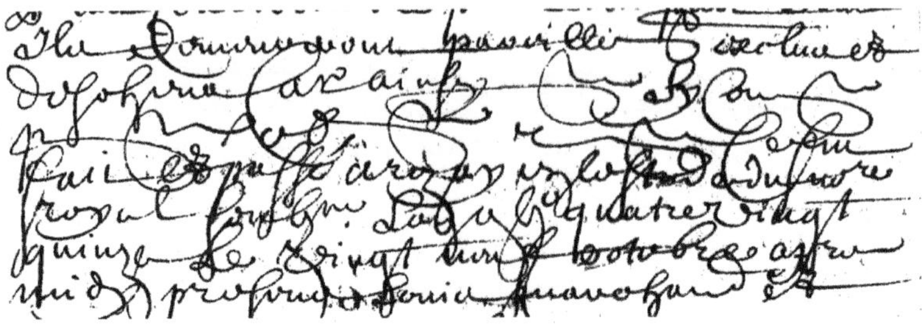

... ils demeureront pareillement exclus et descheus. Car ainsy, etc. Sy comme etc. Promettant etc. Obligeant etc. Renonçant etc. Ce fut fait et passé à Rozoy en l'estude du notaire royal soubigné, l'an mil VI^{C} *quatre vingt quinze le vingt neuf octobre après midy présens Louis Marchand et...*

Sauf exception les formules finales sont sévèrement abrégées lors de la rédaction de la minute, et il n'est pas nécessaire de les résoudre au moment de la transcription. Les cas où elles sont développées dans le corps de l'acte révèlent des variantes si nombreuses qu'il vaut même mieux s'en abstenir. Il suffit de connaître le sens de chaque formule afin de se l'approprier, même s'il faut bien avouer que dans la plupart des cas leur caractère stéréotypé n'apporte pas grand-chose à la compréhension de l'acte. Nous nous permettons de renvoyer à notre dictionnaire pour de plus amples développements.

Il convient néanmoins de connaître la triade *Promettant etc. Obligeant etc. Renonçant etc.* qu'on trouve le plus souvent en fin d'acte, juste avant la date, et dont le développement donnerait à peu près ceci : *promettant ces présentes et tout le contenu en icelles avoir pour agréable, ferme et stable à toujours, sans jamais aller ni venir contre en aucune manière, obligeant chacun endroit soi, renonçant à toutes choses contraires à ces présentes.*

LA SCIENCE
PARFAITE
DES NOTAIRES,
OU
LE MOYEN DE FAIRE
UN PARFAIT NOTAIRE.

CONTENANT

Les Ordonnances, Arrêts & Reglemens rendus touchant la fonction des Notairés Roïaux & Apostoliques.

Avec les Stiles, Protocoles, Formules & Instructions pour dresser toutes sortes d'Actes, suivant l'usage des Provinces de Droit Ecrit, & de celles du Païs Coûtumier, tant en matiere Civile que Beneficiale.

Par M. CLAUDE DE FERRIERE Avocat en Parlement.

Nouvelle Edition, revûë & augmentée de plusieurs Edits, Reglemens, Arrêts, Instructions & Actes.

A PARIS,
Chez CHARLES OSMONT, ruë saint Jacques, au coin de la ruë de la Parcheminerie, à l'Ecu de France.

M. DCCIV.
AVEC PRIVILEGE DU ROI.

Cette impression de 1704 témoigne du succès du Parfait notaire *de Claude de Ferrière, qui connut de nombreuses éditions entre 1686 et la fin de l'Ancien Régime, où il fut actualisé par François-Benoît de Vismes (1752).*

Le Parfait notaire *appartient à la famille des styles de procédures, guides de rédaction proposant des modèles d'actes à l'usage des particuliers, des plaideurs et des professionnels du droit. Le* Nouveau stile du Châtelet *connut un succès équivalent en matière de procédure civile.*

PLANCHE 30 – *Le Parfait notaire*

Orientation bibliographique

Cette bibliographie a pour premier objet de référencer les ouvrages et articles, anciens ou modernes, cités dans le corps du manuel. C'est pour nous l'occasion de rendre hommage aux grands noms de la paléographie, à commencer par Emmanuel Poulle (1928-2011), qui fut notre professeur à l'École nationale des chartes, et de remercier Marc Smith, son successeur, de la bienveillance qu'il a manifestée à l'égard de notre *Dictionnaire* paru en 2011.

Paléographie

Le tome de l'Encyclopédie de la Pléiade consacré à l'*Histoire et ses méthodes*, publié sous la direction de Charles Samaran en 1961, présentait déjà un large panorama des sciences auxiliaires de l'histoire, avec des contributions de Jean Mallon pour la paléographie romaine, Charles Perrat pour la paléographie médiévale, Georges Tessier pour la diplomatique, mais sans faire de sort particulier à la paléographie moderne qui demeurait noyée dans une sorte d'entre-deux... Bien qu'Emmanuel Poulle ait tranché en faveur des *Écritures cursives* (1966) pour montrer la continuité qui a prévalu dans les écritures du XIVe au XVIIe siècle, la bibliographie courante demeure le plus souvent construite autour d'une opposition entre paléographie romaine, médiévale et moderne. Pour des raisons pratiques, nous proposons ici une présentation par ordre alphabétique d'auteur.

Gabriel AUDISIO et Isabelle RAMBAUD, *Lire le français d'hier : manuel de paléographie moderne, XVe-XVIIIe siècle*, Paris, 1991.

Louis BARBEDOR, *L'Écriture financière dans sa naïveté, avec les autres escritures françoises propres, necessaires et usitées selon les diverses occurrences d'affaires*, Paris, 1647.

Bernhard BISCHOFF, *Paléographie de l'Antiquité romaine et du Moyen Âge occidental*, Paris, 1985.

Alain de BOÜARD, *Manuel de diplomatique française et pontificale*, Paris, 1929.

Adriano CAPPELLI, *Dizionario di abbreviature Latini ed Italiani*, Milan, 1912.

Teresa DE ROBERTIS, « Quelques remarques sur les conditions et les principes de la ligature dans l'écriture romaine », *Bibliothèque de l'École des chartes*, t. 165, 2007, p. 29-45.

Charles DESMARQUETS, *Nouveau stile du Chatelet et de toutes les jurisdictions ordinaires du royaume*, Paris, 1746.

Hassen EL ANNABI, *Être notaire à Paris au temps de Louis XIV : Henri Boutet, ses activités et sa clientèle (1693-1714)*, Paris, 1997.

Claude de FERRIÈRE, *La Science parfaite du notaire*, Paris, 1684.

Michel FRANÇOIS, « Recension de la *Paléographie des écritures cursives* d'Emmanuel Poulle », *Bibliothèque de l'École des chartes*, t. 125, 1967, p. 466-469.

Françoise GASPARRI, *Introduction à l'histoire de l'écriture*, Turnhout, 1994.

Louis HAVET, *Manuel de critique verbale appliquée aux textes latins*, Paris, 1911.

Jean HÉBRARD, « Des écritures exemplaires : l'art du maître écrivain en France entre XVIe et XVIIIe siècle », *Mélanges de l'École française de Rome, Italie et Méditerranée*, t. 107, n°2 , 1995, p. 473-523.

Pierre-Yves LAMBERT, « La tuile gauloise de Châteaubleau (Seine-et-Marne) », *Études celtiques* 34, 1998.

Dom Jean MABILLON, *De re diplomatica*, Paris, 1681.

Robert MARICHAL, « Découvertes de tablettes de bois écrites à l'encre à Vindolanda (Northumberland) », *Journal des savants*, 1975.

Henri-Jean MARTIN, *L'Apparition du livre*, Paris, 1958.

Michel PARISSE, *Manuel de paléographie médiévale*, Paris, 2006.

Jérôme PEIGNOT, *De l'écriture à la typographie*, Paris, 1967.

Emmanuel POULLE, *Paléographie des écritures cursives en France du XV*[e] *au XVII*[e] *siècle*, Genève, 1966.

Emmanuel POULLE, « Jean Mallon (1904-1982) », *Bibliothèque de l'École des chartes*, t. 141, 1983, p. 405-408.

Emmanuel POULLE, « Une histoire de l'écriture » (recension du film *Ductus* de Jean Mallon), *Bibliothèque de l'École des chartes*, t. 135, 1977, p. 137-144.

Emmanuel POULLE, « *Paléographie du Moyen Âge* de Jacques Stiennon » (recension), *Bibliothèque de l'École des chartes*, t. 131, 1973, p. 613-619.

Emmanuel POULLE, « Aux origines de l'écriture liée : les avatars de la mixte (XIVe-XVe siècle) », *Bibliothèque de l'École des chartes*, t. 166, 2007, p. 188-200.

Maurice PROU, *Manuel de paléographie latine et française* (4e édition revue par Alain de Boüard), Paris, 1924.

Charles SAMARAN, « Cursives françaises des XVe, XVIe et XVIIe siècles », *Journal des savants*, juillet-septembre 1967, p. 129-153.

Marc H. SMITH, « L'écriture de la chancellerie de France au XIVe siècle : observations sur ses origines et sa diffusion en Europe », *Actes du XV*[e] *Colloque du Comité International de Paléographie Latine [Vienne, 13-17 septembre 2005]*, p. 280-298.

Marc H. SMITH, « Les gothiques documentaires : un carrefour dans l'histoire de l'écriture latine », *Actes du XIV*[e] *Colloque du Comité International de Paléographie Latine [Enghien-les-Bains, 19-20 septembre 2003]*, p. 417-465.

Jacques STIENNON, *Paléographie du Moyen Âge*, Paris, 1973.

Dom René TASSIN et dom C.-François TOUSTAIN, *Nouveau traité de diplomatique*, Paris, 1750-1765.

Georges TESSIER, « Parlement de Paris et style du 1er janvier », *Bibliothèque de l'École des chartes*, t. 101, 1940, p. 203-236.

Geoffroy TORY, *Champfleury, auquel est contenu l'art et science de la due et vraie proportion des lettres attiques...*, Paris, 1529.

Jean VEZIN, « L'influence des actes des hauts fonctionnaires romains sur les actes de Gaule et d'Espagne au VIIe siècle », *Beihefte der Francia*, t. 10, 1980.

Natalis DE WAILLY, *Éléments de paléographie*, Paris, 1838.

Langue française

Lien BAEYENS, *Le conditionnel épistémique dans les textes juridiques du XIVe siècle*, Université d'Anvers, 2012.

Charles BEAULIEUX, *Histoire de l'orthographe française*, Paris 1927.

Ferdinand BRUNOT, *Histoire de langue française des origines à 1900*, Paris, 1905-1938.

Pierre BURNEY, *L'Orthographe*, Paris, 1955.

Nina CATACH, *L'Orthographe*, Paris, 1982.

Jacques CHAURAND, *Histoire de la langue française*, Paris, 1982.

André CHERVEL, *Histoire de l'enseignement du français du XVIIe au XXe siècle*, Paris, 2008.

Jacques DAMOURETTE et Édouard PICHON, *Essai de grammaire de la langue française*, tome V, 1936.

Patrick DENDALE, « Le traitement des tiroirs en *-rais* dans quelques grammaires du début du XVIIIe à la fin du XIXe siècle », *La langue mise en contexte : essais en l'honneur d'Alex Vanneste*, 2012, p. 209-235.

Joachim DU BELLAY, *Défense et illustration de la langue française*, Paris, 1549.

Robert ESTIENNE, *Dictionnaire françois-latin*, Paris, 1539.

P. -F. FOURNIER, « Sur l'origine des complications de l'orthographe française », *Le Français moderne*, n° 8, 1940.

Alexis FRANÇOIS, *Histoire de la langue française cultivée*, Genève, 1959.

Antoine FURETIÈRE, *Dictionnaire universel*, Paris, 1690.

Frédéric-Eugène GODEFROY, *Dictionnaire de l'ancienne langue française du IXe siècle au XVe siècle*, Paris, 1891-1902.

Pierre GUIRAUD, *L'Ancien français*, Paris, 1971.

Pierre GUIRAUD, *Le Moyen français*, Paris, 1963.

Georges GOUGENHEIM, *Grammaire de la langue française du XVIe siècle*, Paris, 1974.

Laurent JOUBERT, *Traité sur la cacographie française*, Paris, 1579.

Charles MAUPAS, *Grammaire et syntaxe françoise*, Blois, 1607.

Louis MEIGRET, *Traité touchant le commun usage de l'escriture françoise*, Paris, 1542.

Jean NICOT, *Thrésor de la langue françoise, tant ancienne que moderne*, Paris, 1606.

Jacques PÉLETIER DU MANS, *Dialogue de l'ortografe e prononciation françoese departi an deus livres*, Poitiers, 1550.

Honorat RAMBAUD, *La déclaration des abus que l'on commet en écrivant et le moyen de les éviter et de représenter naïvement les paroles : ce que jamais homme n'a fait*, Lyon, 1578.

César-Pierre RICHELET, *Dictionnaire françois contenant les mots et les choses, plusieurs nouvelles remarques sur la langue françoise*, Genève, 1680.

Antoine de RIVAROL, *De l'universalité de la langue française*, Paris, 1784.

Charles THUROT, *De la prononciation française depuis le commencement du XVIe siècle*, Paris, 1881.

Claude de VAUGELAS, *Remarques sur la langue française*, Paris, 1657.

Métrologie

La diversité des mesures utilisées dans l'ancienne France peut constituer, selon la nature des textes, un écueil encore plus redoutable que les difficultés ordinaires de grammaire et d'orthographe. Aux évolutions liées au temps, notamment dans le domaine de la monnaie, s'ajoutent des fluctuations dans l'espace beaucoup plus considérables, puisque la dénomination ou la valeur d'une mesure de poids ou de surface, même à appellation constante, peut varier d'une paroisse à l'autre. Les quelques références qui suivent permettront de prendre la mesure de cette matière complexe.

Jean-Claude HOCQUET, *La Métrologie historique*, 1995.

Pierre CHARBONNIER (dir.), *Les anciennes mesures... d'après les tables de conversion* (plusieurs tomes parus couvrant différentes régions), 1990-2012.

Pierre PORTET, *La mesure de Paris*,
http ://halshs.archives-ouvertes.fr/docs/00/13/50/71/PDF/Mesure_de_Paris.pdf

Mireille TOUZERY, « Arpents, arpentage et arpenteurs dans l'élection de Paris à la fin du XVIIIe siècle : le cadastre de Bertier de Sauvigny (1776-1790) », *Bulletin de la société d'histoire de Paris et de l'Île-de-France*, p. 150-197.

Natalis DE WAILLY, *Mémoire sur les variations de la livre tournois depuis le règne de Saint Louis jusqu'à l'établissement de la monnaie décimale*, Paris, 1857.

Sur internet

Les ressources sont nombreuses, entre les sites institutionnels et les pages proposées par les particuliers. Utilisés avec discernement, les moteurs de recherche sont également très utiles pour tester les hypothèses de transcription les plus audacieuses.

Voici quelques sites institutionnels d'intérêt général ou spécial :

Techniques pour l'historien en ligne (THELEME) :
http ://theleme.enc.sorbonne.fr/
Ce site géré par l'École nationale des chartes propose notamment des ressources paléographiques, dont une abondante bibliographie.
On y trouve un dictionnaire d'abréviations proposé par Marc Smith :
http ://theleme.enc.sorbonne.fr/dico.php

Cours de paléographie en ligne proposés par différents services d'archives :
http ://www.culture.fr/Genealogie/Articles/Cours-de-paleographie-en-ligne/(theme)/1

Tablettes de Vindolanda :
http ://vindolanda.csad.ox.ac.uk/

Papyrus 229 du British Museum :
http ://www.bl.uk/manuscripts/Viewer.aspx ?ref=papyrus_229_f001r

Guide sélectif et critique de ressources pour l'étude du Moyen Âge :
http ://www.menestrel.fr

Bibliothèques virtuelles humanistes :
http ://www.bvh.univ-tours.fr/index.htm

450e anniversaire de la mort de Claude Garamont :
http ://www.garamond.culture.fr/fr

Carte de Cassini :
http ://cassini.ehess.fr

Éditions anciennes :
http ://gallica.bnf.fr/

Table des planches

Exercices

Parcours 1

1. Exercez votre œil : le *S*

A) *Combien les textes suivants, classés par ordre chronologique, ont-ils de formes différentes de* s *? Sont-elles placées au hasard ?*

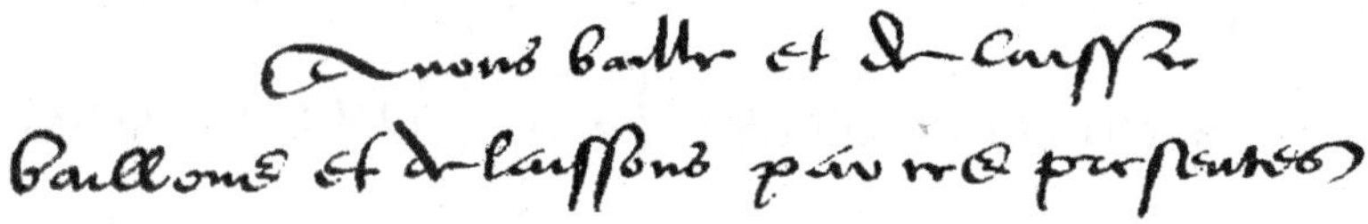

(1531)

Avons baillé et delaissé ....
baillons et delaissons par ces presentes ....

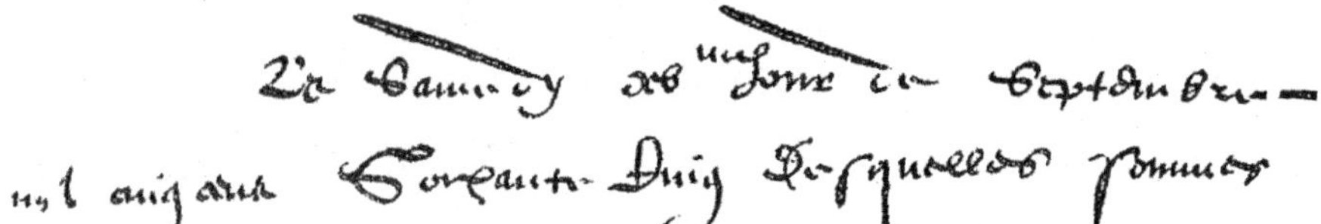

(1569)

Le samedy XVme jour de septembre ....
mil cinq cens soixante cinq, desquelles sommes ....

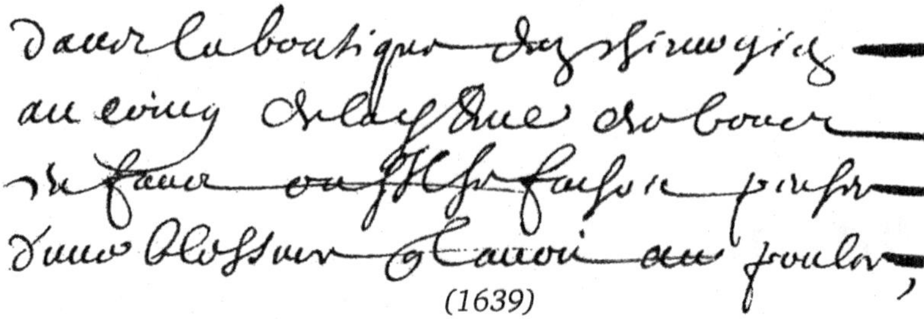

(1639)

dans la boutique d'un chirurgien
au coing de lad. rue des Bons
Enfans où il se faisoit penser
d'une blessure qu'il avoit au poulce

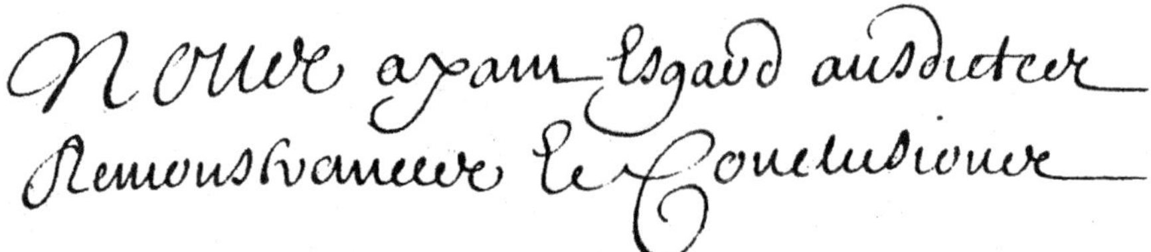

(1683)

Nous ayant esgard ausdictes
remonstrances et conclusions

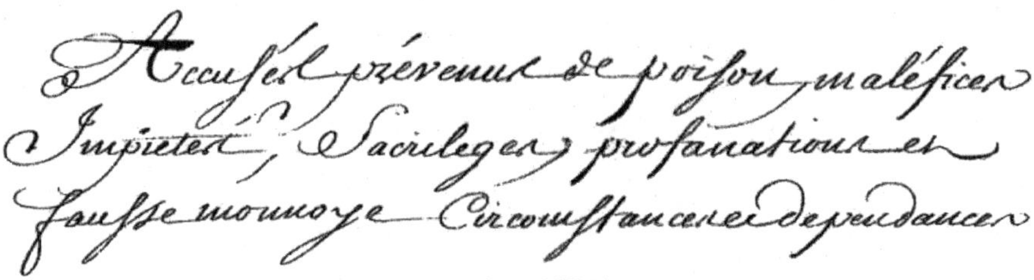

(ca. 1750)

Accusés prévenus de poison, maléfices,
impiétés, sacrilèges, profanations et
fausse monnoye, circomstances et dépendances

B) *Transcrivez les mots suivants, comportant différents types de s. Chaque ligne comporte trois réalisations différentes d'un même mot :*

(1474)

(1572)

(1585)

1. .... 2. .... 3. ....

(1547)

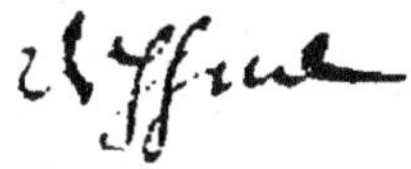
(1635)

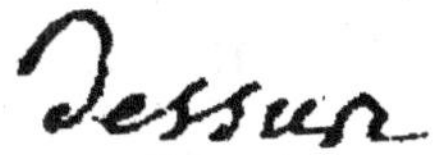
(1775)

4. .... 5. .... 6. ....

(1568)

(1577)

(1650)

7. .... 8. .... 9. ....

C) *Cherchez l'intrus : tous ces prénoms masculins, extraits de différents registres de l'année 1694, se terminent par un s sauf un. Notez qu'il s'agit de six prénoms différents !*

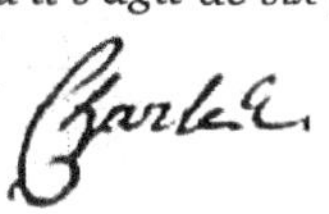

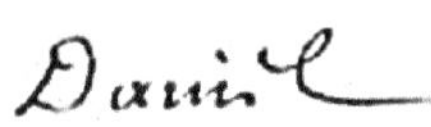

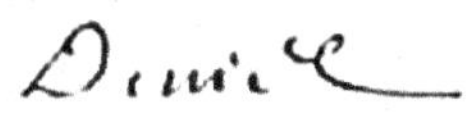

1. .... 2. .... 3. ....

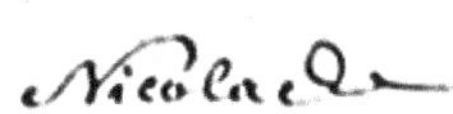

4. .... 5. .... 6. ....

2. Abréviations : le tilde simple

Transcrivez les mots suivants, tous munis d'un tilde en remplacement d'un m *ou d'un* n. *Chaque ligne comporte deux ou trois réalisations différentes d'un même mot. Tous les exemples sont datés : que constatez-vous ?*

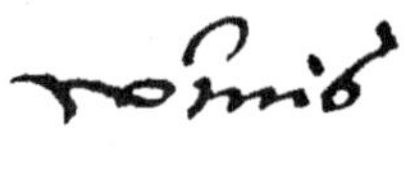
(1464)

(1474)

(1486)

1. .... 2. .... 3. ....

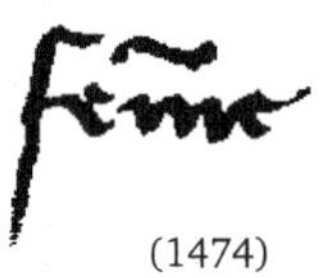
(1474)

(1540)

(1677)

4. .... 5. .... 6. ....

(1447)

(1568)

(1630)

7. .... 8. .... 9. ....

(1503)

(1540)

(1560)

10. .... 11. .... 12. ....

3. Géographie : les provinces (1)

Transcrivez le nom des provinces françaises dont les noms suivent, compte tenu de certains archaïsmes d'orthographe :

(1403)

(1403)

(1515)

1. .... 2. .... 3. ....

(1540)

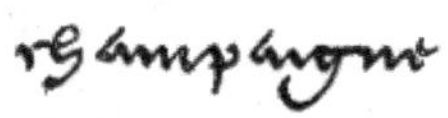

(1542)

(1558)

4. .... 5. .... 6. ....

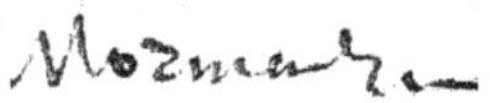

(1559)

(1564)

(1575)

7. .... 8. .... 9. ....

(1580)

(1584)

(1585)

10. .... 11. .... 12. ....

(1587)

(1594)

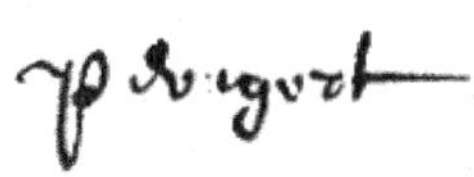

(1610)

13. .... 14. .... 15. ....

4. Des chiffres et des lettres : les chiffres romains

Transcrivez ces trois colonnes de chiffres romains, tracés vers 1590 :

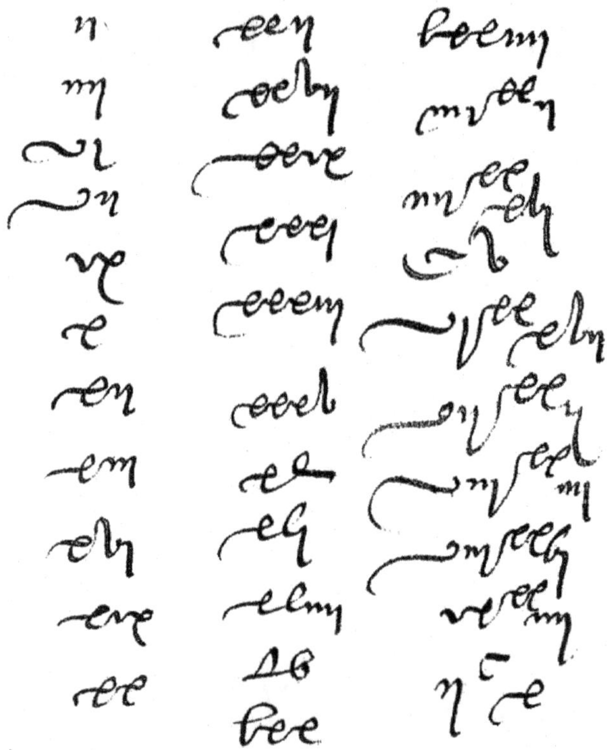

Vous noterez que les chiffres se suivent dans l'ordre numérique : la première colonne va de II (2) à XX (20), la deuxième de XXII (22) à LXX (70), la troisième de LXXIIII (74) à II^{C}X (210).

Vous prendrez garde à l'emploi d'exposants et à l'usage de la base 20 à partir de VI^{XX} (six-vingts, c'est-à-dire 120).

5. Transcriptions inachevées

❍ ***Bail d'une maison (1493).***

(Archives nationales, Minutier central XIX,8)

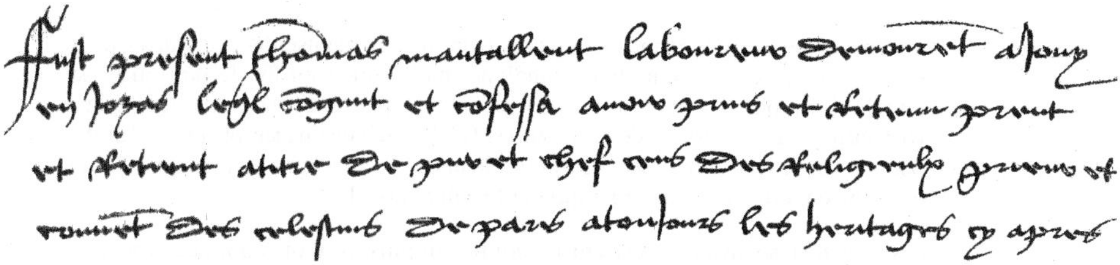

Abréviations utilisées : par tilde (*[m]* ou *[n]*), |que|.

Fust present Thommas ....

....

....

....

❍ ***Arrestation d'un colporteur (1693).***

(Archives nationales, Y14752)

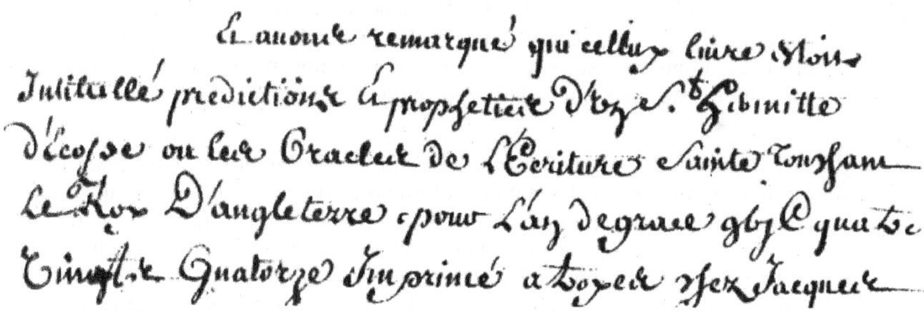

Abréviations utilisées : par exposant (S^t).

Et avons remarqué qu'icelluy livre estoit ....

....

....

....

....

Solutions

1. Exercez votre œil : le *S*

A) On distingue trois formes de *s*, sans compter les majuscules. Le *s* droit peut se trouver en position initiale ou médiane, mais jamais en fin de mot où il est remplacé soit par un *s* oval, soit par un *s* bouclé. Il peut suffire de deux mots pour voir réunies ces trois formes (*ces presentes*, 1531), ou bien une simple ligne (1569). D'autre part le texte de 1569 présente plusieurs occurrences du *S* majuscule de type ancien, qui n'est pas sans rappeler le *s* final bouclé.

Les trois textes suivants illustrent la montée en puissance du *s* final de type oval et les nombreuses variantes qu'il présente. Certaines sont exagérées au point de donner l'impression d'un digramme, alors qu'il n'en est rien (1683). Ils montrent également l'évolution du *s* droit en un *s* toujours aussi long qui monte et descend en boucle, jusqu'à ressembler au *h* (1639).

Parallèlement la forme moderne du *s* apparaît assez tôt dans les écritures calligraphiées, mais sans s'étendre au *s* final qui conserve, pour longtemps encore, sa spécificité (1683). Le dernier texte montre une forme intermédiaire, celle du double *s* où le premier est traité comme une grande lettre et le second comme une petite lettre, dans l'esprit du ß qu'ont conservé les Allemands.

B) 1 à 3 : *passées* - 4 à 6 : *dessus* - 7 à 9 : *satisfaire*. Outre le *s* droit, *passées* et *dessus* illustrent différents type de *s* final (oval ou bouclé). *Dessus* et *satisfaire* permettent de comparer deux séquences assez proches, le double *s* et le le groupe *sf* (qui se distingue lui-même assez peu du groupe *ff*, l'exemple n°7 montrant qu'on ne voit pas toujours très bien quelle lettre porte une barre ou pas).

C) 1 : *Charles* - 2 : *Daniel* - 3 : *Denis* - 4 : *Laurens* - 5 : *Nicolas* - 6 : *Philippes*. L'intrus est donc le n°2, *Daniel*. Il est pourtant graphiquement très proche du n°3, *Denis*, phénomène d'autant plus déroutant qu'à la différence des autres ces deux prénoms ont été écrits de la même main, à quelques lignes d'intervalle, dans le texte original. D'autres exemples de cette série, notamment *Nicolas* en n°4, montrent l'aptitude du *s* final de type oval à produire des développement exagérés. Comme le *e* est doué de cette même aptitude, il peut arriver, comme ici, qu'un groupe *el* présente la même morphologie qu'un groupe *is* final. On notera que les prénoms *Laurent* et *Philippe* sont encore couramment écrits *Laurens* et *Philippes* à la fin du XVIIe siècle.

2. Abréviations : le tilde simple

On constate que, dans l'ensemble, l'abréviation par tilde valant *m* ou *n* est datée et correspond au premier âge de la paléographie moderne ; elle est résiduelle dès le XVIIe siècle.

1 à 3 : *commis* ; on admirera la variété des tildes, des ligatures *co* (exemples 1 et 3, de type ∞ *vs.* exemple 2 de type ω), l'absence de point sur les i (sauf l'exemple 1) qui rend les jambages moins commodes à décrypter - 4 à 6 : *femme* - 7 à 9 : *somme* - 10 à 12 : *homme*.

On remarquera l'aptitude du tilde à entrer en ligature, moyennant quelques distorsions.

3. Géographie : les provinces (1)

1 : *Bourgoingne* - 2 : *Berry* - 3 : *Artois* - 4 : *Quercy* - 5 : *Champaigne* - 6 : *Bretaigne* - 7 : *Normandye* - 8 : *Quercy* - 9 : *Flandres* - 10 : *Poictou* - 11 : *Anjou* - 12 : *Languedoc* - 13 : *Bretaigne* - 14 : *Bigorre* - 15 : *Perigort*.

4. Des chiffres et des lettres : les chiffres romains

colonne 1 : II, IIII, VI, VII, IX, X, XII, XIII, XVI, XIX, XX.

colonne 2 : XXII, XXVII, XXIX, XXXI, XXXIII, XXXV, XL, XLI, XLIIII, LV, LXX.

colonne 3 : LXXIIII (74), IIII^{XX}II (82), IIII^{XX}XVI (96), CV (105), VI^{XX}XVII (137), VII^{XX}II (142), VIII^{XX}IIII (164), VIII^{XX}VI (166), IX^{XX}IIII (184), II^{C}X (210).

Certaines graphies courantes dérogent à la règle classique des chiffres romains : IIII au lieu de IV, II^{C} au lieu de CC, et bien entendu tous les nombres écrits en base 20 comme IIII^{XX} au lieu de LXXX.

5. Transcriptions inachevées

❍ ***Bail d'une maison (1493).***

Fust present Thom[m]as Mautallent laboureur demoure[n]t à Jouy
en Jozas leq[ue]l co[n]gnut et co[n]fessa avoir prins et retenu, prent
et retient à titre de pur et chef cens des religieulx, prieur et
couve[n]t des Celestins de Paris à toujours les heritages cy après

Il s'agit des quatre premières lignes d'un acte notarié classique dans son formulaire, les verbes connaître *et* confesser *annonçant un acte recognitif. On remarquera le caractère redondant, binaire ou ternaire, de certaines formes adjectives, nominales ou verbales dans un but de précision juridique et d'amplification rhétorique. Comme souvent au XV*^{e} *siècle, ce texte fait un usage abondant de l'abréviation par tilde au lieu de* m *ou* n. *Le* i *consonne est ici traité comme une grande lettre, même en milieu de mot* (toujours).

❍ ***Arrestation d'un colporteur (1693).***

Et avons remarqué qu'icelluy livre estoit
intitullé *Predictions et propheties d'un S*ᵗ *hermitte
d'Écosse, ou les oracles de l'Écriture sainte touchant
le roy d'Angleterre pour l'an de grace MVI*ᶜ *quatre
vingtz quatorze*, imprimé à Troyes chez Jacques

Ce texte, écrit tout juste deux siècles à la suite du précédent, témoigne d'une écriture beaucoup plus moderne, où les abréviations sont rares et de préférence notées par exposant. Le s *est une des lettres qui accusent une évolution prononcée, avec l'apparition d'un* s *oval particulièrement affirmé qui succède au* s *final bouclé de 1493 ; on remarquera aussi le traitement diférencié du double* s *(Écosse). C'est une écriture déjà moderne dans l'ensemble même si elle conserve certaines formes typiques de l'âge paléographique :* n *plongeant en fin de mot, groupe* ch *plongeant également, usage des chiffres romains pour noter le siècle dans l'expression des dates. Attention, les procès-verbaux de la fin du XVII*ᵉ *siècle ne sont pas d'un abord aussi aisé dans l'ensemble, pour les raisons qu'on verra au parcours 8.*

Parcours 2

1. Exercez votre œil : le *R* et le *O*

A) *Repérez les* r *et* o *placés au hasard des deux textes suivants. Que remarquez-vous ?*

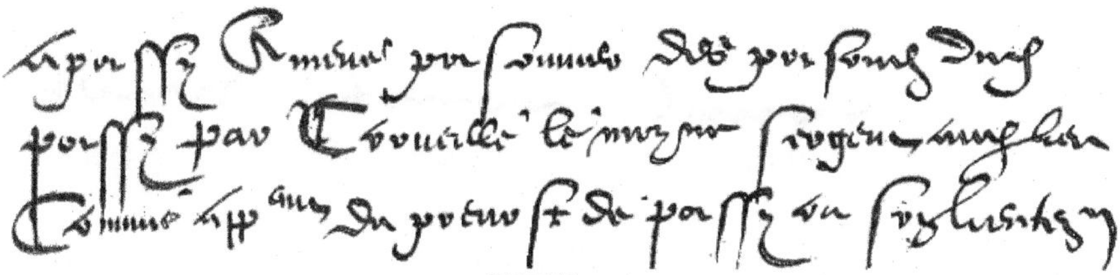

(1576)

à Poissy, amené prisonnier des prisons dud. ....
Poissy par Corneille Le Moyne sergent aud. lieu ....
comme appelant du prevost de Poissy ou son lieutenant ......

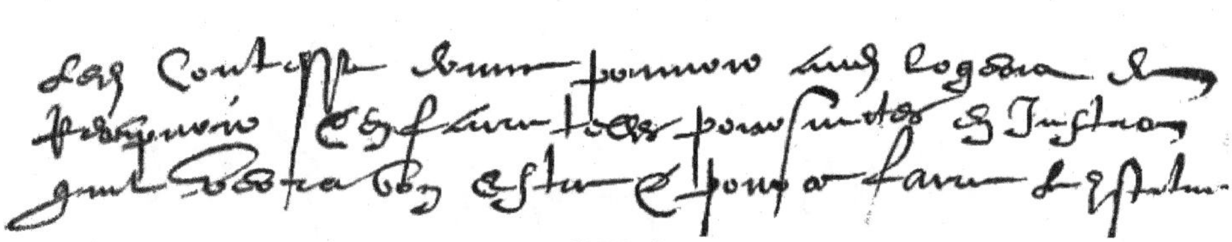

(1585)

led. Contesse donne pouvoir aud. Logeris de ....
recepvoir et en faire telles poursuites en justice................
qu'il verra bon estre, et pour ce faire le constitue ....

B) *Transcrivez les mots suivants, où l'on trouve toujours au moins un* o *et un* r. *Chaque ligne comporte trois réalisations différentes d'un même mot, sauf quelques variantes d'accord ou d'abréviation :*

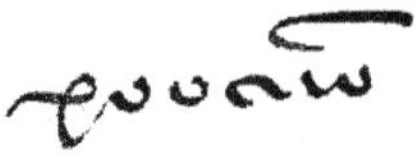
(1518)

(1564)

(1569)

1. .... 2. .... 3. ....

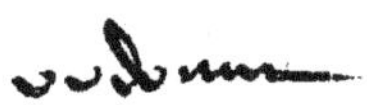
(1558)

(1564)

(1576)

4. .... 5. .... 6. ....

(1537)

(1542

(1584)

7. .... 8. .... 9. ....

(1554)

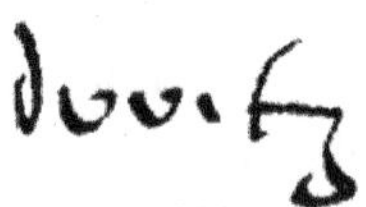
(1564)

(1564)

10. .... 11. .... 12. ....

(1520)

(1564)

(1608)

13. .... 14. .... 15. ....

2. Abréviations : le groupe |ur|

Transcrivez les mots suivants, tous munis d'une abréviation en |ur|. Chaque ligne comporte trois réalisations différentes d'un même mot. Attention à certains archaïsmes d'orthographe, ainsi qu'au n°9 qui comporte une abréviation double :

(1493)

(1569)

(1569)

1. .... **2.** .... **3.** ....

(1547)

(1547)

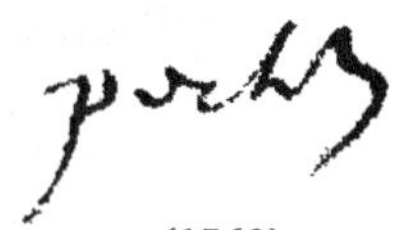
(1560)

4. .... **5.** .... **6.** ....

(1531)

(1572)

(1572)

7. .... **8.** .... **9.** ....

(1540)

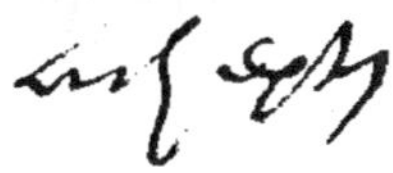
(1560)

(1635)

10. .... **11.** .... **12.** ....

(1524)

(1560)

(1560)

13. .... **14.** .... **15.** ....

3. Géographie : les provinces (2)

A) *Transcrivez le nom des provinces françaises dont les noms suivent (seul le n°12 est abrégé) :*

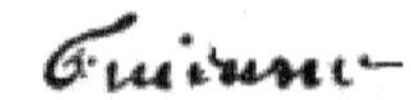
(1612)

1. ....

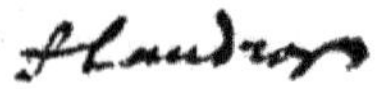
(1613)

2. ....

(1613)

3. ....

(1620)

4. ....

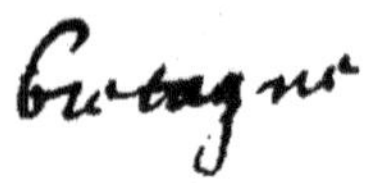
(1626)

5. ....

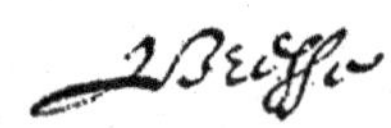
(1635)

6. ....

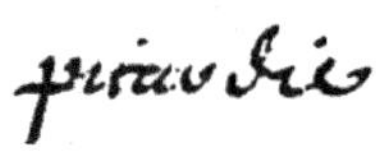
(1635)

7. ....

(1659)

8. ....

(1663)

9. ....

(1669)

10. ....

(1672)

11. ....

(1702)

12. ....

(1735)

13. ....

(1744)

14. ....

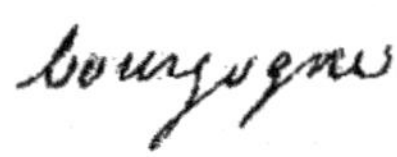
(1776)

15. ....

B) *Ces deux villages d'Île-de-France, respectivement situés aujourd'hui en Seine-Saint-Denis et dans le Val-d'Oise, sont écrits avec une abréviation en* |ur|. *Saurez-vous les reconnaître :*

(1566)

(1610)

1. .... 2. ....

4. Des chiffres et des lettres : les dates (1)

Transcrivez ces lignes de datation proposées dans l'ordre chronologique. Vous y noterez l'emploi spécifique, quoique non systématique, de l'abréviation |ur| *:*

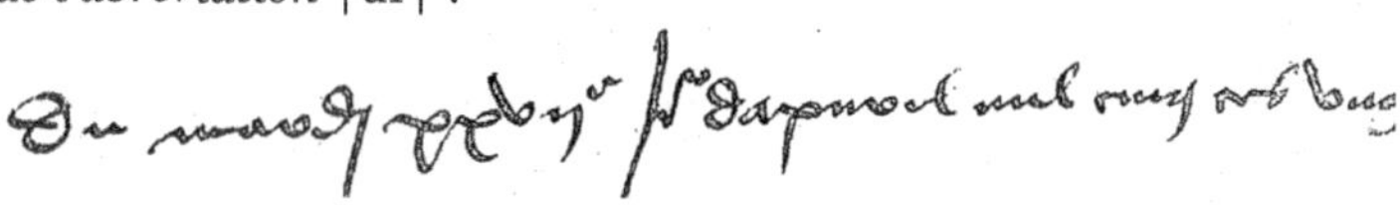

1. ....

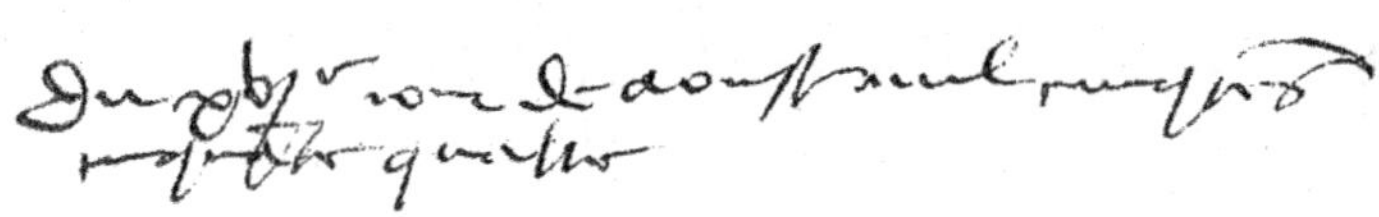

2. ....

3. ....

4. ....

5. ....

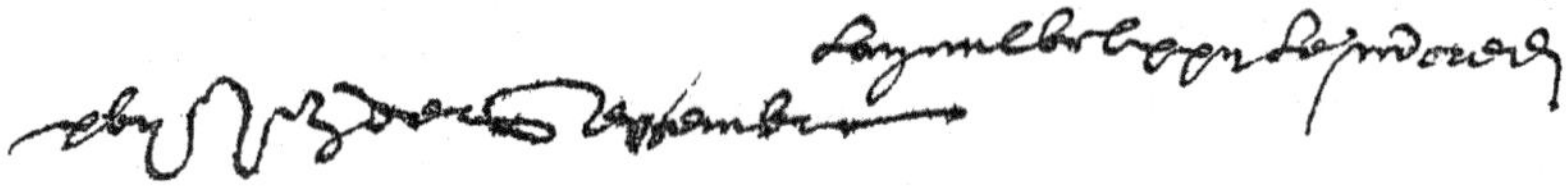

6. ....

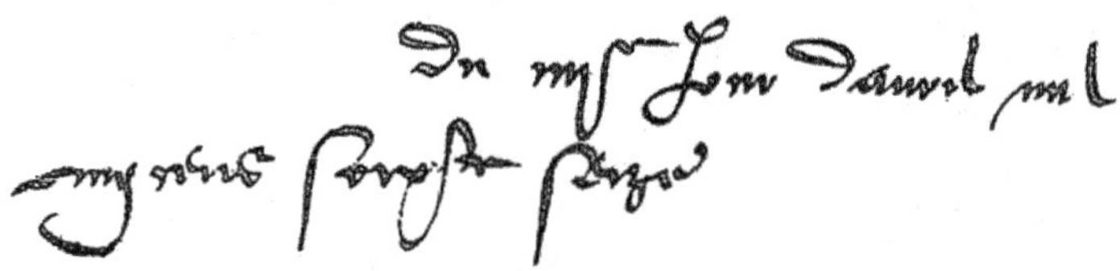

7. ....

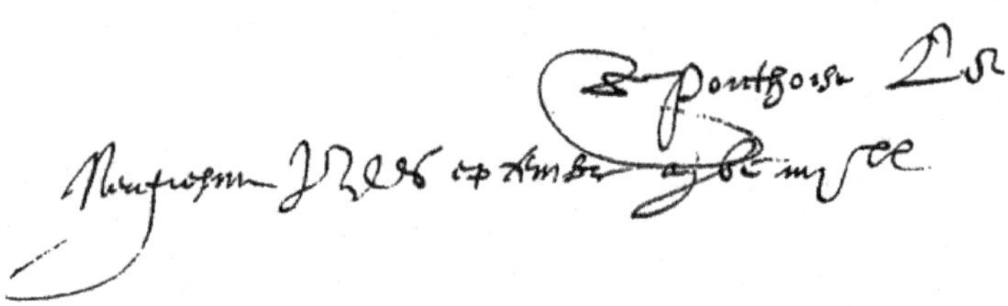

8. ....

9. ....

10. ....

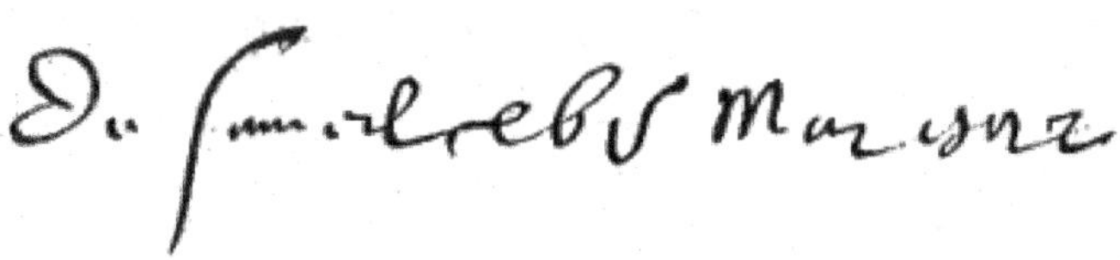

11. ....

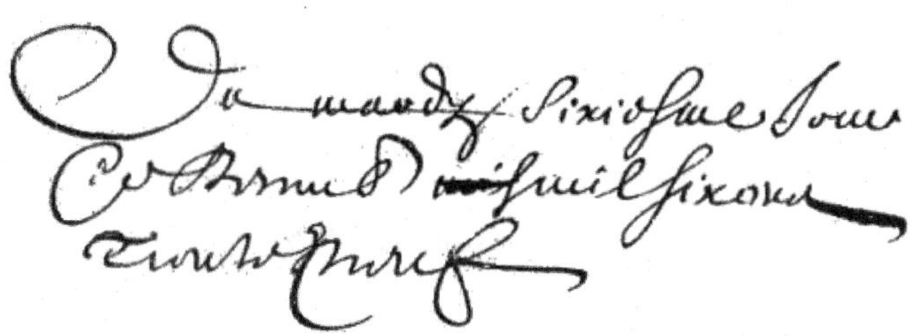

12. ....

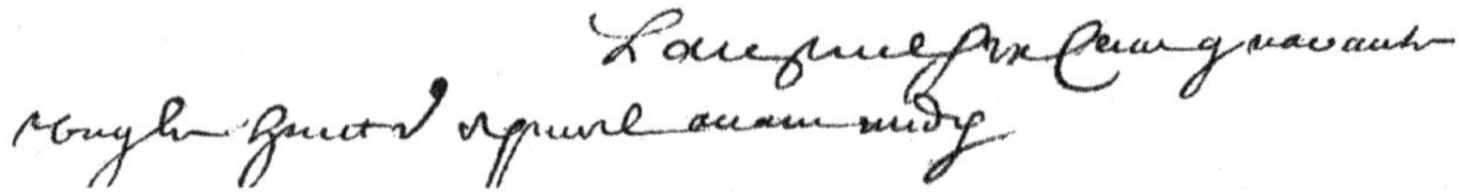

13. ....

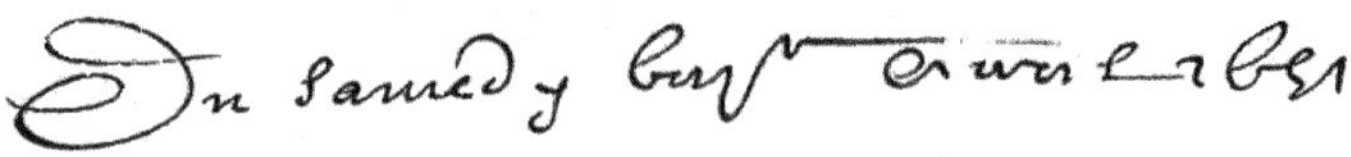

14. ....

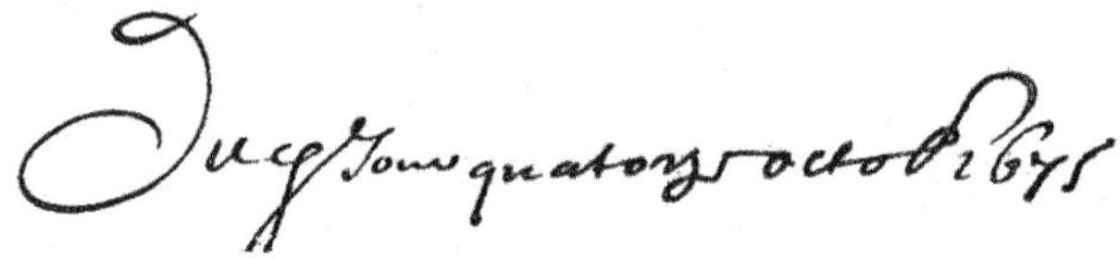

15. ....

16. ....

17. ....

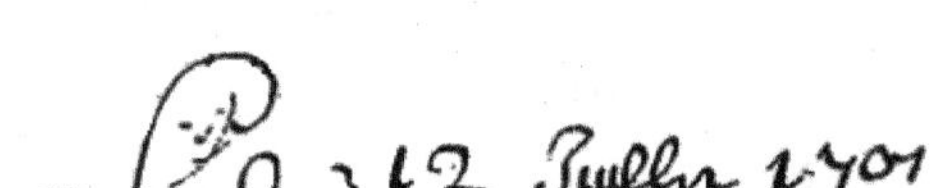

18. ....

5. Transcription inachevée

○ ***Instructions données par François Ier à Baudouin de Champagne, ambassadeur auprès de l'archevêque de Trèves (1518).***

(Archives nationales, J952)

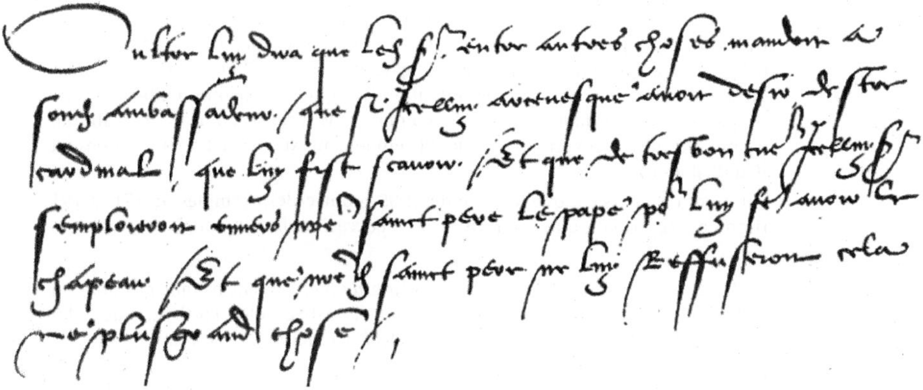

Abréviations utilisées : par contraction, *s* barré, |ur|, |er|.

Oultre luy dira que led. Sr, entre autres choses, mandoit à

sond. ambassadeur que ....

....

....

....

....

Solutions

1. Exercez votre œil : le *R* et le *O*

A) Il peut exister une analogie parfaite entre la réalisation du *o* et du *r* dans sa forme bouclée, qu'on opposera à une variante plus anguleuse.

On trouve en général les deux formes du *r* dans la séquence double *r*, composée d'un *r* anguleux prenant appui sur un *r* bouclé, comme dans *verra* (1585).

En principe le schéma du *o* n'est pas celui d'un cercle parfait. Il est tracé en deux traits dont la ligature produit une lettre plus ou moins ouverte. Les deux textes proposés sont très représentatifs à cet égard. Celui de 1576 montre même quelques exemples de *o* ouvert avec une attaque anguleuse qu'on qualifiera de gothique (*Corneille, comme...*). Un mot comme *prevost* illustre à merveille l'affinité graphique entre *o* ouvert et *r* bouclé. Et seul le contexte permet de lire *prisons* au lieu de *poisons* !

On notera au passage que le texte de 1585 montre des exemples de |7| et |9| tironiens (*constitue*), que l'on retrouvera à l'occasion du parcours 7.

B) 1 à 3 : *procureur* - 4 à 6 : *ordonne* (ou *ordonné*, l'accent n'étant pas noté au XVIe siècle) - 7 à 9 : *court* (au sens de cour de justice, selon l'orthographe habituelle) - 10 à 12 : *droicts, droictz, droict* - 13 à 15 : *forestz*, c'est-à-dire *forêts*.

2. Abréviations : le groupe |ur|

1 à 3 : *laboureur* - 4 à 6 : *porteur* - 7 à 9 : *controlleur* (le n°7, *contrerolleur*, porte la marque d'une orthographe étymologique assez courante ; le n°9 commence par un |9| tironien) - 10 à 12 : *achapteur*, puis *achepteur*, dans un souci d'étymologie latine - 13 à 15 : *jourd'huy*, qu'on trouve couramment en composition : *au jourd'huy, ce jourd'huy*.

3. Géographie : les provinces (2)

A) 1 : *Guienne* - 2 : *Flandres* - 3 : *Xaintonges* - 4 : *Normandye* - 5 : *Bretagne* - 6 : *Bresse* - 7 : *Picardie* - 8 : *Bourgongne* - 9 : *Limousin* - 10 : *Auvergne* - 11 : *Beaujollais* - 12 : *Lang*^{oc} soit *Languedoc* (les abréviations par exposant se généralisent au XVIIIe siècle au détriment des autres) - 13 : *Bretagne* - 14 : *Maine* - 15 : *Bourgogne*.

B) 1 : Gournay - 2 : Themericourt (la ligature *co* est ici du type ω).

4. Des chiffres et des lettres : les dates (1)

1 : Du mardi XXVIIe jour d'apvril mil cinq cens ung

2 : Du XVIe jour de aoust mil cinq cens cinquante quatre

3 : Le sixiesme jour du moys de juing l'an mil V^{C} soixante

4 : Aujourdhuy cinquiesme jour de decembre l'an 1561

5 : Le XVe jour de novembre MV^{C}LXIX
6 : L'an mil V^{C}LXXII le mercredi XVIIe jour de septembre
7 : Du IIIIe jour d'avril mil cinq cens soixante seize
8 : A Ponthoise le neufiesme jour de septembre mil V^{C} IIII^{XX}
9 : Du dix septiesme jour de mars mil V^{C} LXXXII
10 : Ce VIIIe jour d'avril 1586
11 : Du samedi XVIe may 1592
12 : Du mardy sixiesme jour de decembre mil six cens trente neuf
13 : L'an mil six cent quarante ung le huictiesme apvril avant midy
14 : Du samedy VIIIe avril 1651
15 : Dud. jour quatorze octobre 1675
16 : Du mardy XXIII decembre 1684
17 : L'an MVI^{C} quatre vingtz seize le cinquiesme jour de juin
18 : Le 12 juillet 1701

5. Transcription inachevée

❍ ***Instructions données par François Ier à Baudouin de Champagne, ambassadeur auprès de l'archevêque de Trèves (1518).***

Oultre luy dira que led. Sr, entre autres choses, mandoit à
sond. ambassadeur que si icelluy arcevesque avoit desir d'estre
cardinal, que luy fist sçavoir, et que de très bon cue[ur] icelluy Sr.
s'emploieroit envers n[ost]re sainct père le pape po[ur] luy f[er]e avoir le
chapeau, et que n[ost]red. sainct père ne luy reffuseroit cela
ne plus grand chose.

Ce texte, d'une écriture de chancellerie très régulière, présente certains traits gothiques propres au XVIe siècle, avec une attaque anguleuse à l'avant du a *ou du* q*, de préférence en position initiale mais pas uniquement. La brisure du* O *majuscule en début de texte montre que cette lettre n'est pas assimilable à un cercle. On remarquera également l'alternance du* d *droit, en fait incliné à 45° vers la gauche, et du* d *bouclé.*

Le E *majuscule est précédé d'une barre, qu'on peut assimiler au trait de ponctuation que l'on trouve après* ambassadeur *ou* chose*. On se rappellera en effet que l'usage des marques de ponctuation est rare et facultatif, et qu'il se limite au XVIe siècle à l'emploi de ce trait oblique.*

L'emploi des abréviations se limite aux termes les plus courants, à l'exception de cue[ur]*, c'est-à-dire* cœur.

Sur le plan grammatical, on remarquera l'ellipse du sujet en début de paragraphe, et après la conjonction que *(*que luy *au lieu de* qu'il luy*).*

Parcours 3

1. Exercez votre œil : le *E*

A) *Repérez les* e *placés au hasard des textes suivants. Que remarquez-vous ?*

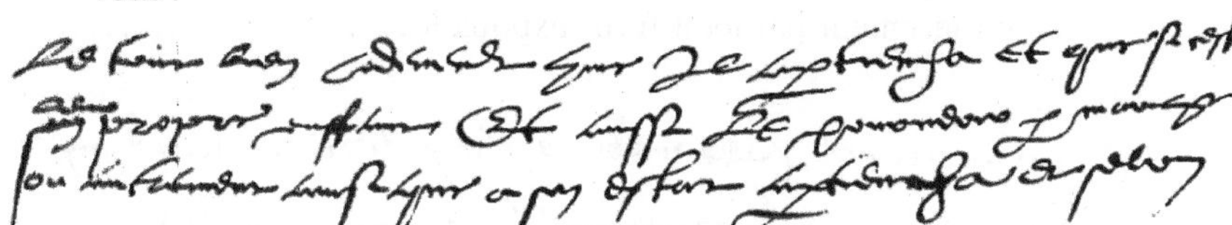

(1540)

le tout bien et deuement comme il apartiendra et que si c'estoit .....
leur propre enffant, et aussi le pourveoir par mariage................
ou autrement ainsi que à son estat apartiendra et selon..............

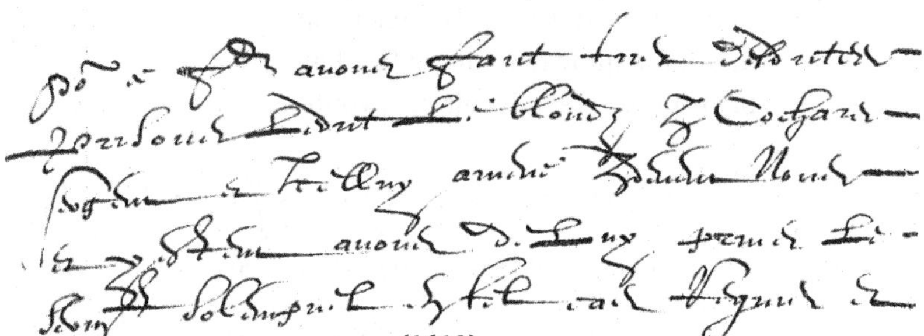

(1613)

pour ce fere avons faict tirer desdictes..............................
prisons ledict Leblondz par Cochars..................................
sergent, et icelluy amené par devent nous,...........................
et y estent avons de luy prins le....................................
serment solempnel en tel cas requis et ....

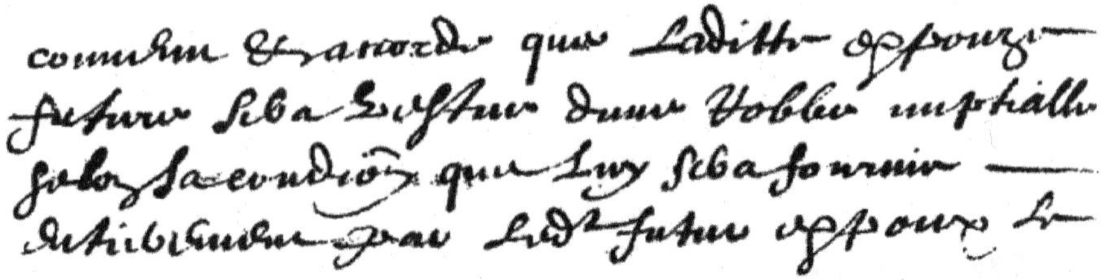

(1651)

convenu et accordé que laditte expouze ....

future sera vestue d'une robbe nuptialle ....

selon sa condition, que luy sera fournie ....

entièrement par ledit futur expoux le ....

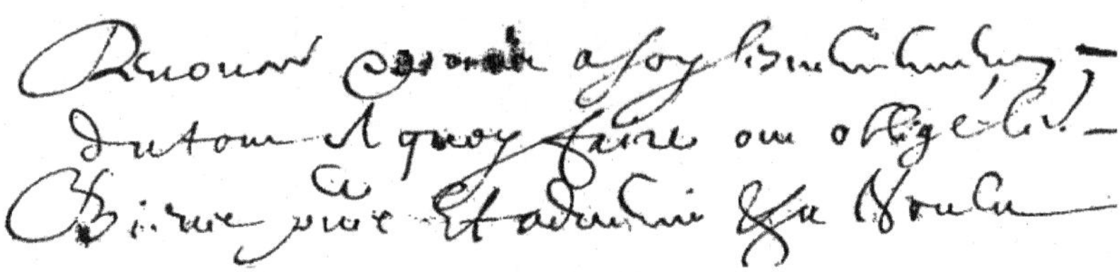

(1663)

renoncé et prins à soy l'esvenement ....

du tout, à quoy faire ont obligé leurs ....

biens presens et advenir etc., voulu ....

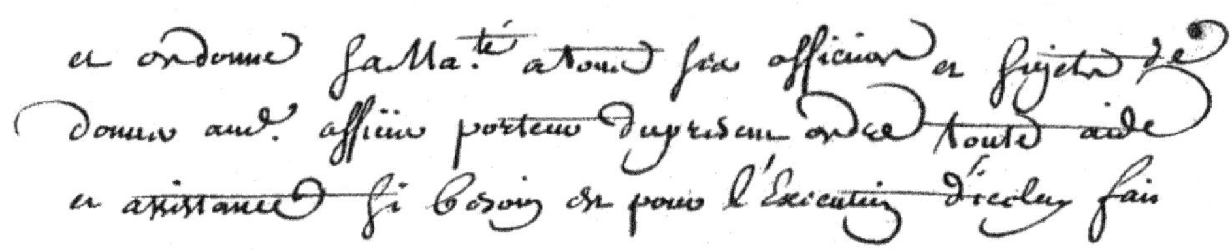

(1767)

et ordonne Sa Majesté à tous ses officiers et sujets de ....

donner aud. officier porteur du present ordre toute aide ......

et assistance si besoin est pour l'execution d'iceluy, fait ....

B) *Transcrivez les mots suivants, où la lettre* e *peut jouer, selon l'époque et la personnalité du scribe, un rôle plus ou moins remarquable. Chaque ligne comporte trois réalisations différentes d'un même mot.*

(1559)

(1580)

(1643)

1. .... 2. .... 3. ....

(1572)

(1586)

(1677)

4. .... 5. .... 6. ....

(1474)

(1650)

(1724)

7. .... 8. .... 9. ....

(1542)

(1563)

(1702)

10. .... 11. .... 12. ....

(1555)

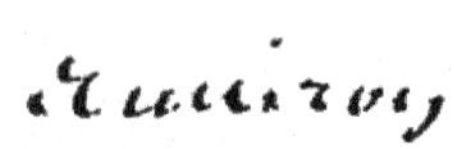

(1613)

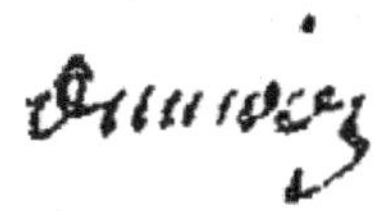

(1627)

13. .... 14. .... 15. ....

2. Abréviations : le groupe |er|

A) *Transcrivez les mots suivants, tous munis d'un tilde, le plus souvent en chandelle, en remplacement d'un groupe* er *ou* ar. *Chaque ligne comporte trois réalisations différentes d'un même mot.*

(1466)

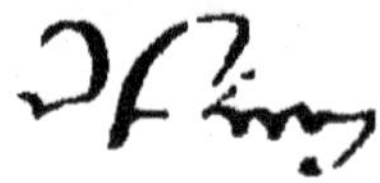

(1513)

(1537)

1. .... 2. .... 3. ....

(1520)

(1562)

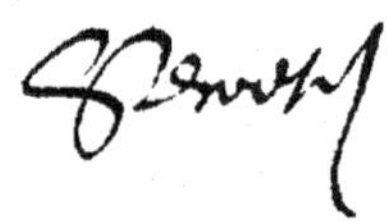

(1565)

4. .... 5. .... 6. ....

(1524)

(1560)

(1641)

7. .... 8. .... 9. ....

(1560)

(1570)

(1585)

10. .... 11. .... 12. ....

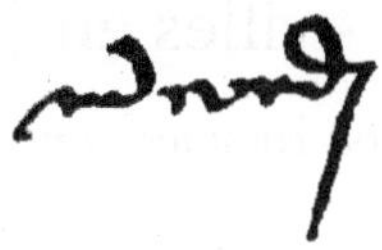

(1466)

(1486)

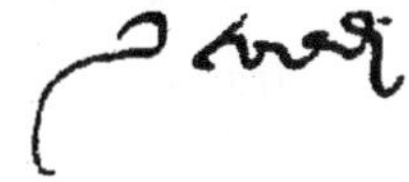

(1520)

13. .... **14.** .... **15.** ....

B) *Transcrivez les mots et groupes de mots suivants, tous munis d'une ou deux abréviations en lettre barrée. Chaque ligne comporte deux ou trois réalisations différentes d'une même expression ou d'un même mot. Vous remarquerez que ce type d'abréviation n'est pas toujours l'équivalent d'une abréviation en* |*er*| :

(1466)

(1503)

(1558)

1. .... **2.** .... **3.** ....

(1559)

(1577)

(1587)

4. .... **5.** .... **6.** ....

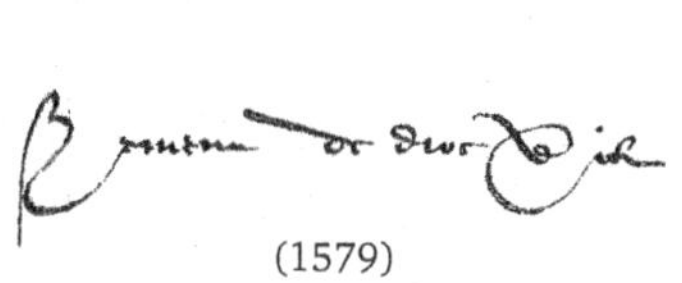

(1579)

(1620)

7. .... **8.** ....

3. Géographie : noms de pays - villes en |ar|

Transcrivez le nom des pays, royaumes ou colonies dont les noms suivent, classés par ordre chronologique :

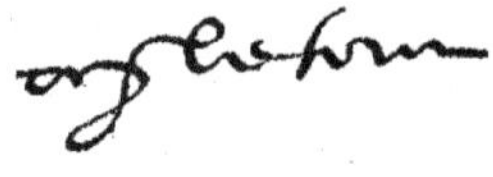
(1542)

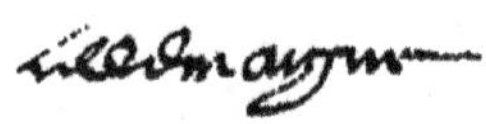
(1547)

(1572)

1. .... **2.** .... **3.** ....

(1575)

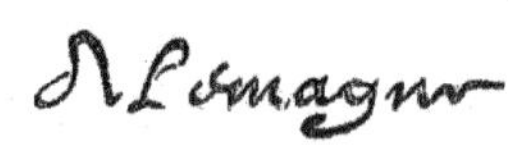
(1575)

(1584)

4. .... **5.** .... **6.** ....

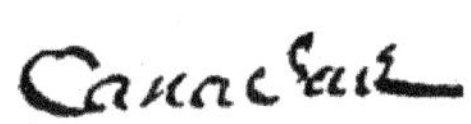
(1635)

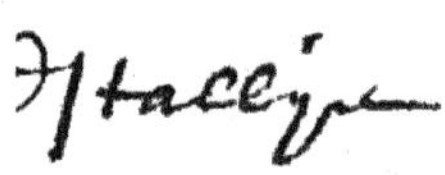
(1641)

(1664)

7. .... **8.** .... **9.** ....

(1714)

(1815)

(1815)

10. .... **11.** .... **12.** ....

B) *Transcrivez le nom de ces deux communes du Val-de-Marne, affectés de l'abréviation* |ar| *:*

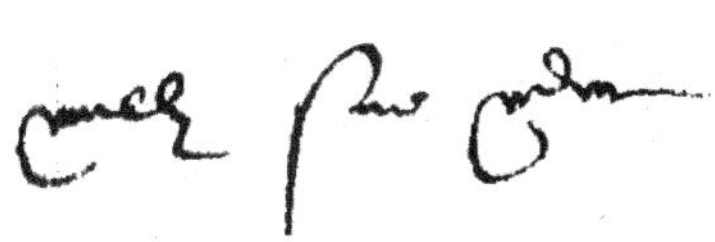

(1566)

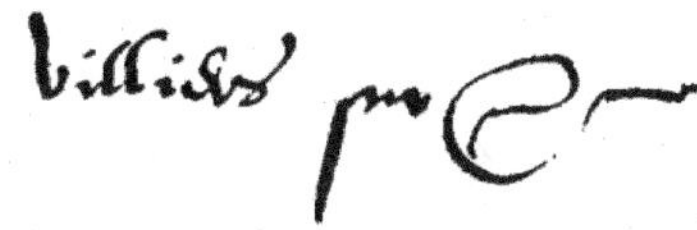

(1568)

1. .... 2. ....

4. Des chiffres et des lettres : les dates (2)

Transcrivez ces lignes de datation proposées dans l'ordre chronologique (en commençant la lecture en haut à droite pour les exemples 3 et 6) :

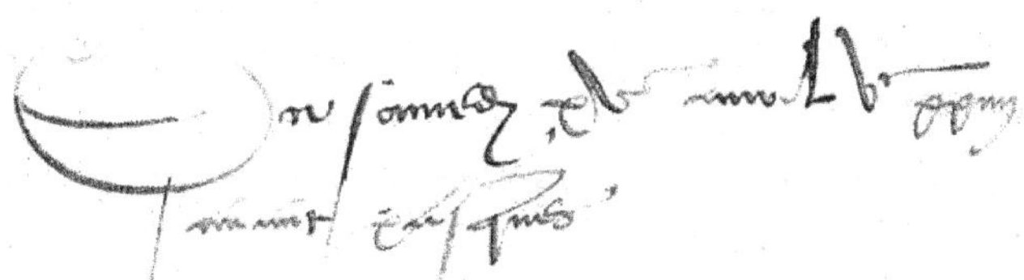

1. ....

2. ....

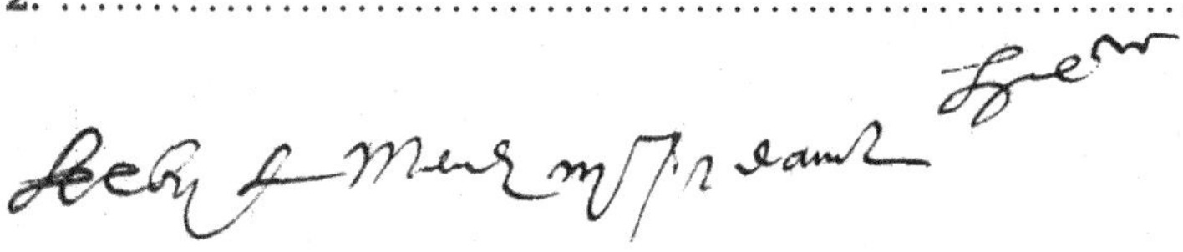

3. ....

4. ....

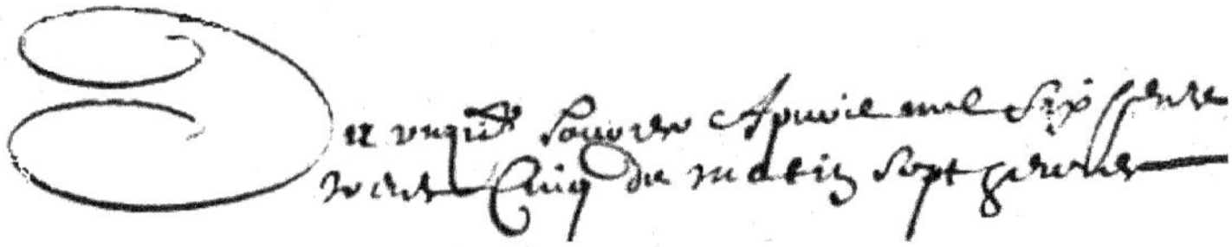

5. ....

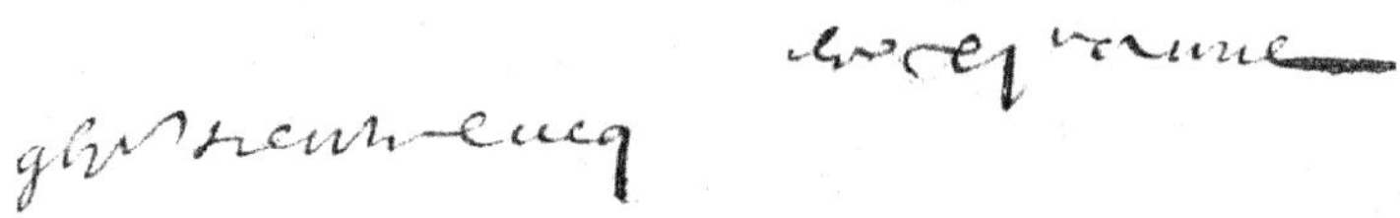

6. ....

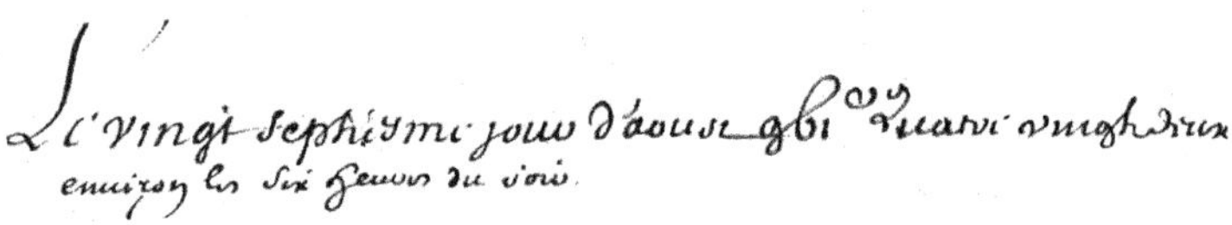

7. ....

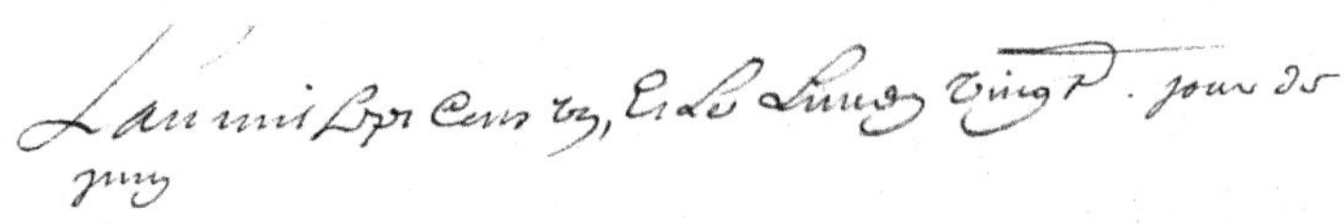

8. ....

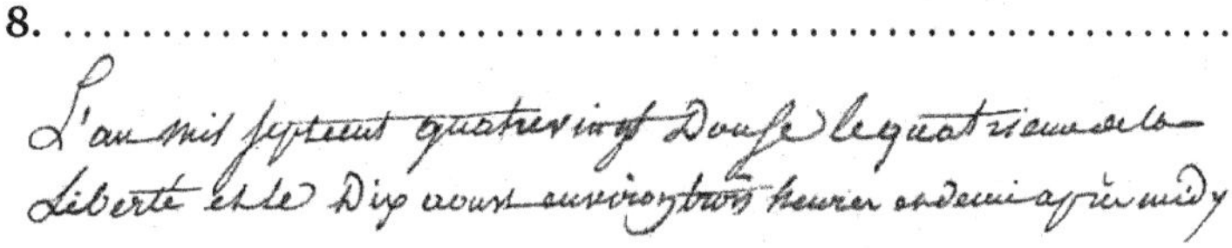

9. ....

5. Transcription inachevée

❍ ***Contrat de mariage (1677)***

(Archives départementales du Val-de-Marne)

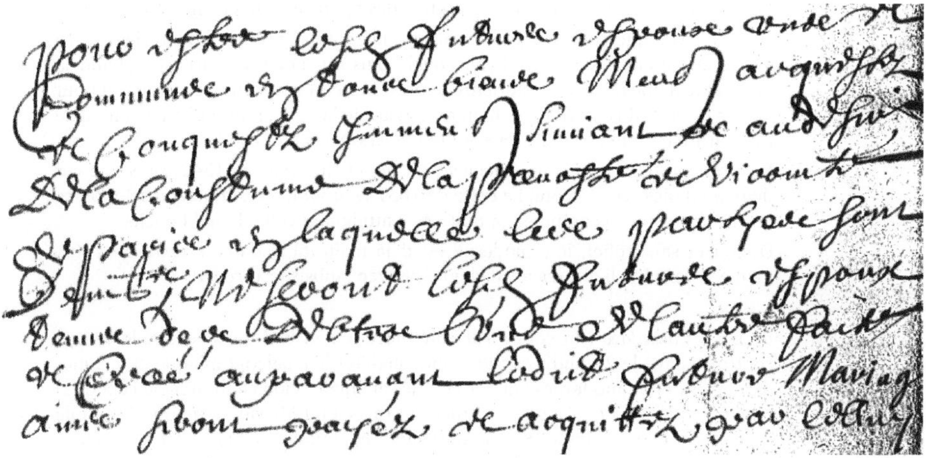

Abréviations utilisées : par exposant, par suspension (*lesd.*).

pour estre lesd. futurs espoux uns et

communs en ....

....

....

....

Solutions

1. Exercez votre œil : le *E*

A) Très commun en français, structurant en paléographie, le *e* est une lettre dont la vigueur augmente avec la cursivité de l'écriture. La simplicité de son *ductus* initial, constitué de deux traits, se prête à des ligatures souvent spectaculaires.

Dans le cas d'une simple ligature de séquence, qui se produit à l'intérieur de la lettre, le *e* épouse la forme d'une boucle plus ou moins vigoureuse. Quand la possibilité d'une ligature postérieure se présente, certains scribes en profitent pour laisser la barre du *e* flotter très haut au-dessus de la ligne, imitant l'ancien modèle de ligature de tête en pied : *amené* (1613), *l'esvenement* (1663).

L'expression *le tout bien et deuement*, au début du texte de 1540, présente ces deux tendances côte à côte. Le texte de 1651 (*convenu, sera, entièrement*) montre qu'elles peuvent se combiner, la taille du *e* atteignant celle d'un *d* bouclé.

Discret et sans relief, le *e* moderne est déjà majoritaire dans le texte de 1767, même si certaine ligatures à l'ancienne peuvent subsister (*present*).

B) 1 à 3 : *deceddée* (on notera l'affinité entre le *e* et le *d* dans l'exemple 1, leur contraste dans le 2, tandis que le 3 fait cohabiter le *e* paléographique et le *e* moderne, les deux *e* modernes étant accentués en finale selon l'habitude de l'époque) - 4 à 6 : *entièrement* - 7 à 9 : *gouvernement* (avec un tilde valant *n* pour l'exemple 7, tandis que les exemples 8 et 9 contrastent magnifiquement) - 10 à 12 : *lectres, letres, lettres* - 13 à 15 : *environ.*

2. Abréviations : le groupe |er|

A) 1 à 3 : *certain* - 4 à 6 : *secretere* - 7 à 9 : *marchant* - 10 à 12 : *afferes* - 13 à 15 : *mercredi.* On notera qu'on écrivait en toutes lettres aussi bien *faire* que *fere*, et que l'usage fréquent de l'abréviation |er| n'était pas étranger à cette dualité d'orthographe.

B) 1 à 3 : *reserve* - 4 à 6 : *veuve de feu* (qu'on transcrirait plutôt en *vefve* pour respecter les usages de l'époque ; *feu* étant toujours suivi du nom du défunt mari) - 7 à 8 : *serment de dire verité* (deux abréviations en lettre barrée valant |er| se succèdent dans cette expression typique des procédures judiciaires).

3. Géographie : noms de pays - noms de ville en |ar|

A) 1 : *Angleterre* - 2 : *Allemaigne* - 3 : *Hespaigne* - 4 : *Escosse* - 5 : *Alemagne* - 6 : *Poloigne* - 7 : *Canadas* - 8 : *Itallye* - 9 : *Angleterre* - 10 : *Hollande* - 11 : *St. Domingue* - 12 : *Prusse*

B) 1 : *Neuilly-sur-Marne* - 2 : *Villiers-sur-Marne*. L'abréviation porte seulement sur le nom de la rivière ; l'exemple 1 use d'un tilde simple mais déformé par la ligature, tandis que le 2 reprend la variante en forme d'arrobase, déjà vue dans *marchant* à l'exercice précédent.

4. Des chiffres et des lettres : les dates (2)

1 : Du samedy XVe avril V^{C}XXIIII avant Pasques

2 : Faict et passé double l'an mil V^{C} soixante et douze le lundi huitiesme jour de septembre

3 : L'an mil V^{C} LXXVII le mercredi IIIe jour d'avril

4 : (IIIIe septembre 1624) L'an mil six cens vingt quatre le mercredy IIIIe jour de septembre

5 : Du unziesme jour de apvril mil six cens trente cinq du matin sept heures

6 : Le XIe avril MVI^{C} trente cinq

7 : Le vingt septiesme jour d'aoust MVI^{C} quatre vingt deux environ les six heures du soir

8 : L'an mil sept cens un, et le lundy vingtiesme jour de juin

9 : L'an mil sept cens quatre vingt douse le quatriesme de la liberté et le dix aoust environ trois heures et demie après midy

5. Transcription inachevée

❍ *Contrat de mariage (1677)*

pour estre lesd. futurs espoux uns et
communs en tous biens meub[les], acquestz
et conquestz immeub[les] suivant et au desir
de la coustume de la prevosté et vicomté
de Paris, en laquelle les partyes sont
dem[euran]tes. Ne seront lesd. futurs espoux
tenus des debtes l'une de l'autre faicte
et créé auparavant ledict future mariage,
ains seront payez et acquittez par celluy

Ce texte est remarquable par son mélange de rondeur et de vigueur, l'une annonçant l'époque à venir, l'autre rappelant les écritures plus structurées des siècles précédents. Le e *et le* s *final, particulièrement remarquables, témoignent de cette hésitation.*

Le e *se partage entre des réalisations vigoureuses, notamment à l'initiale ou au sein de séquences comme* de la, *et des formes faibles de type moderne, le plus souvent en fin de mot, que l'on retrouve également en avant du* s *final.*

Alors que le s *tend à perdre sa force structurante à mesure que l'écriture se modernise, le* s *final continue de manifester une originalité parfois exacerbée. Il prend une ampleur qui pourrait donner à penser qu'il est composé de deux lettres (*les partyes*).*

Enfin si l'on compare les séquences es *en début ou milieu de mot avec celles qu'on peut trouver en fin de mot, on voit qu'il s'agit de digrammes très différents. Une belle leçon de paléographie !*

On notera la rareté des abréviations, ainsi que l'apparition timide de l'accent. Les accords grammaticaux sont hésitants, bien que ce texte, qui ne s'écarte pas du formulaire en vigueur pour la rédaction des actes notariés, ne se prête à aucune innovation dans le style. L'adverbe ains, *dans le sens de* mais, *en dénote le tour déjà archaïsant.*

Parcours 4

1. Exercez votre œil : le *D*

A) *Repérez les* d *placés au hasard des textes suivants. Quelles sont les caractéristiques des deux types principaux ?*

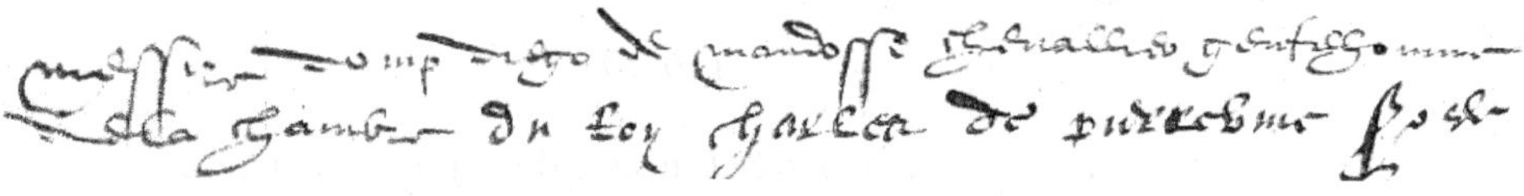

(1559)

messire Domp Diego de Mandosse chevallier gentilhomme . . .
de la chambre du roy, Charles de Pierrevive seigneur de . . . . . .

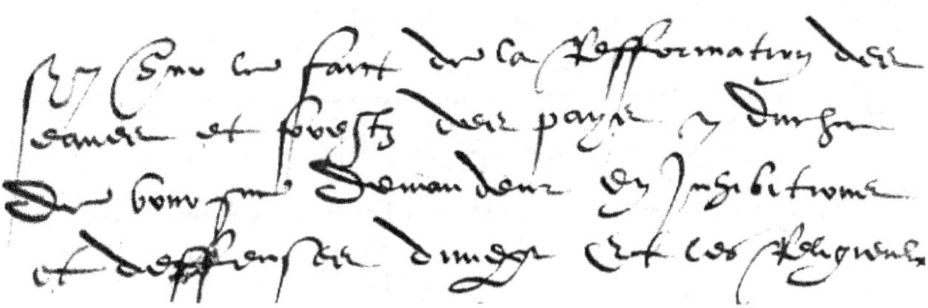

(1564)

seigneur, sur le faict de la refformation des . . . .
eaues et foretz des pays et duché . . . .
de Bourgogne, demandeur en inhibitions . . . .
et deffenses d'une part, et les religieulx . . . .

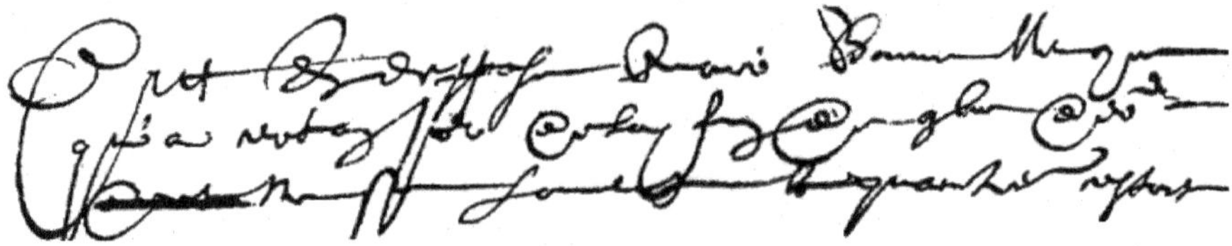

(ca. 1600)

dict et deppose avoir bonne memoyre........................
qu'à certain jour de la fin de 9bre [novembre] dernier.........
ne se souvient le quantiesme c'estoit.........................

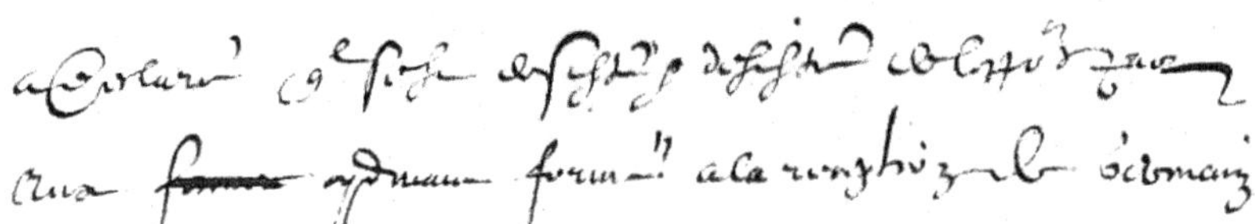

(1618)

a delaré qu'il s'est desisté et desiste de l'opposition par.......
eux cy-devant formée à la reception de Germain..............

B) *Repérez et comparez les* d *bouclés et les* e *placés au hasard des textes suivants. Que remarquez-vous ?*

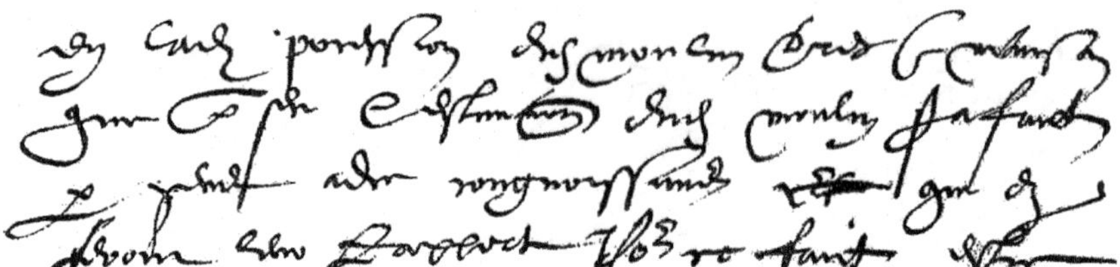

(1560)

en lad. pocession dud. moulin, terres et maison..............
que prisée et estimation dud. moulin sera faict...............
par gens ad ce congnoissans qui en..........................
feront leur rapport, pour ce faict estre........................

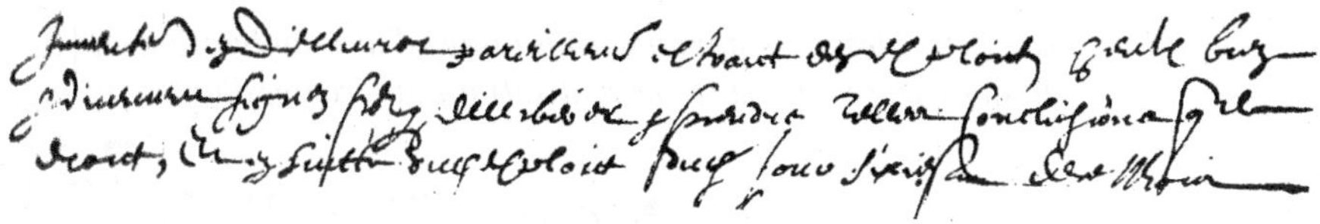

(1626)

inventeres, en dellivrer pareillement extraict des exploictz par eulx bien et duement signez, pour y delliberer et prendre telles conclusions que de droict, et en suitte dud. exploict dud. jour sixiesme de ce mois ....

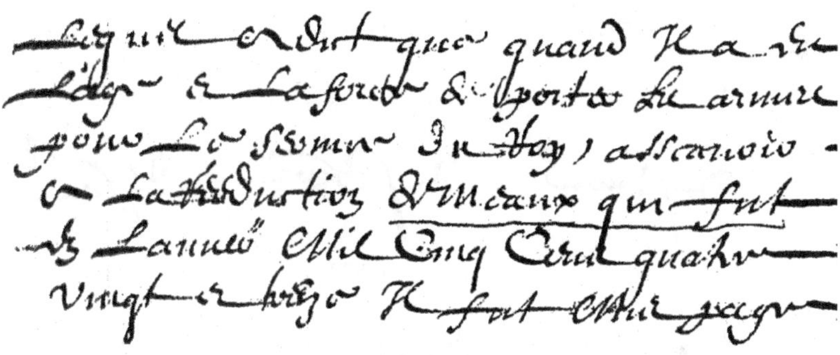

(1635)

lequel a dict que quand il a eu ....
l'age et la force de porter les armes..........................
pour le service du roy, assçavoir ....
à la reduction de Meaux qui fut ....
en l'année mil cinq cens quatre..............................
vingt et treize, il fut mis page ....

2. Abréviations : le groupe |tion|

Transcrivez les mots suivants, tous munis d'une abréviation en |tion|*.*
Chaque ligne comporte trois réalisations différentes d'un même mot :

(1537)

(1537)

(1579)

1. .... 2. .... 3. ....

(1579)

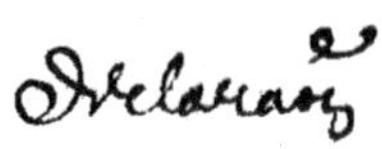
(1646)

(1672)

4. .... 5. .... 6. ....

(1572)

(1572)

(1620)

7. .... 8. .... 9. ....

(1565)

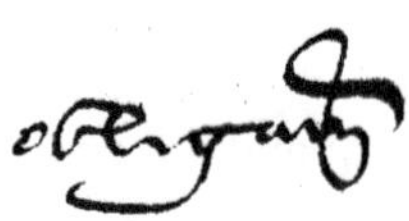
(1572)

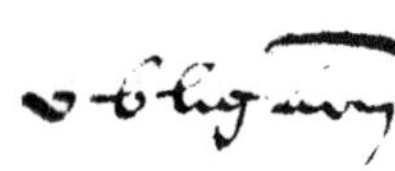
(1580)

10. .... 11. .... 12. ....

(1537)

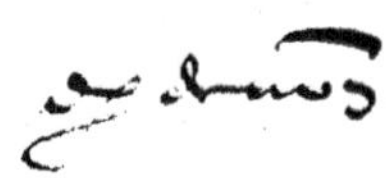
(1580)

(1603)

13. .... 14. .... 15. ....

3. Géographie : noms de ville (1)

Transcrivez le nom des villes françaises dont les noms suivent. Chaque ligne comporte trois ou quatre réalisations différentes d'un même nom, moyennant certaines variantes d'orthographe. Vous noterez que l'emploi de la majuscule est loin d'être systématique :

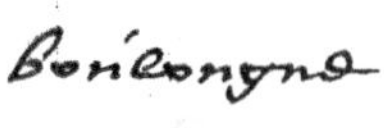
(1464)

(1550)

(1559)

1. .... **2.** .... **3.** ....

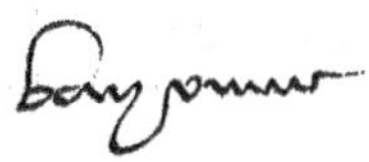
(1542)

(1542)

(1572)

4. .... **5.** .... **6.** ....

(1542)

(1565)

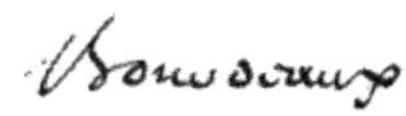
(1641)

7. .... **8.** .... **9.** ....

(1542)

(1550)

(1561)

(1694)

10. .... **11.** .... **12.** .... **13.** ....

(1542)

(1693)

(1694)

14. .... **15.** .... **16.** ....

(1547)

(1561)

(1623)

(1672)

17. .... **18.** .... **19.** .... **20.** ....

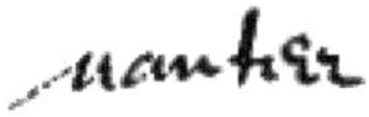
(1580)

(1613)

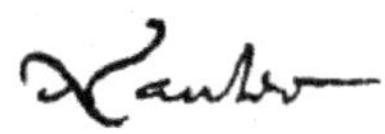
(1626)

21. .... **22.** .... **23.** ....

(1565)

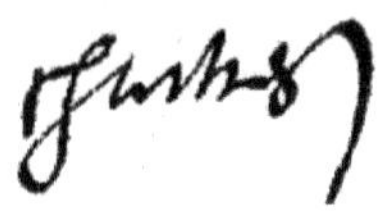
(1613)

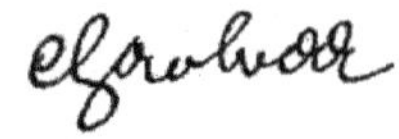
(1694)

24. .... **25.** .... **26.** ....

(1572)

(1580)

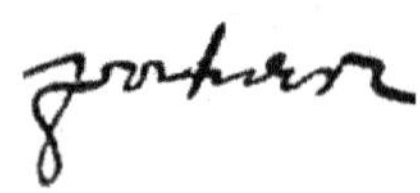
(1608)

27. .... **28.** .... **29.** ....

(1584)

(1650)

(1776)

30. .... **31.** .... **32.** ....

4. Des chiffres et des lettres : la livre tournois (1)

Voici un extrait de compte daté de 1572, entièrement trancrit à l'exception des montants en fin de ligne, libellés en livres (#) et sols tournois. À vous de les compléter, en gardant à l'esprit qu'une livre vaut toujours vingt sous :

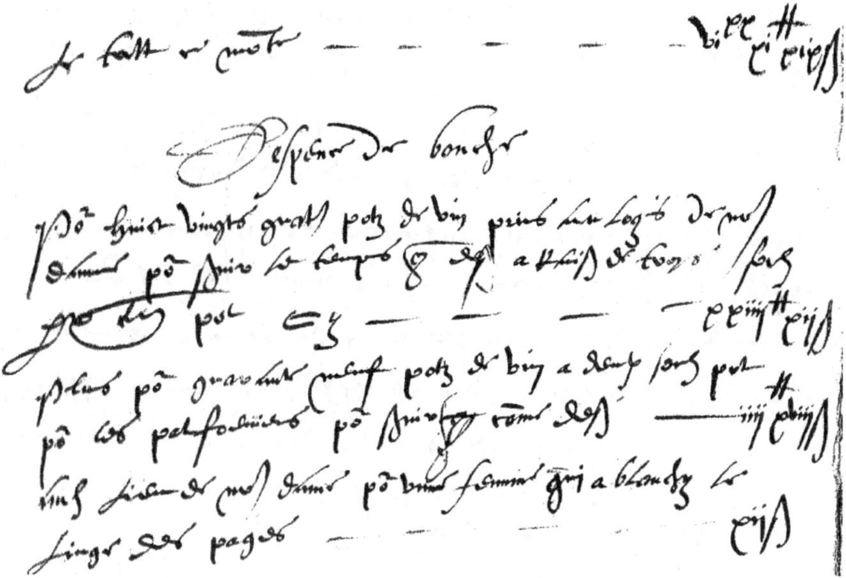

Le toult ce monte ....

.... Despense de bouche ....

Pour huict-vingts quatre potz de vin prins au logis de Nostre ....
Dame pour servir le temps que dessus, à raison de troys solz ....
pour chacun pot, cy ....

Plus pour quarante neuf potz de vin à deux soulz [le] pot ....
pour les palefreniers pour servir comme dessus ....

Aud. lieu de Nostre Dame pour unne femme qui a blanchy le ...
linge des pages ....

5. Transcription inachevée

❍ ***Vente d'une maison à Paris entre Morelet de Museau et Claude de Burbenon (1547).***

(Archives nationales, Minutier central, XIX 172)

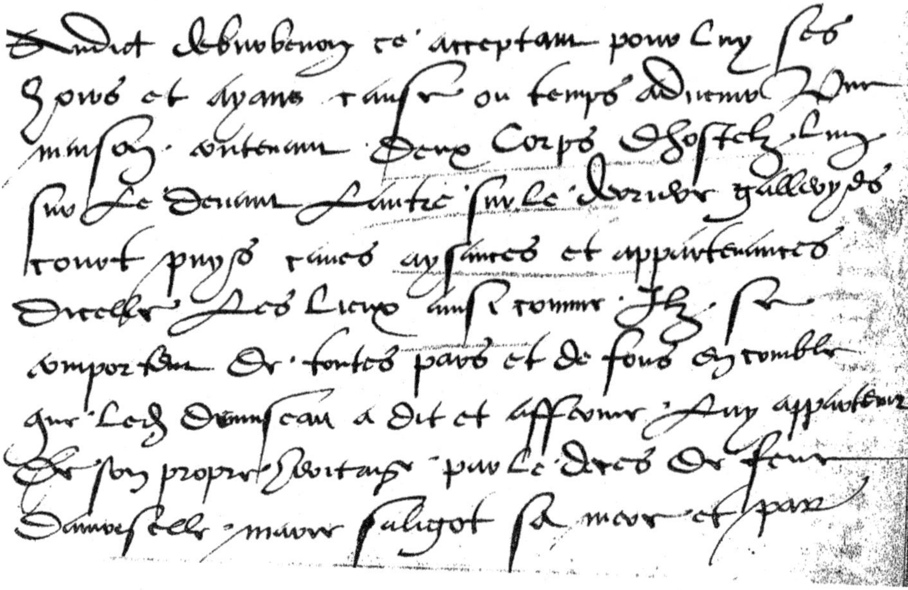

Abréviations utilisées : aucune.

audict de Burbenon ce acceptant pour luy, ses
hoirs et ayans cause ou temps advenir une
maison contenant..

....

....

....

....

....

....

....

Solutions

1. Exercez votre œil : le *D*

A) Il existe deux types concurrent de *d* : le *d* droit, c'est-à-dire incliné à 45° sur la gauche, et même parfois couché comme dans l'exemple de 1559, et le *d* bouclé. Les deux réalisations peuvent se rencontrer indifféremment dans un même texte, choix que l'on ne peut valablement expliquer par l'influence de la lettre qui suit (*domp* vs. *Mandosse*, ou encore les deux formes de *de* que l'on retrouve en 1559 et 1564).

Les troisième et quatrième exemples montrent une forme plus stylisée ou un petit *d* bouclé est enveloppé dans une sorte d'arrobase, selon une habitude fréquente dans la première moitié du XVIIe siècle.

B) La prévalence du *d* bouclé, qui l'emporte à la fin du XVIe siècle dans les écritures cursives, s'accompagne d'une ressemblance accrue avec la lettre *e*. Il y a d'autant moins de différence de hauteur entre les deux lettres que le *d* tend à se recroqueviller et le *e* à s'étirer. Voyez également le parcours 3.

2. Abréviations : le groupe |tion|

A) 1 à 3 : *actestation, atestation, attestation* - 4 à 6 : *declaration* - 7 à 9 : *discussion* - 10 à 12 : *obligation* - 13 à 15 : *execution.*

3. Géographie : noms de ville (1)

1 à 3 : *Boul(l)ongne* (dans l'exemple de 1464 on notera le *u* accenté, manière assez peu répandue de le distinguer du *n*) - 4 à 6 : *Bayonne* - 7 à 9 : *Bourdeaulx, Bordeaulx, Bourdeaux* - 10 à 13 : *Rouen* (avec une belle variété de *R* majuscule et un *n* qui plonge, comme toujours en fin de mot) - 14 à 16 : *Troyes* (où l'on notera, au n°15, l'assimilation du *e* et du *s* final consacrée par la calligraphie) - 17 à 20 : *Lyon* - 21 à 23 : *Nantes* - 24 à 26 : *Chartres* - 27 à 29 : *Poytiers, Poictiers, Poitiers* - 30 à 32 : *Auxerre.*

4. Des chiffres et des lettres : la livre tournois (1)

Le toult ce monte.. VI^{XX}XI# XIX s.

.... Despense de bouche ....

Pour huict-vingts quatre potz de vin prins au logis de Nostre..................
Dame pour servir le temps que dessus, à raison de troys solz....................
pour chacun pot, cy.. XXIIII # XII s.
Plus pour quarante neuf potz de vin à deux soulz [le] pot.......................
pour les palefreniers pour servir comme dessus .... IIII# XVIII s.
Aud. lieu de Nostre Dame pour unne femme qui a blanchy le ....
linge des pages .... XII s.

*Le total se monte à 131 l. 19 s. On notera que les totaux partiels sont justes : 164 pots de vin à 3 sous font 492 sous, soit, en divisant par 20, 24 livres reste 12. De même 49 pots à deux sous font 98 sous, soit 4 livres reste 18 (on se rappellera qu'au XX*e *siècle la pièce de cinq francs était encore appelée pièce de cent sous, puisque, dès le XVIII*e *siècle, franc était synonyme de livre en langage courant).*

5. Transcription inachevée

❍ ***Vente d'une maison à Paris entre Morelet de Museau et Claude de Burbenon (1547)***

aud. de Burbenon, ce acceptant pour luy, ses
hoirs et ayans cause ou temps advenir, une
maison contenant deux corps d'hostelz, l'un
sur le devant, l'autre sur le derrière, galleryes
court, puys, caves, aysances et appartenances
d'icelle, les lieux ainsi comme ilz se
comportent de toutes pars et de fons en comble
que led. de Museau a dit et affermé luy appartenir
de son propre heritage par le décès de feue
damoiselle Marie Saligot sa mère et

*La minute de cet acte notarié est écrite d'une écriture régulière, assez facile dans la mesure où elle échappe aux excès de la cursivité et qu'elle ne contient aucune abréviation. On en profitera pour s'imprégner du tracé de chaque lettre prise isolément ou des digrammes correspondant aux ligatures les plus stylisées (*co, de, er, st, es *final).*

Le d *bouclé est particulièremet vigoureux, alors que le* e *semble éviter les excès de la ligature de séquence (sauf* en *ou* heritage *en lignes 7 et 9). De même le* s *final en boucle prédomine au détriment du* s *oval. Certaines lettres épousent de belles formes classiques comme les* h *début de mot (*hostelz, heritage*). Le* a *affectionne les attaques anguleuses de type gothique, bien que cette écriture soit assez peu fracturée par ailleurs.*

La forme verbale afferme *dans le sens d'*affirme *est très courante : il ne peut être ici question de fermage, comme le confirme l'association avec le verbe* dire*. On se rappellera que le formulaire juridique aime les effets d'amplification rhétorique procurés par la juxtaposition de synonymes.*

Parcours 5

1. Exercez votre œil : le *P*

A) *Repérez les* p *placés au hasard des deux textes suivants. Que remarquez-vous ?*

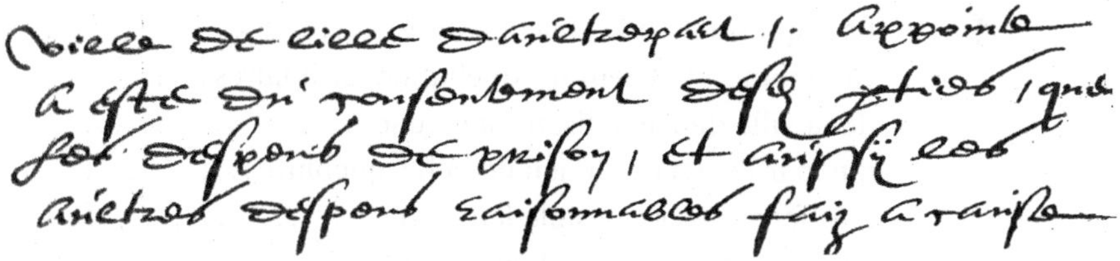

(1464)

ville de Lille d'aultre part : appointé..........................
a esté du consentement desd. parties que...................
les despens de prison, et aussy les autres.....................
aultres despens raisonnables faiz à cause.....................

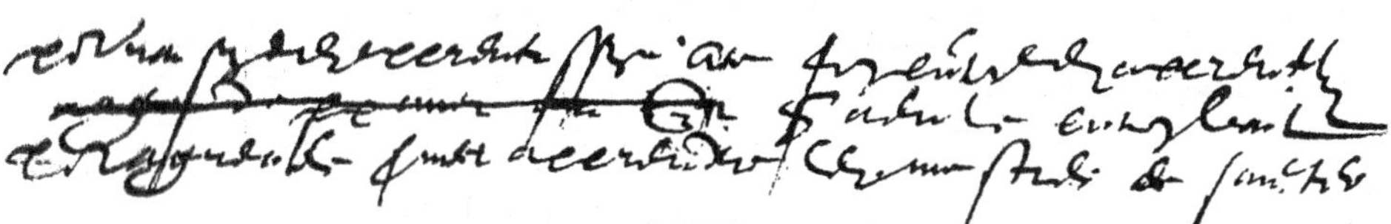

(1577)

pour raison dud. apprentissage ; à ce fut present led. apprentilz.
(aagé de XX ans ou environ) qui a eu le present bail............
pour agréable, promect apprendre led. mestier de savetier......

B) *Comparez les* p *et les* x *placés au hasard des textes suivants. Que remarquez-vous ? :*

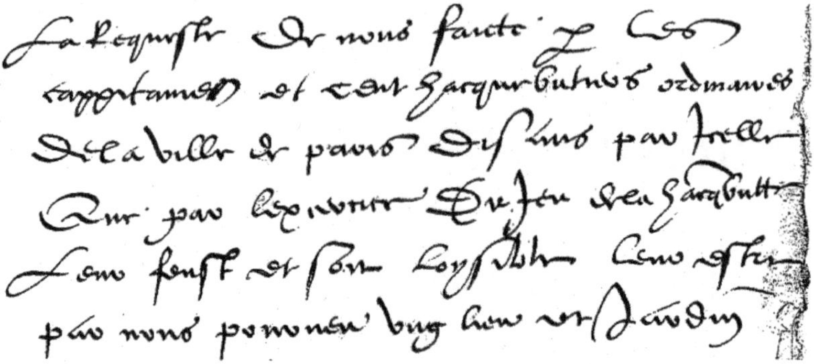

(1531)

La requeste de nous faicte par les ....
cappitaine(s) et cent hacquebutiers ordinaires ....
de la ville de Paris disans par icelle ....
que par l'exercice du jeu de la hacquebutte ....
leur feust et soit loysible leur estre ....
par nous pourveu ung lieu et jardin ....

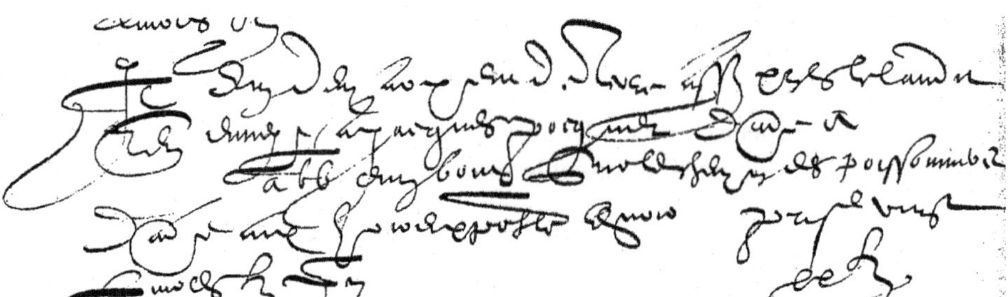

(1564)

Item demy arpent de terre assis près le Landit ....
tenant d'une part à Jacques Pocquet, d'autre à ....
(blanc) abboutissant d'un bout sur le chemyn des poissonniers
d'autre aux hoirs Christofle Lenoir, prisé vingt ....
livres tz, cy .... XX l.tz.

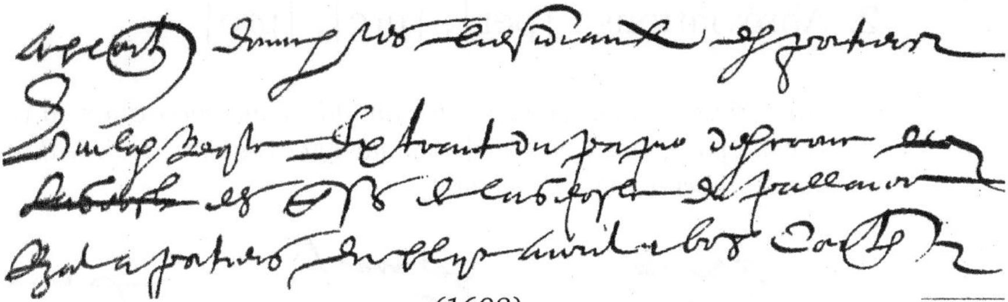

(1608)

appoinctement donné par les presidiaux dud. Poitiers : .....
Veu lad. requeste, extraict du papier d'escroue (de............
la geosle) des prisons de la geosle du pallais...................
royal à Poitiers du XXIIe avril 1608 contenant ....

C) *Transcrivez les mots suivants, où l'on trouve toujours au moins un* x *et un* p. *Chaque ligne comporte trois réalisations différentes d'un même mot, sauf quelques variantes d'accord ou d'abréviation :*

(1515)

(1550)

(1703)

1. .... **2.** .... **3.** ....

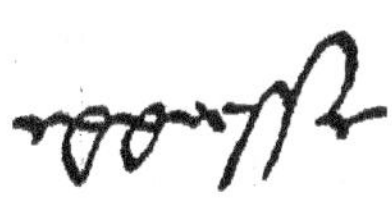

(1518)

(1545)

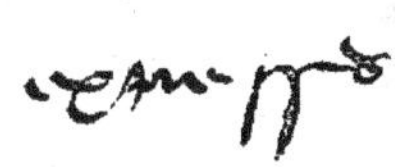

(1558)

4. .... **5.** .... **6.** ....

(1547)

(1662)

(1677)

7. .... **8.** .... **9.** ....

2. Abréviations : |per|, |pre|, |pro|

Transcrivez les mots suivants, tous munis d'une abréviation en p : |per|/|par|, |pre| *ou* |pro|. *Chaque ligne comporte trois réalisations différentes d'un même mot :*

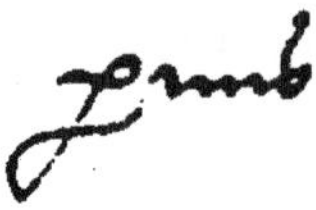
(1518)

(1524)

(1630)

1. .... **2.** .... **3.** ....

(1557)

(1558)

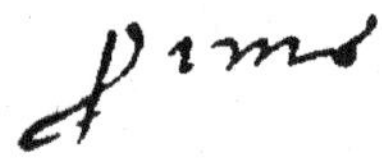
(1650)

4. .... **5.** .... **6.** ....

(1486)

(1550)

(1559)

7. .... **8.** .... **9.** ....

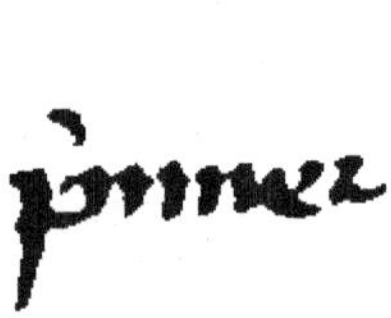
(1403)

(1493)

(1594)

10. .... **11.** .... **12.** ....

(1520)

(1545)

(1562)

13. .... **14.** .... **15.** ....

(1540)

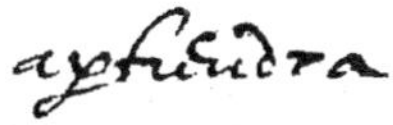
(1636)

(1650)

16. .... **17.** .... **18.** ....

(1558)

(1560)

(1598)

19. .... **20.** .... **21.** ....

(1608)

(1613)

(1620)

22. .... **23.** .... **24.** ....

(1483)

(1560)

(1586)

25. .... **26.** .... **27.** ....

3. Géographie : noms de ville (2)

A) *Voici huit réalisations différentes d'une même expression géographique ; certaines sont abrégées, d'autres non : que remarquez-vous ?*

(1462)

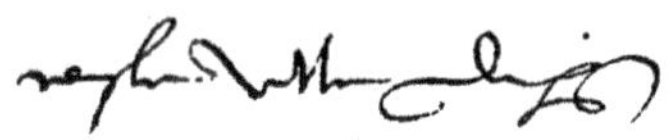

(1531)

1. ....

2. ....

(1559)

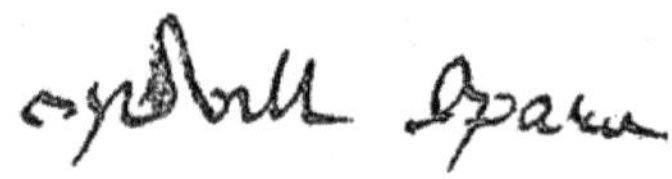

(1572)

3. ....

4. ....

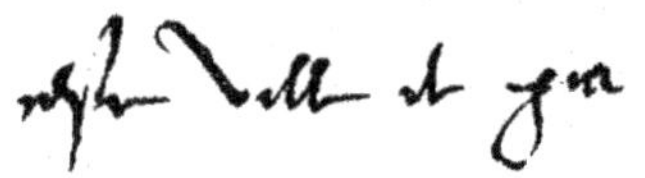

(1601)

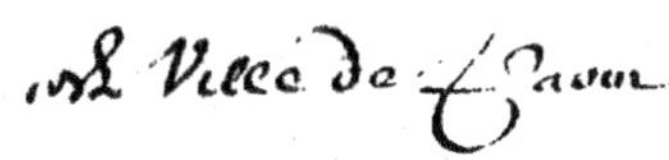

(1636)

5. ....

6. ....

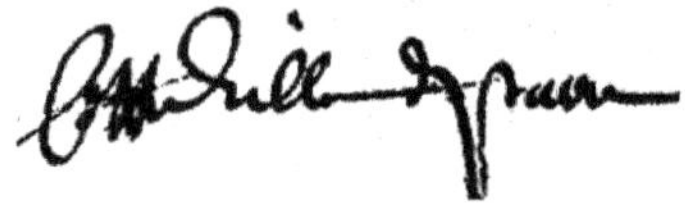

(1650)

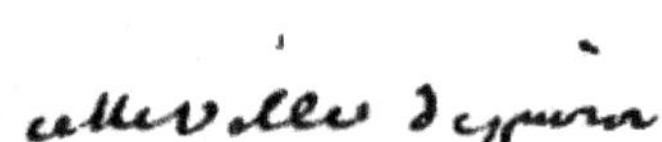

(1694)

7. ....

8. ....

B) *Partant des acquis de l'exercice précédent, saurez-vous reconnaître cette expression employée dans le même contexte géographique ? Attention deux mots sont susceptibles d'être abrégés :*

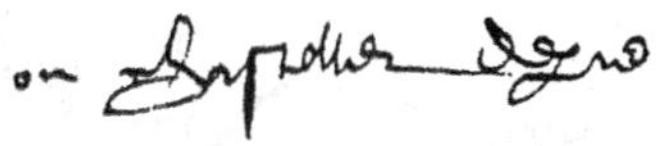

(1538)

1. ....

(1585)

2. ....

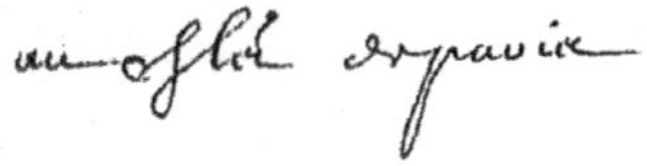

(1641)

3. ....

(1643)

4. ....

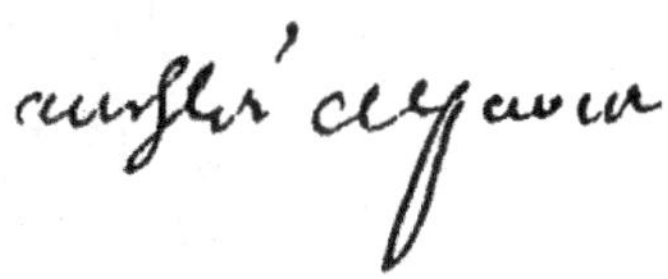

(1650)

5. ....

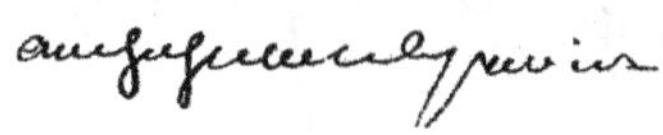

(1685)

6. ....

(1693)

7. ....

(1693)

8. ....

4. Des chiffres et des lettres : le *X*

Transcrivez cette colonne de noms et de chiffres extraite de la lettre X *de l'index d'un registre de la Conciergerie (ca. 1590) conservé aux archives de la Préfecture de Police (AB10). Que remarquez-vous ?*

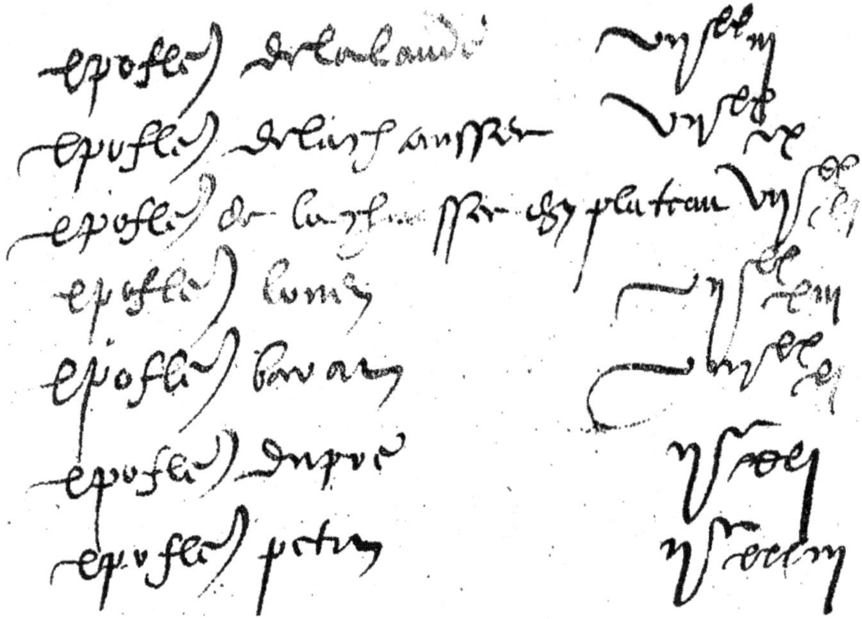

5. Transcription inachevée

❍ ***Bref compte rendu de la Saint-Barthélemy (1572).***
(Archives nationales, KK971)

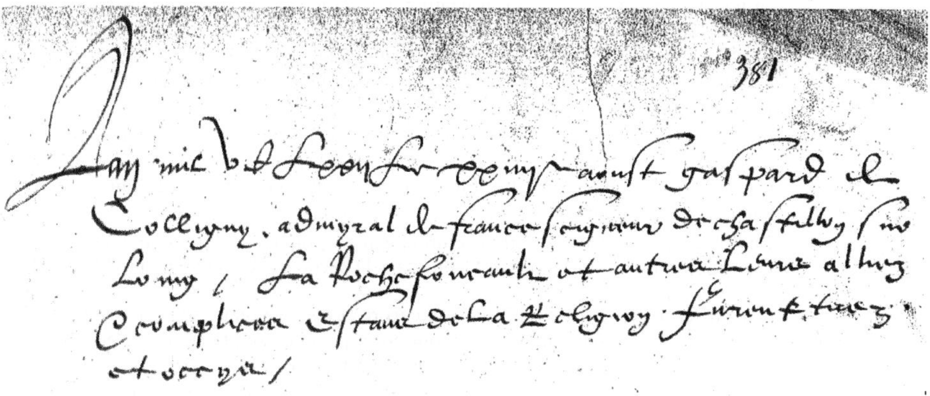

Abréviations utilisées : aucune.

Solutions

1. Exercez votre œil : le *P*

A) Avec le développement de la cursivité, la hampe du *p* tend à se transformer en boucle, de façon à faciliter la ligature avec la lettre suivante. Le *p* se trouve alors déchu de son statut de grande lettre cassant nettement la ligne. Même si ce phénomène n'atteint son ampleur maximale qu'à partir de 1550, comme en témoigne notre deuxième exemple daté de 1577, les prémices en sont déjà bien visibles dans celui de 1464.

Dans les deux textes on trouve la séquence double *p* qui maximise l'effet graphique de ce recroquevillement. Le verbe *apprendre* (1577) montre à quel point le satanisme de la main peut faire du *e* une lettre plus ample que le *p*. Ce cas limite est loin d'être exceptionnel.

On notera qu'au terme de cette évolution le *p* est graphiquement assimilable au *x*, ce dont témoigne la séquence *XX ans* dans la partie barrée du texte de 1577.

B) Le texte de 1531 est d'une cursivité encore assez sage pour montrer les deux états du *p*. *Cappitaines* et *l'exercice* montrent cependant un phénomène déjà entrevu à l'exercice précédent : l'assimilation quasi parfaite du *p* et du *x*.

Le texte de 1564 est plus représentatif des écritures franchement cursives de la seconde moitié du XVIe siècle. Le *p* bouclé y conserve plus d'amplitude que le *x* dont on voit des exemples dans les chiffres romains correspondant au montant de la prisée, mais aussi dans le prénom Christophe, écrit à l'aide du digramme grec *χρ*.

En revanche le texte de 1608 témoigne à nouveau d'une assimilation parfaite entre le *p* et le *x*, comme le montrent les chiffres romains. On notera néanmoins la forme particulière du *x* final de *presidiaux*, surhaussé en l'absence de ligature postérieure.

C) 1 à 3 : *exposans, expos[an]t, exposant* - 4 à 6 : *expresse, expresse, expresses* - 7 à 9 : *excepter.*

2. Abréviations : |per|, |pre|, |pro|

1 à 3 : *permis* - 4 à 6 : *promis* - 7 à 9 : *prevosté* - 10 à 12 : *premier* (l'exemple 12 montre le dernier stade du jambage, réduit à un simple trait - 13 à 15 : *procès* - 16 à 18 : *apartiendra* - 19 à 21 : *auparavant* - 22 à 24 : *pretexte* (les exemples 23 et 24 ont été tracés par la même main à sept ans d'intervalle) - 25 à 27 : *propre.*

3. Géographie : noms de ville (2)

A) La locution *ceste ville de Paris* a vocation à être abrégée comme le serait n'importe quel autre nom de ville pris dans son contexte local. L'abréviation en |par| l'emporte sur l'abréviation par suspension *Par[is]*, plus fréquente au Moyen Âge. L'obsolescence de l'ancien système abréviatif est manifeste à partir du XVIIe siècle, où l'on écrit *Paris* en toutes lettres.

B) La locution *au châtelet de Paris* s'écrivait d'abord *ou châtelet*, l'article contracté *ou* devant être compris comme l'équivalent de *en le*. Dès le XVIe siècle l'article *ou* s'est trouvé assimilé à *au* (à le), tandis que son pluriel *ès* (en les) s'est maintenu dans certaines expressions jusqu'à nos jours.

On notera que sur la longue durée les abréviations par contraction ont fait preuve d'une plus grande résistance que celles en |par|, qui sont de ce fait plus représentatives de l'ancien système abréviatif. Le seul exemple non abrégé (1685) n'est d'ailleurs pas le plus facile à décrypter !

4. Des chiffres et des lettres : le *X*

Christofle Delalande .... VII^{XX}III
Christofle Delachaussée .... VII^{XX}IX
Christofle Delachaussée dit Plateau .... VII^{XX}XI
Christofle Louet .... VII^{XX}XIII
Christofle Barat .... VIII^{XX}XI
Christofle Dupré .... II^{C}XXI
Christofle Petit .... II^{C}XXXIII

Le prénom Christophe est écrit selon l'ancienne orthographe, avec l'abréviation |xp|, c'est-à-dire les lettres grecques χρ ou khi-rhô. On remarquera aussi la forme particulière du t *final qu'on trouve dans trois des noms propres. Les chiffres romains correspondent à 143, 149, 151, 153, 171, 221 et 233. Le* X *de l'alphabet sert aussi bien à noter la lettre que le chiffre.*

On remarquera que le registre est indexé au prénom, et non au nom de famille des individus. C'est seulement à la fin du XVIIe siècle qu'un système nom/prénom (Dupont Jean) se substitue au système nom/surnom (Jean Dupont) qui prévalait jusque-là.

5. Transcription inachevée

❍ ***Bref compte rendu de la Saint-Barthélemy (1572).***

L'an mil V^{C} LXXII le XXIIIIe aoust Gaspard de
Colligny admyral de France, seigneur de Chastillon sur
Loing, La Rochefoucault et autres leurs alliés
et complices estans de la religion furent tuez et
occys.

Cette notule a été rédigée à chaud par le scribe, en fin de registre, pour garder trace d'un événement frappant que l'histoire s'est d'ailleurs bien gardée d'oublier. Cette écriture de facture classique appelle peu de remarques sur le plan paléographique. La forme du R *majuscule sera abordée au parcours 6. On remarquera, en dehors de tout formulaire, un style toujours marqué par l'amplification rhétorique (*alliés et complices*;* tués et occis*).*

Parcours 6

1. Exercez votre œil : le *R*

A) *Repérez les* r *placés au hasard des textes suivants. Quelle est la particularité du* R *majuscule ?*

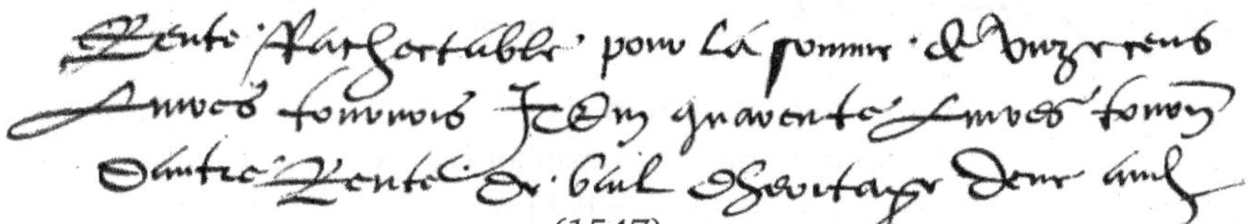

(1547)

rente rachectable pour la somme de unze cens..............
livres tournois, item quarente livres tournois................
d'autre rente de bail d'héritage deue aud...................

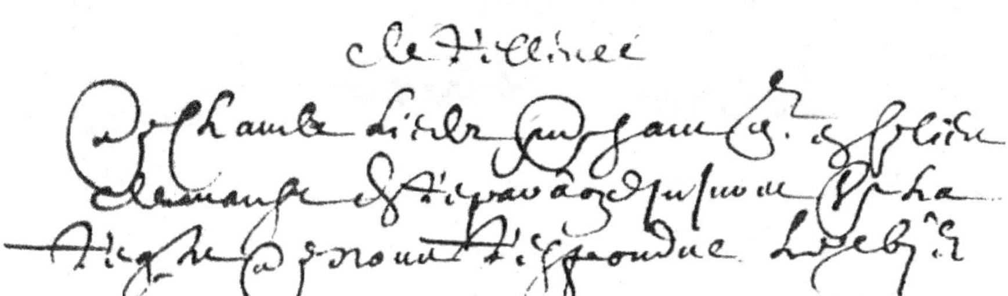

(1641)

de rellevée...
De Claude Liedet marchant demourant en ce lieu ....
demandeur en réparation d'injures suivant la ....
requeste de nous respondue le XVIe........................

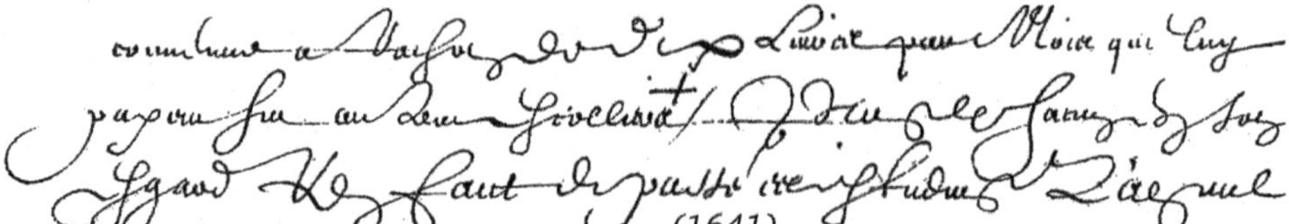

(1641)

convenue à raison de dix livres par mois que luy ....
payent ses autres escolliers. Promettant etc. obligeant chacun en son esgard, renonçant etc. Faict et passé ès estudes etc. l'an mil........

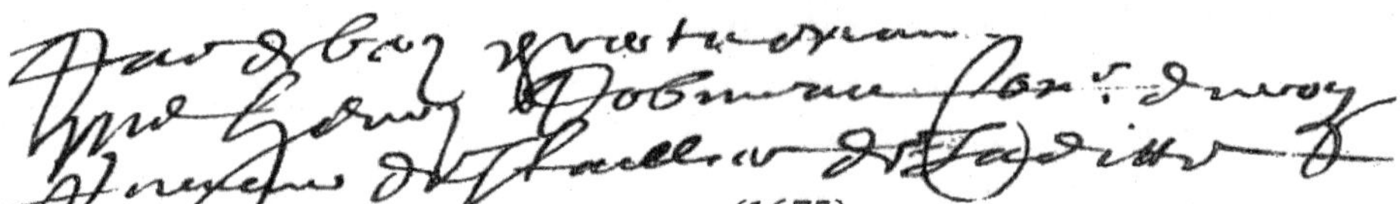

(1675)

rue de Bery en vertu de la... ....
Me Henry Robineau conseiller du roy ....
receveur des tailles de laditte..............................

B) *Transcrivez les mots suivants, où l'on trouve toujours au moins un double* r. *Chaque ligne comporte trois réalisations différentes d'un même mot ; en quoi le groupe* rr *se distingue-t-il du groupe* ro *entrevu dans l'exercice* 1B *du parcours* 2 ?

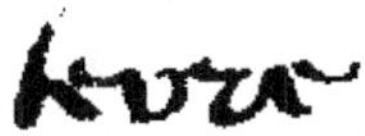

(1474)

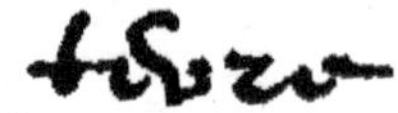

(1610)

(1699)

1. .... **2.** .... **3.** ....

(1547)

(1650)

(1679)

4. .... **5.** .... **6.** ....

(1594)

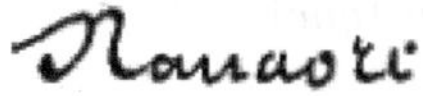
(1605)

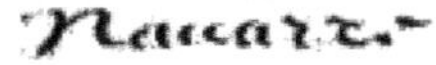
(1659)

7. .... 8. .... 9. ....

(1518)

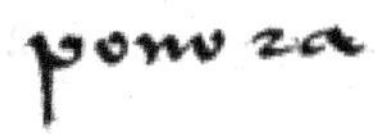
(1547)

(1572)

10. .... 11. .... 12. ....

2. Abréviations : |que|

A) *Saurez-vous reconnaître ces composés de* quel, *tous munis d'une abréviation en* |que| *et classés par ordre chronologique ?*

(1508)

(1568)

(1577)

1. .... 2. .... 3. ....

(1594)

(1608)

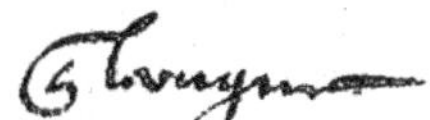
(1613)

4. .... 5. .... 6. ....

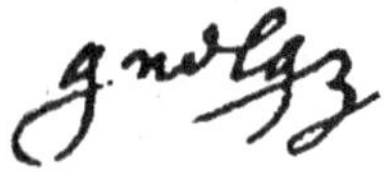
(1638)

(1650)

(1706)

7. .... 8. .... 9. ....

B) *Transcrivez ces trois exemples avec la même expression comportant l'abréviation |que| :*

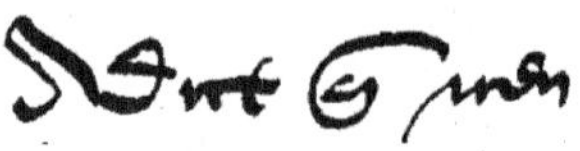

(1560)

(1613)

1. .... 2. ....

(1613)

3. ....

3. Géographie : rues de Paris

A) *Transcrivez le nom des rues de Paris qui suivent. Profitez-en pour observer la manière dont est traité le* r *initial. Attention certaines d'entre elles (n°3, 4, 7, 11, 23) ont disparu ou changé de nom !*

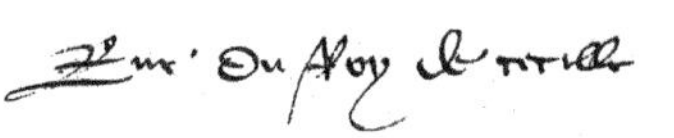

(1547)

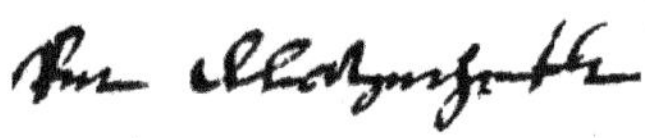

(1560)

1. .... 2. ....

(1572)

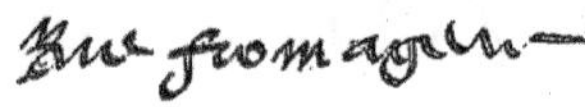

(1572)

3. .... 4. ....

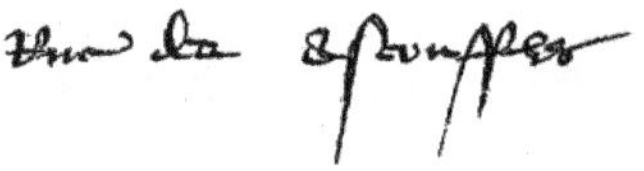

(1585)

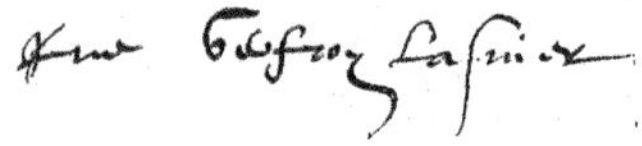

(1585)

5. .... 6. ....

(1620)

(1620)

7. .... 8. ....

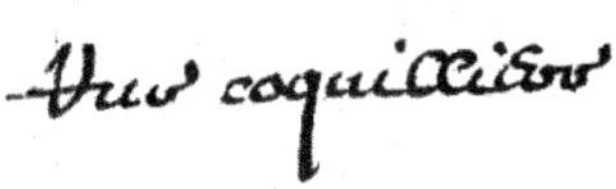

(1622)

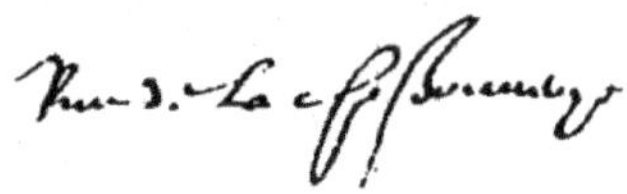

(1626)

9. .... 10. ....

(1627)

(1636)

11. .... 12. ....

(1639)

(1639)

13. .... 14. ....

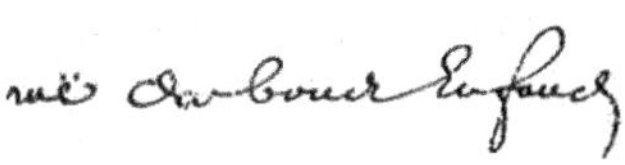

(1639)

(1641)

15. .... 16. ....

(1641)

(1641)

17. .... 18. ....

(1650)

(1651)

19. ....

20. ....

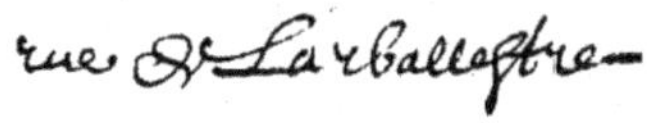

(1659)

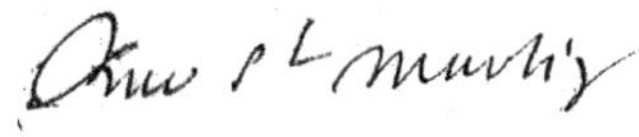

(1670)

21. ....

22. ....

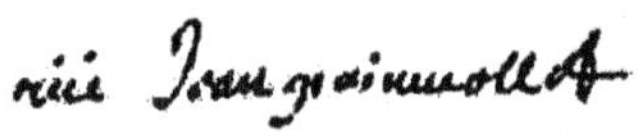

(1693)

(1693)

23. ....

24. ....

(1693)

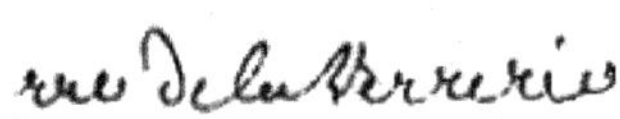

(1696)

25. ....

26. ....

(1696)

(1696)

27. ....

28. ....

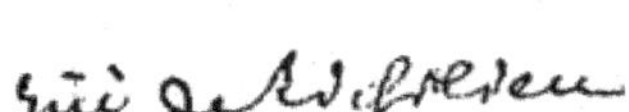

(1720)

(1720)

29. ....

30. ....

4. Des chiffres et des lettres : prix et mesures (1)

Transcrivez cet extrait de la Mercuriale de Paris, conservée aux Archives nationales (KK964). Les chiffres romains servent à noter le prix et les quantités de blé vendues le 22 août 1545 :

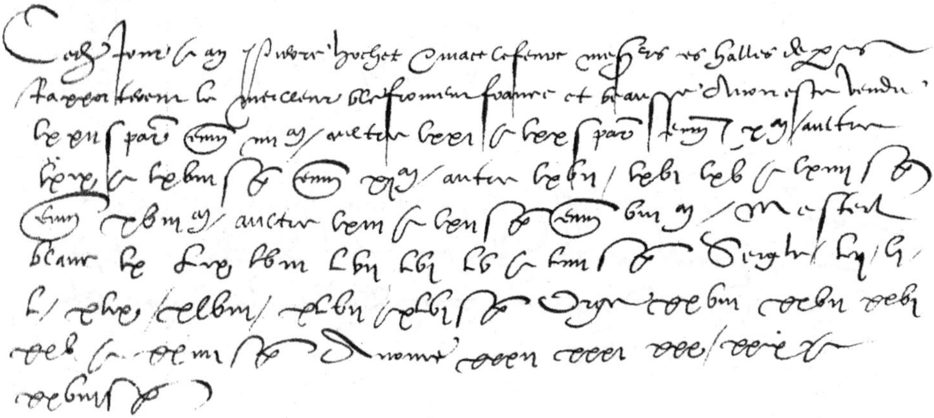

Ced. jour et an Pierre Hochet et Macé Lefèvre mesureurs ès halles de Paris rapportèrent le meilleur blé froment France et Beausse avoir esté vendu LXXII s. par. environ IIII muids, aultre..

5. Transcription inachevée

❍ ***Écrou de Bernard Palissy, prisonnier à la Conciergerie (1588).***
(Préfecture de police, AB10)

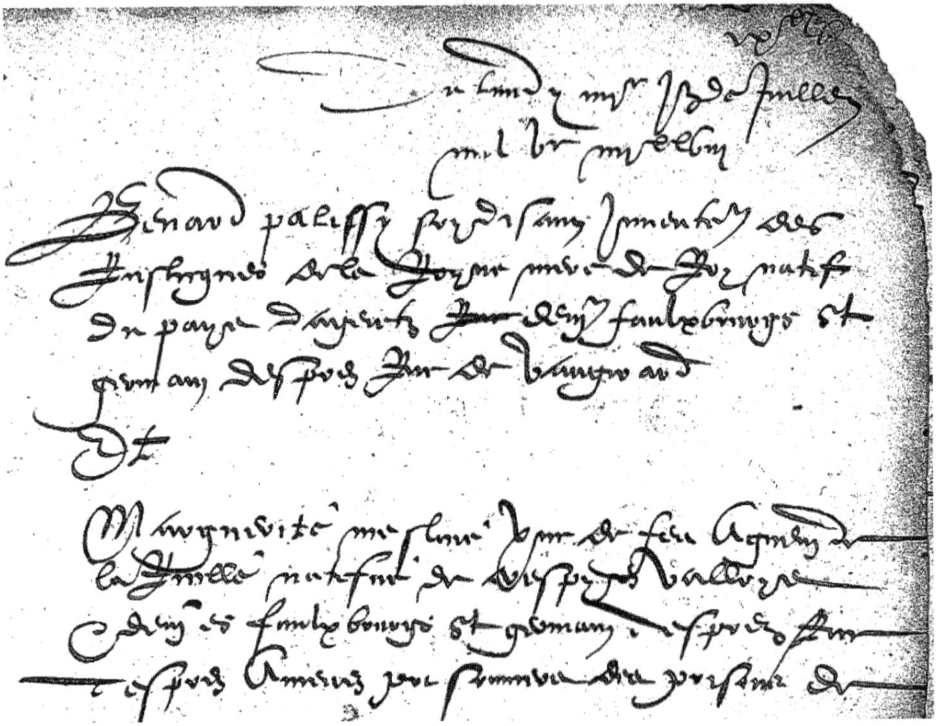

Abréviations utilisées : par suspension, *v* barré, |ur|, |er|.

....

....

....

....

....

....

....

....

....

....

....

Solutions

1. Exercez votre œil : le *R*

A) L'ancien *R* majuscule se distingue du nôtre par sa barre horizontale, et non diagonale. Il peut être agrémenté d'un empattement qui peut être assez prononcé comme on le voit dans l'exemple de 1547. Dans ses variantes cursives, assez déroutantes quand on n'en a pas l'habitude, le *R* majuscule affecte la forme d'un *V* typographique qui serait barré horizontalement (1641 *bis*, 1675).

B) 1 à 3 : *terre* - 4 à 6 : *derrière* - 7 à 9 : *Navarre* - 10 à 12 : *pourra*.

Dans sa forme la plus classique, le double *r* fait succéder un *r* anguleux à un *r* bouclé. La difficulté d'une ligature entre les deux *r* explique cette différence de traitement. Le premier *r* se lie plus facilement avec la voyelle qui précède. Son affinité est particulièrement forte avec le *e*, le digramme *er* ayant une personnalité affirmée. La liaison est moins facile avec le *a*, comme le montre l'exemple n°9 où les deux *r* sont traités à l'identique.

Le *o* et le *r* bouclé sont deux lettres analogues pour certains scribes, qui tracent le groupe *ro* sans faire de différence entre les deux, comme on a vu au parcours 2 avec *droict* ou *procureur*. Ce ne serait pas le cas avec un double *r*. Deux lettres différentes peuvent ainsi épouser la même forme, au contraire d'une lettre double !

2. Abréviations : |que|

A) 1 : *de laquelle* - 2 : *quelque* - 3 : *lesquelz* - 4 : *quelzques* - 5 : *duquel* - 6 : *quelconque* - 7 : *quelquez* - 8 : *lequel* - 9 : *laquelle*.

B) 1 et 2 : *a dict que non* - 3 : *a dict que non et qu'il ne sçait que c'est* .

On notera que les abréviations |que| avec un tilde et |qui| avec un *i* suscrit tendent à se confondre en ligature, même si |qui| comporte une cassure plus apparente.

3. Géographie : rues de Paris

1 : *rue du Roy de Cecille* (de Sicile) - 2 : *rue de la Huchette* - 3 : *rue de la Mortellerie* (aujourd'hui rue de l'Hôtel-de-ville) - 4 : *rue Fromagère* (ou rue de la Fromagerie, aux Halles) - 5 : *rue des Escouffes* - 6 : *rue Geofroy l'Asnier* - 7 : *rue de l'Homme Armé* (partie de la rue des Archives actuelle) - 8 : *rue de la Verrerye* - 9 : *rue Coquillière* - 10 : *rue de la Cossonerye* (où l'on notera le traitement du double s en ß) - 11 : *rue Pierre au Poisson* (proche du Châtelet) - 12 : *rue Simon Lefranc* - 13 : *rue aux Ours* - 14 : *rue des Bons Enfans* - 15 : *rue des Bons Enfans* - 16 : *rue Michel le Comte* - 17 : *rue Aubry le Boucher* - 18 : *rue de la Huchette* - 19 : *rue des Prouvaires* - 20 : *rue des Roziers* - 21 : *rue de l'Arballestre* - 22 : *rue St. Martin* - 23 : *rue Jean Pain Mollet* (proche la Grève, sous la rue de Rivoli actuelle) - 24 : *rue Sainte Croix de la Bretonnerie* - 25 : *rue Coq Héron* - 26 : *rue de la Verrerie* - 27 : *rue de la Feronnerie* - 28 : *rue Brisemiche* - 29 : *rue de Richelieu* - 30 : *rue de Bracq*.

4. Des chiffres et des lettres : prix et mesures (1)

Ced. jour et an Pierre Hochet et Macé Lefèvre mesureurs ès halles de Paris
rapportèrent le meilleur blé froment France et Beausse avoir esté vendu
LXXII s. par. environ IIII muids, aultre LXXI et LXX s. par. environ X muids, aultre
LXIX et LXVIII s. par. environ XI muids, aultre LXVII, LXVI, LXV et LXIIII s. par.
environ XVIII muids, aultre LXIII et LXII s. par. environ VIII muids, mesteil
blanc LX, LIX, LVIII, LVII, LVI, LV et LIIII s. p., seigle LII, LI,
L, XLIX, XLVIII, XLVII et XLVI s.p., orge XXVIII, XXVII, XXVI,
XXV et XXIIII s.p., avoine XXXII, XXXI, XXX, XXIX et
XXVIII s.p.

À Paris et dans bien d'autres régions de France, les céréales étaient mesurées en muids valant douze setiers de douze boisseaux chacun, d'un volume variable selon les lieux et la nature du grain. À la mesure de Paris le setier de blé froment, méteil ou seigle valait 152 litres, et le muid douze fois plus soit 1,83 m^3. Le muid ou setier d'avoine était deux fois plus volumineux.

100 livres tournois valaient 80 livres parisis. Il s'agit là d'un taux de conversion constant entre ces deux monnaies de compte. On se rappellera que les monnaies circulantes ne portaient aucune valeur faciale et que leur cours en sous et livres était déterminé par voie d'ordonnance. Jusqu'en 1568, les prix de la mercuriale de Paris sont indiqués en monnaie parisis, avant de passer en monnaie tournois. Si cette date peut être retenue comme celle de la victoire de la livre tournois, la livre parisis ne disparaît pas complètement des actes de la pratique, ne serait-ce que parce que les cens seigneuriaux établis au Moyen Âge, réputés immuables, ont été libellés en monnaie parisis.

5. Transcription inachevée

❍ ***Écrou de Bernard Palissy, prisonnier à la Conciergerie (1588).***

Du lundy IIIIe jo[ur] de juillet
mil V^{C} IIII^{XX}VIII

Benard Palissy, soy disant invente[ur] des
rusticques de la Royne mère du Roy, natif
du pays d'Agenetz dem. faulxbourgs St.
Germain des Prez rue de Vaugirard

Et

Marguerite Mesline, v[ef]ve de feu Agnien de
La Ruelle, natifve de Crespy en Valloys
et dem. ès faulxbourgs St.Germain des Prez rue
des Prez amenez prisonniers des prisons de

On ne présente pas Bernard Palissy, même si on ignore souvent qu'il finit sa vie comme prisonnier politique dans les temps troublés de la Ligue. Agenetz, *qu'on écrirait aujourd'hui* Agenais, *désigne la région d'Agen. La formule* soi-disant *n'a pas ici le sens dépréciatif qu'elle peut avoir de nos jours ; elle indique seulement que le titre* d'inventeur des rustiques *est consigné dans le registre sans que cette mention engage la responsabilité du greffier. En l'occurrence Bernard Palissy en avait été officiellement décoré en 1563. Grammaticalement il s'agit d'une forme réfléchie, par opposition à l'adjectif* prétendu *qu'on trouve dans des expressions telles que la* Religion prétendue réformée, *ou RPR.*

Dans la continuité des exercices précédents, on admirera les R *majuscules assez nombreux dans ce texte, tout aussi recommandable par la régularité de son écriture. On n'y relève aucun débordement de cursivité sauf dans la séquence* jour de *que l'on comparera utilement avec son homologue* inventeur des, *où l'abréviation* |ur| *ne subit plus les effets de la ligature. On a transcrit* veufve, *écrit avec un v barré, sur le modèle de* natifve.

Parcours 7

1. Exercez votre œil : le *T*

A) *Repérez les* t *distribués au hasard des textes suivants. Prenez le temps d'examiner l'influence des ligatures postérieures sur la barre du* t *:*

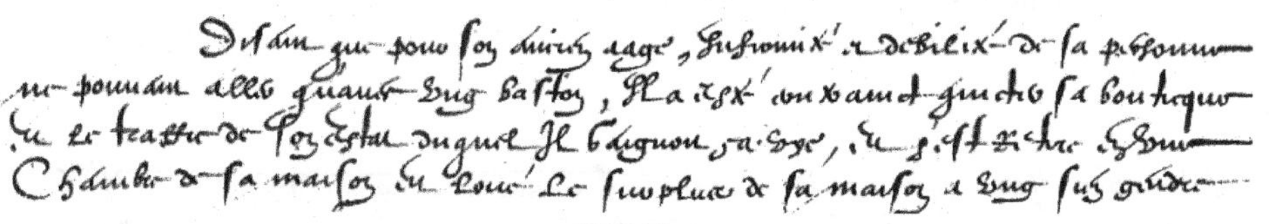

(1592)

disant que pour son ancien aage, infirmité et debilité de sa personne.............
ne pouvant aller qu'avec ung baston, il a esté contrainct quicter sa bouticque.....
et le traffic de son estat duquel il gaignoit sa vye, et s'est retiré en une...........
chambre de sa maison et loué le surplus de sa maison à un sien gendre..........

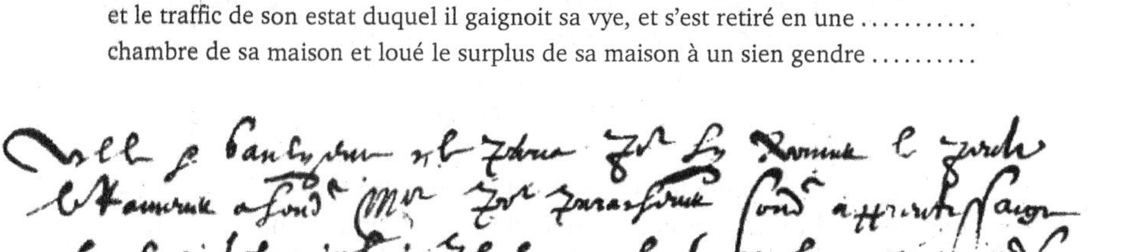

(1601)

ville et banlyeue de Paris pour sy trouver le peult.......................
le ramener à sond. maistre pour parachever sond. apprentissaige.......
et l'a led. Jehan Colin pleuvy de toute loyauté et preudhommie.........

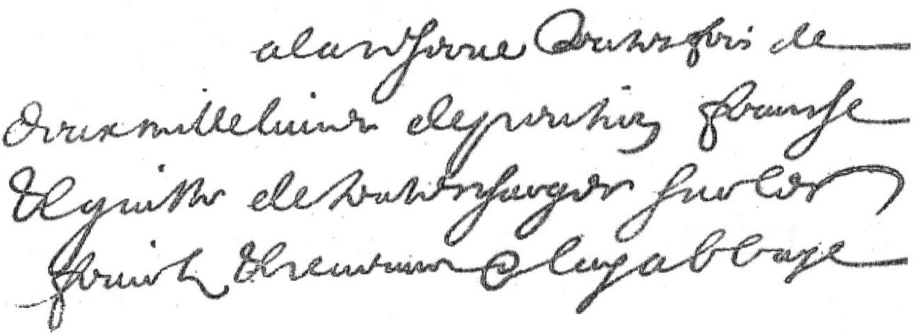

(1644)

à la reserve toutesfois de
deux mille livres de pention franche
et quitte de toutes charges sur les
fruictz et revenus de lad. abbaye

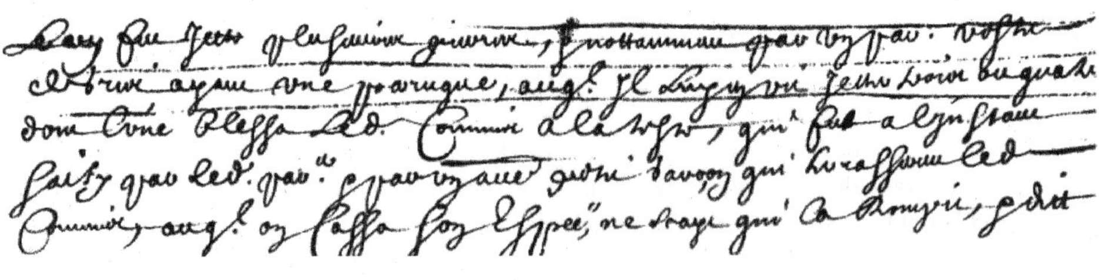

(1668)

luy fut jetté plusieurs pierres, et notamment par un particulier vestu
de gris ayant une perruque, auquel il luy en vit jetter trois ou quatre
dont l'une blessa led. commis à la teste, qui fut à l'instant
saisy par led. particulier et par autre petit garçon qui terrassèrent led.
commis auquel on cassa son espée, ne sçayt qui la rompit, et dit

2. Abréviations : le |9| ou neuf tironien

Transcrivez les mots suivants, tous munis d'un |9| ou neuf tironien, ayant même valeur que le latin cum. *Chaque ligne comporte trois réalisations différentes d'un même mot. Que remarquez-vous sur la position du |9| ?*

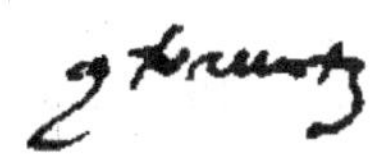

(1560)

(1580)

(1590)

1. .... **2.** .... **3.** ....

(1466)

(1557)

(1641)

4. .... **5.** .... **6.** ....

(1547)

(1558)

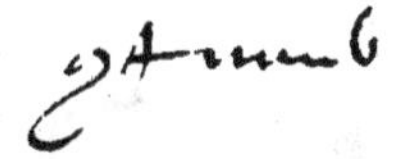

(1598)

7. .... **8.** .... **9.** ....

(1518)

(1520)

(1560)

10. .... **11.** .... **12.** ....

(1481)

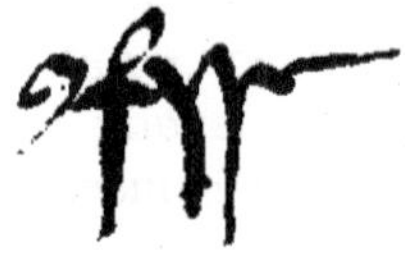

(1568)

(1576)

13. .... **14.** .... **15.** ....

(1518)

(1560)

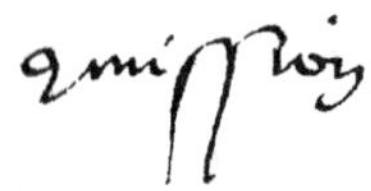

(1572)

16. .... **17.** .... **18.** ....

3. Géographie : noms de villes (3)

A) *Transcrivez le nom des villes françaises dont les noms suivent. Attention, toutes sont abrégées ! Pour vous aider, sachez que les n°1 à 6 se situent dans la banlieue parisienne, les n°7 à 9 entre Seine et Loire, les n°10 à 12 au sud-ouest de la France :*

(1486)

(1510)

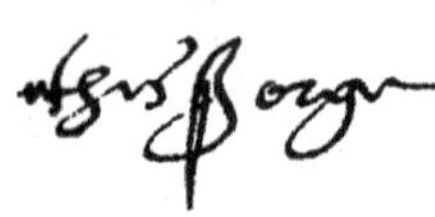

(1531)

1. .... **2.** .... **3.** ....

(1554)

(1564)

(1568)

4. .... **5.** .... **6.** ....

(1403)

(1565)

(1575)

7. .... **8.** .... **9.** ....

(1537)

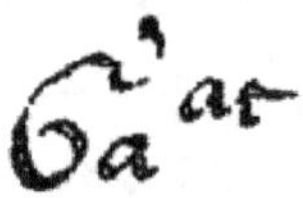
(1575)

(1594)

10. .... **11.** .... **12.** ....

B) *Devinez quelle ville se trouve à la fin de cette expression comportant trois mots abrégés :*

(1510)

....

4. Des chiffres et des lettres : la livre tournois (2)

Transcrivez la colonne de chiffres à droite de cette facture adressée à un seigneur en 1791. Vous vérifierez si le compte de chaque ligne est juste !

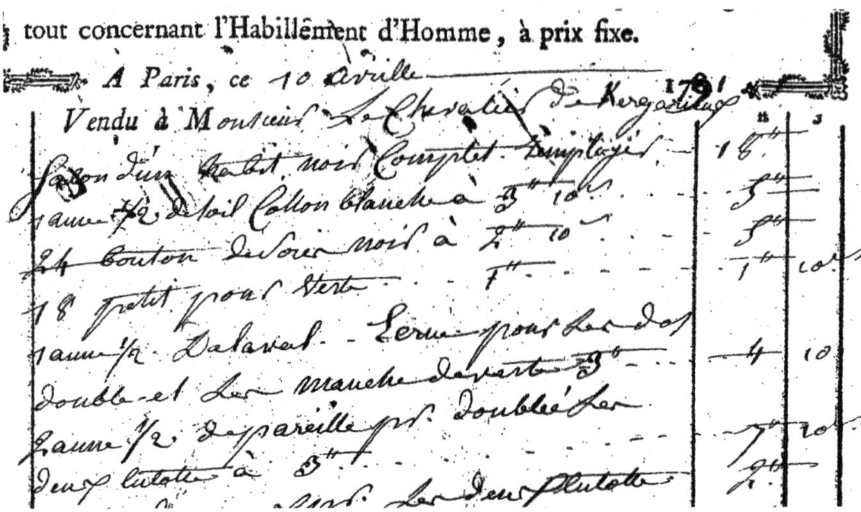
tout concernant l'Habillement d'Homme, à prix fixe.

A Paris ce 10 avrille 1791 . . . .

Vendu à Monsieur le chevalier de Kergarieux. . . . .

Façon d'un habit noir complet remployer . . . . 18#. . .

1 aune 1/2 de toil cotton blanche à 3# 10 s. . . . .

24 bouton de soies noir à 2# 10 s. . . . .

18 petit pour veste 1# . . . .

1 aune 1/2 de Laval écrue pour les dos . . . .

doublé et les manches de veste 3# . . . .

2 aune 1/2 de pareille pour doublée les . . . .

deux culotte à 3# . . . .

5. Transcription inachevée

❍ ***Jugement civil (1630).***

(Archives dép. du Val-de-Marne, 2E CXXXIV)

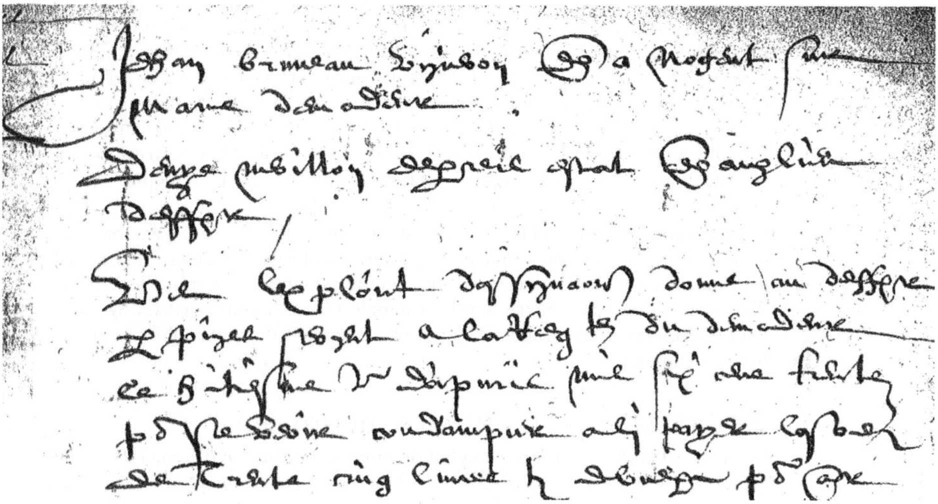

Abréviations utilisées : par contraction, par suspension et/ou exposant, |par|, |tion|, |ur|.

Jehan Bruneau vigneron dem. à Nogent sur ....

Marne demandeur ; ....

Denys Merillon ....

....

....

....

....

....

....

Solutions

1. Exercez votre œil : le *T*

A) Le premier texte, avec son écriture régulière, illustre certaines particularités du *t*, que l'on retrouvera exacerbées dans d'autres écritures plus cursives. On remarque d'abord une opposition entre le *t* final, traité comme un jambage, et le *t* en milieu de mot, qui monte beaucoup plus haut au-dessus de la ligne (*estat* montre bien la différence entre les deux). On voit d'autre part l'émergence de ligatures *te* ou *tr* d'un nouveau type (*infirmité, contrainct*), où la barre du *t* est attirée en ligature par la voyelle. Typiquement ces ligatures affectent la forme d'une croix de Saint-André, pour ne pas dire d'un X. Dans le texte de 1592, le cas n'est pas encore général (*traffic*). Celui de 1601, plus cursif que le précédent, montre encore de très beaux exemples de ligatures en croix (*trouver, loyauté*).

Quand l'écriture devient plus ronde et plus cursive, la barre du *t* descend plus bas encore, de façon à favoriser la ligature postérieure. Le digramme *to*, étant donné l'aptitude du *o* à s'ouvrir, acquiert ainsi une physionomie remarquable, comme dans le texte de 1644. Notre dernier exemple (1668) montre que les ligatures *te* et *tr* conservent leur originalité, tout en s'éloignant du type sophistiqué de la ligature en croix.

2. Abréviations : le |9| ou neuf tironien

Le |9| se situe de préférence en début de mot, ce qui n'a rien d'étonnant dans la mesure où il se substitue à la préposition latine *cum* qui servait à former des mots composés.

1 à 3 : *contrainctz* (l'exemple 3 présente une belle ligature *tr* en X) - 4 à 6 : *contenu* - 7 à 9 : *continuer* - 10 à 12 : *conseil* - 13 à 15 : *confesse* ou *confessé* - 16 à 18 : *commission*.

3. Géographie : noms de ville (3)

A) 1 : *Conflans* - 2 : *Charronne* - 3 : *Athis-sur-Orge* - 4 : *Charenton* - 5 : *Argenteul* - 6 : *Pereulx* (Le Perreux) - 7 : *Orléans* - 8 : *Chartres* - 9 : *Chateaudun* - 10 : *Bourdeaux* - 11 : *Gaillac* - 12 : *Thoulouse*.

On se rappellera que ces abréviations sont utilisées dans un contexte local, et que leur aire de diffusion est limitée.

B) Chevalier de l'ordre de Saint Jehan de Jherusalem.

4. Des chiffres et des lettres : la livre tournois (2)

À Paris ce 10 avrille 1791
Vendu à Monsieur le chevalier de Kergarieux

Façon d'un habit noir complet remployer...18#...
1 aune 1/2 de toil cotton blanche à 3# 10 s..5#...
24 bouton de soies noir à 2# 10 s...5#...
18 petit pour veste 1#...1# 10 s.
1 aune 1/2 de Laval écrue pour les dos doublé et les manches de veste 3#..........4# 10s.
2 aune 1/2 de pareille pour doublée les deux culotte à 3#..........................7# 10 s.

Les comptes de notre marchand tombent juste, sauf la première ligne, sachant qu'un livre vaut vingt sous : 3# 10 s. valant 3,5 sols, une aune et demie vaudra 5,25#, prix arrondi ici à 5# au lieu des 5# 5 s attendus. Le prix des boutons est calculé à la douzaine, soit 2,5 multiplié par 2, puis 1 multiplié par 1,5 à la ligne suivante. La toile de Laval est vendue 3 x 1,5 = 4,5 soit 4# 10 s. Enfin 3 x 2,5 font 7,5 soit 7# 10 s.

5. Transcription inachevée

❍ ***Jugement civil (1630).***

Jehan Bruneau vigneron dem. à Nogent sur
Marne demandeur ;
Denys Merillon de p[ar]eil estat dem. aud. lieu
deff[endeu]r ;
Veu l'exploit d'assigna[ti]on donné au deff[endeu]r
p[ar] Piget sergent à la req[ues]te du demandeur
le huitiesme jo[ur] d'apvril mil six cens trente
po[ur] se veoir condampner à lui payer la so[mm]e
de trente-cinq livres tz. d'une p[ar]t po[ur] a[voi]r

Un procès oppose classiquement un demandeur et un défendeur. Leurs qualités figurent ici en tête du jugement, juste avant les considérants. Dans les cas les plus complexes on peut y trouver une longue liste d'exploits, ordonnances ou appointements qui ont jalonné les étapes de la procédure civile.

Du point de vue de la paléographie ce texte de 1630 demeure très classique, ne présentant aucune innovation dans la formation des lettres. La diversité des abréviations employées renforce cette impression d'une écriture conservatrice dans l'ensemble. L'orthographe de condampner, *avec un* p *pseudo-étymologique est même archaïsante.*

Parcours 8

1. Exercez votre œil : les jambages - le *n* final

A) *Repérez les jambages placés au hasard des deux textes suivants (on entend par là les* i/j, m, n, u/v, *et parfois le* c *et même le* t, *notamment en position finale). Quelle différence notez-vous entre le* n *et le* u *quand ils se trouvent en fin de mot ? :*

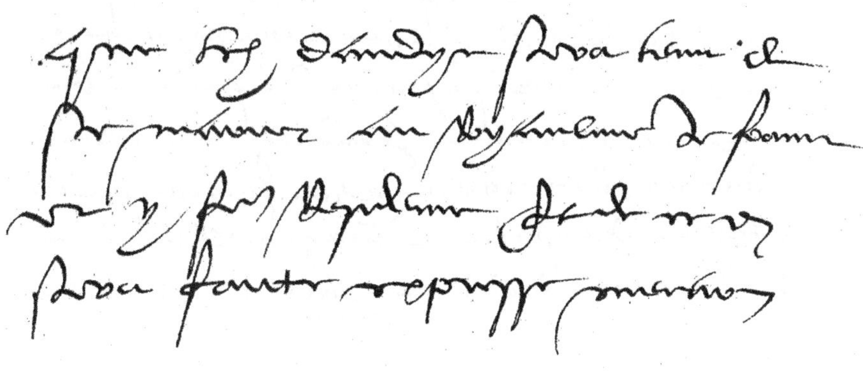

(1542)

que led. Dandye sera tenu de ....

se marier au royaulme de France............................

et y fere residence, et de ce en ....

sera faicte expresse mention ....

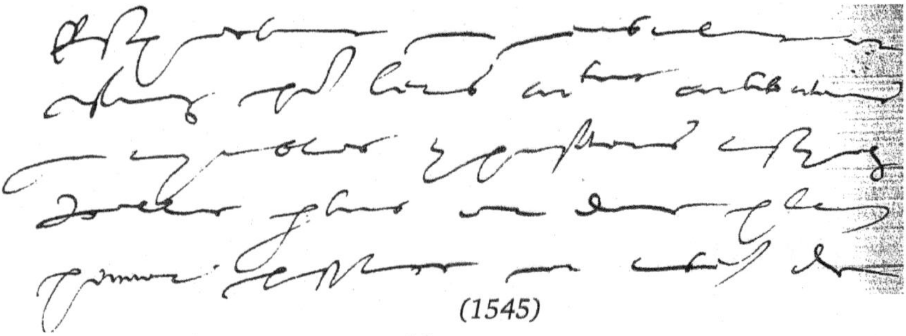

(1545)

respectivement et ensemblement ont ....
esleuz pour leurs arbitres, arbitrateurs ....
et amyables compositeurs, ausquelz ....
icelles parties ont donné plain ....
pouvoir, puissance et authorité de ....

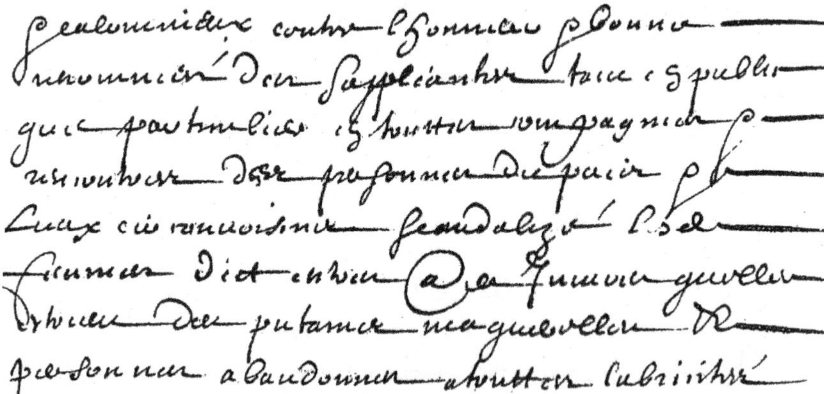

(1641)

et calomnieux contre l'honneur et bonne ....
renommée des suppliantes, tant en public ....
que particulier, en touttes compagnies et ....
rencontres des personnes du païs et ....
lieux circonvoisins, scandalizé lesd ....
femmes, dict entres autres injures qu'elles ....
estoient des putains, maquerelles et ....
personnes abandonnées à touttes lubricités ....

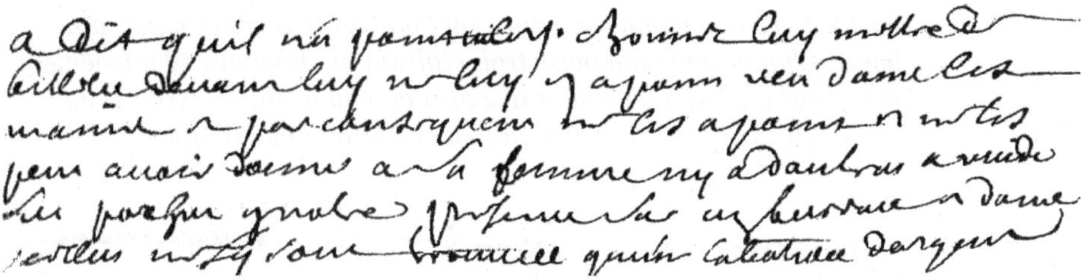

(1720)

A dit qu'il n'a point veu led. Bonnet luy mettre des ....
billets devant luy, ne luy en a point veu dans les ....
mains, et par consequent ne les a point et ne les ....
peut avoir donné à sa femme ny à d'autres, a vuidé ....
ses poches en notre presence sur un bureau et dans ....
icelles ne s'y sont trouvée qu'une tabatière d'argent ....

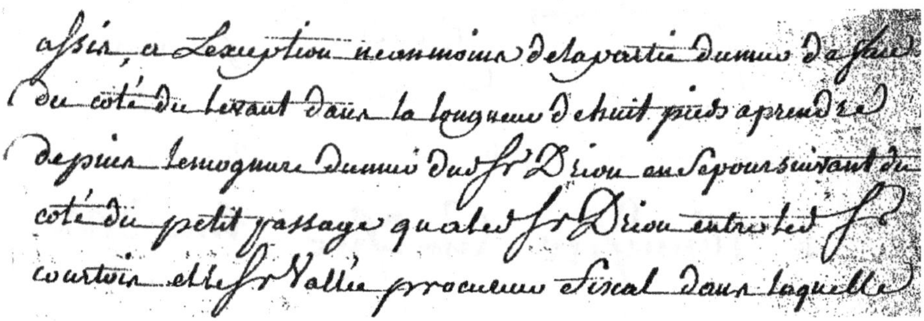

(1775)

assis, à l'exception neanmoins de la partie du mur de face ....
du coté du levant dans la longueur de huit pieds, à prendre ..
depuis l'encognure du mur dud. Sr Driou en se poursuivant du
coté du petit passage qu'a led. Sr Driou entre led. Sr ....
Courtois et le Sr Vallée procureur fiscal, dans laquelle ....

B) *Transcrivez les mots suivants, où l'on trouve de nombreux jambages. Chaque ligne comporte trois réalisations différentes d'un même mot, sauf quelques variantes d'accord ou d'abréviation. Vous noterez le rôle des lettres structurantes qui cassent la monotonie du jambage :*

(1474)

(1575)

(1724)

1. .... **2.** .... **3.** ....

(1537)

(1545)

(1545)

4. .... **5.** .... **6.** ....

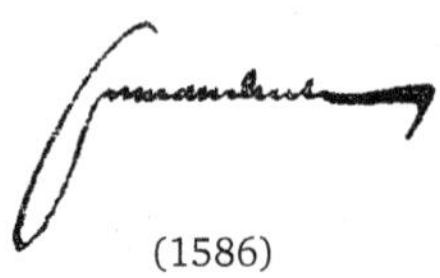
(1586)

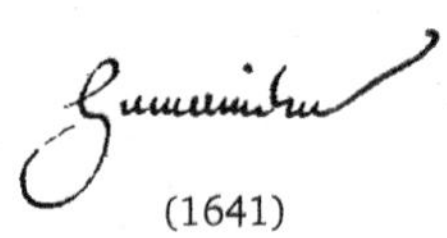
(1641)

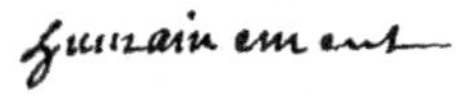
(1702)

7. .... **8.** .... **9.** ....

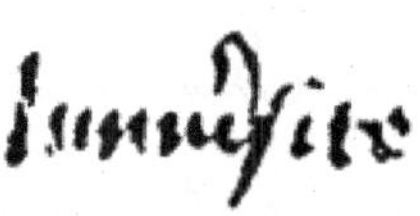
(1431)

(1486)

(1518)

10. .... **11.** .... **12.** ....

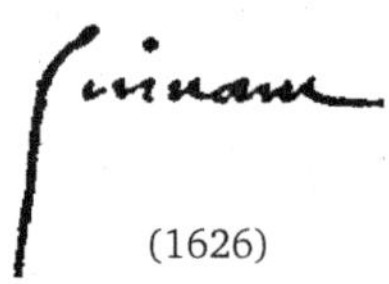
(1626)

(1698)

(1704)

13. .... **14.** .... **15.** ....

C) *Dans cet exercice identique au précédent, les exemples proposés ne diffèrent que par le nombre de jambages : on en trouve quatre au premier mot (n°1 à 3), cinq au deuxième (n°4 à 6), six au troisième (n°7 à 9). Attention ces jambages n'ont pas la même signification d'une ligne à l'autre ! Sachez seulement que le deuxième exemple correspond à un verbe conjugué :*

(1486)

(1531)

(1547)

1. .... **2.** .... **3.** ....

(1513)

(1550)

(1585)

4. .... **5.** .... **6.** ....

(1585)

(1671)

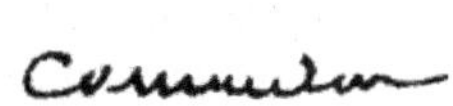
(1693)

7. .... **8.** .... **9.** ....

D) *A la différence du* u, *et ce jusqu'au XVIII*e *siècle où cette habitude devient moins systématique, le* n *plonge en fin de mot. C'est même parfois la seule façon de trancher entre deux possibilités. Voici quelques séquences de mots qui illustrent ce phénomène, à commencer par deux noms de famille que seule la dernière lettre sépare :*

(1655)

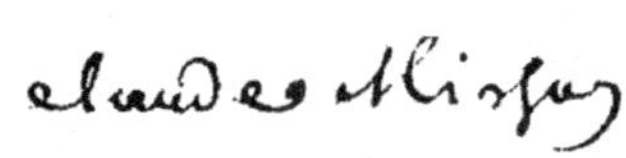
(1693)

1. .... **2.** ....

Cette fois ce sont un nom propre et un lieu-dit, écrits sur la même page par la même main :

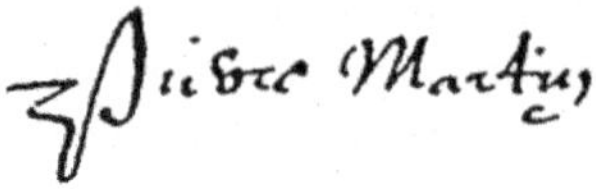

(1626)

(1626)

3. .... **4.** ....

Voici maintenant deux façons d'orthographier le nom d'une même ville de Bourgogne, avec ou sans n *final :*

(1510)

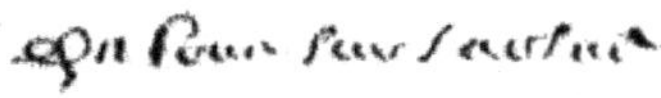

(1659)

5. .... **6.** ....

Puis, dans le désordre, une ville et une province. Où sont les n *et les* u *? Examinez au passage le comportement du* j *:*

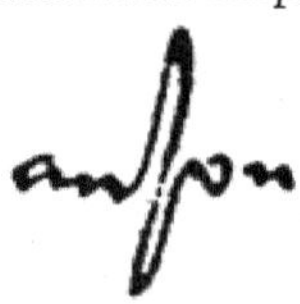

(1518)

(1547)

(1572)

7. .... **8.** .... **9.** ....

Enfin, par analogie, serez-vous capable de trouver le nom de ces personnages ? En quoi la graphie du second est-elle plus moderne ?

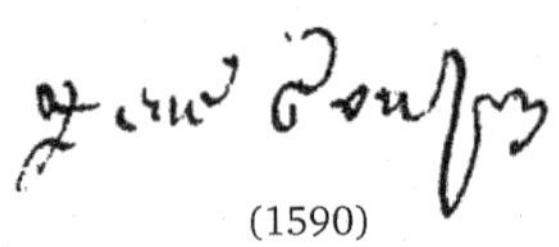

(1590)

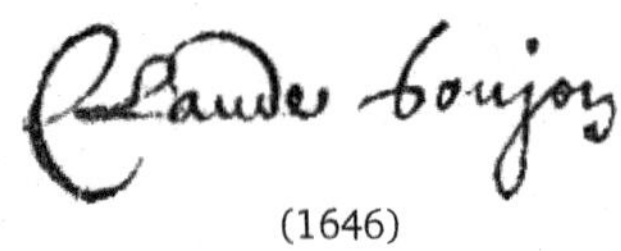

(1646)

10. .... **11.** ....

E) *Voici différentes expressions ou associations courantes qui comprennent des mots se terminant par* u *ou par* n *(en/eu, an/au...). Elles sont classées dans l'ordre chronologique, ce qui explique que des séquences analogues puissent être séparées. Une seule de ces expressions déroge à la règle du* n *qui plonge en fin de mot. Est-ce surprenant ?*

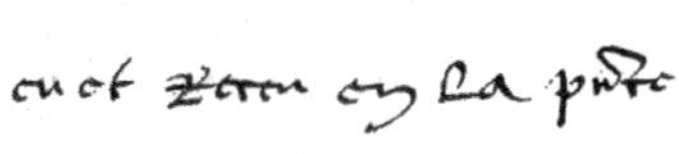

(1547)

1. ....

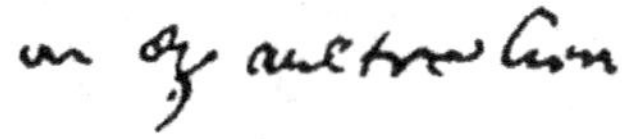

(1560)

2. ....

(1562)

3. ....

(1570)

4. ....

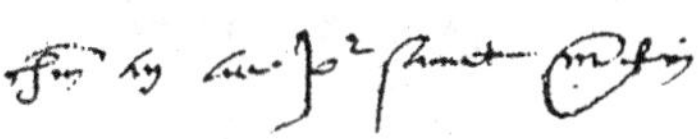

(1577)

5. ....

(1577)

6. ....

(1581)

7. ....

(1610)

8. ....

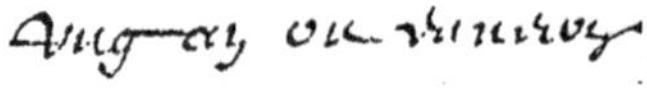

(1635)

(1638)

9. .... 10. ....

(1641)

(1641)

11. .... 12. ....

(1642)

(1650)

13. .... 14. ....

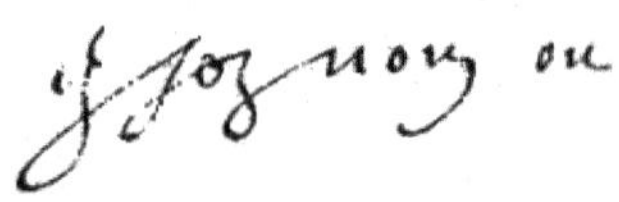

(1663)

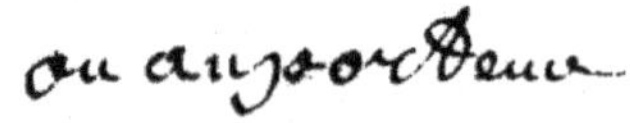

(1677)

15. .... 16. ....

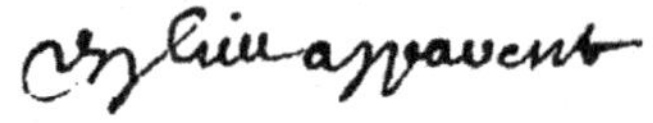

(1693)

(1788)

17. .... 18. ....

2. Abréviations : textes à compléter (1)

On trouvera dans l'exercice suivant des extraits particulièrement riches en abréviations. Les mots abrégés sont exclus de la transcription et remplacés par une case gris clair ou gris foncé en cas d'abréviation double. Les différents types d'abréviations utilisées sont indiqués dans l'encadré. À vous de compléter le texte !

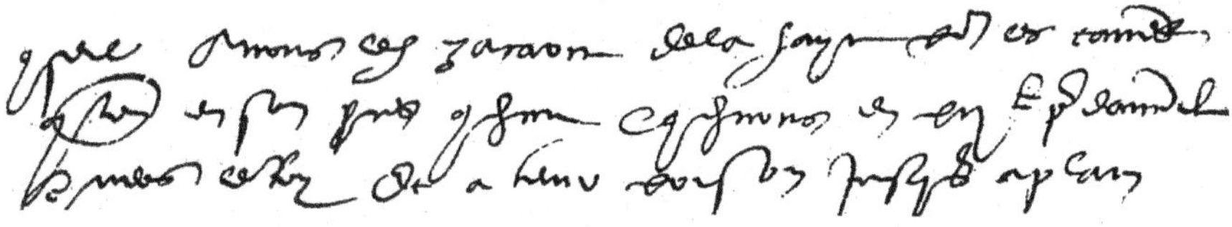

(1524)

Abréviations utilisées : par contraction, par suspension, par tilde (m/n), |ur|, |pro|, |que|, |er|/|re|, *d* barré, |7| tironien, |9| tironien.

[con]seil. Avons led. Zacarie Delahaye ______ les ______ ....

______ en son ______ ______ et ______ en XII ______ d'amende

______ le roy et à tenir prison ______ à plain ....

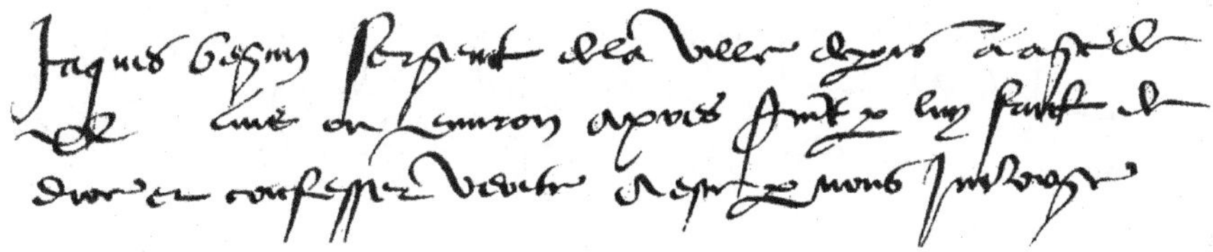

(1532)

Abréviations utilisées : par contraction, |par|, |er|/|re|, *s* barré.

Jaques Beguin sergent de la ville de ______ aagé de.............

XX *(blanc)* ans ou environ, après ______ ______ luy faict de.....

dire et confesser verité a esté ______ nous ______ ....

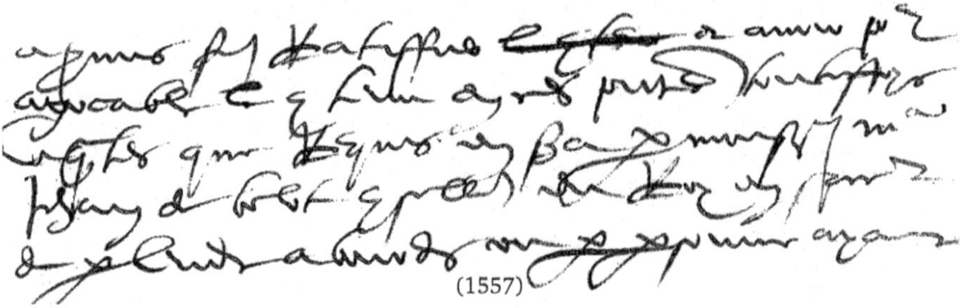

(1557)

Abréviations utilisées : par contraction, par suspension, |ur|, |par|, |pro|, |qu^{a}|, |er|/|re|, *s* barré, |7| tironien, |9| tironien.

a ratiffier et avoir ....
agréable le en ces toutesfoys ....
et que requis en .....
Jehan de Belot du roy en sa ....
de à ou ayant ....

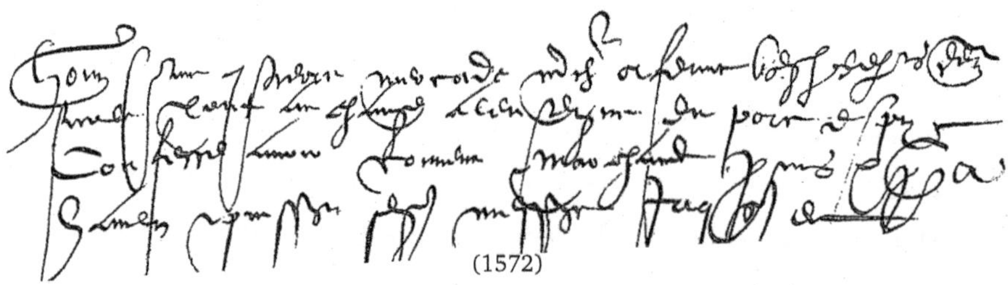

(1572)

Abréviations utilisées : par suspension, par tilde (m/n), |ur|, |par|, |pro|, |er|/|re|, *s* barré, |7| tironien.

Pierre Mercade orfèvre de
sur le pont au Change à l'enseigne du Porc-Espyc ....
confesse avoir convenu marchandé, à..
hault Jacques de ....

3. Géographie : noms de ville (4)

A) *Transcrivez les noms de ville suivants, que l'on connaît aujourd'hui sous une forme légèrement différente. Connaissez-vous leur dénomination actuelle ? Attention les exemples 1 et 2 renvoient à la même ville.*

(1503)

(1645)

1. .... 2. ....

(1613)

(1623)

3. .... 4. ....

(1633)

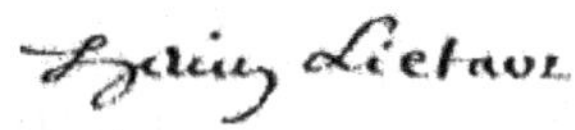

(1659)

5. .... 6. ....

B) *En quoi ces deux noms de ville s'opposent-ils ?*

(1572)

(1580)

1. .... 2. ....

4. Des chiffres et des lettres : la livre tournois (3)

Transcrivez cette colonne de noms et de chiffres extraits d'un document fiscal de 1646. La dernière ligne correspond à un total partiel supérieur au total des lignes que vous avez sous les yeux. À chaque taillable, dont la profession est généralement indiquée, correspond une cote exprimée en chiffres arabes puis en chiffres romains. Sauf exception les montants n'ont pas été rectifiés d'une colonne à l'autre ; sont-ils pour autant exprimés de la même façon ? Que remarquez-vous par ailleurs dans l'ordre des noms ?

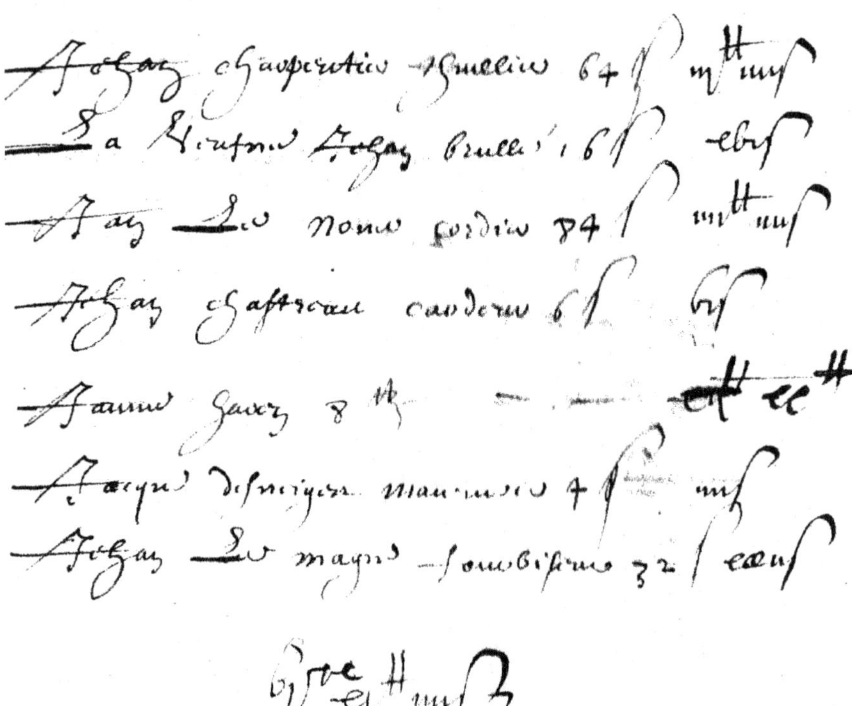

....

....

....

....

....

....

....

Exceptionnellement certaines cotes sont exprimées en deniers. Que peut-on dire des facultés respectives de ces deux contribuables ?

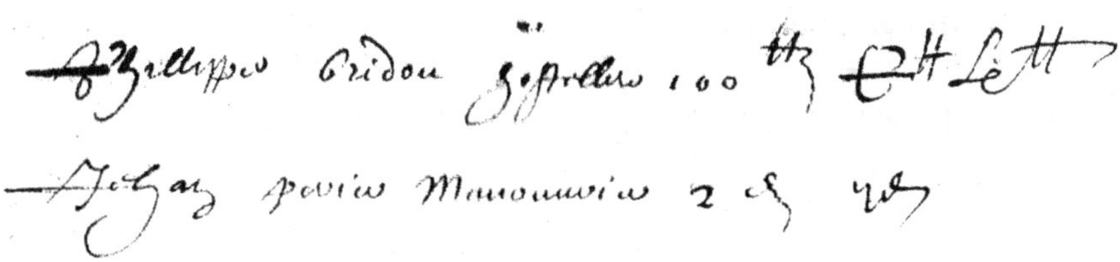

....

....

5. Transcription inachevée

❍ ***Bail d'une maison (1667)*** **-** (Archives nationales, ZZ[1] 361)

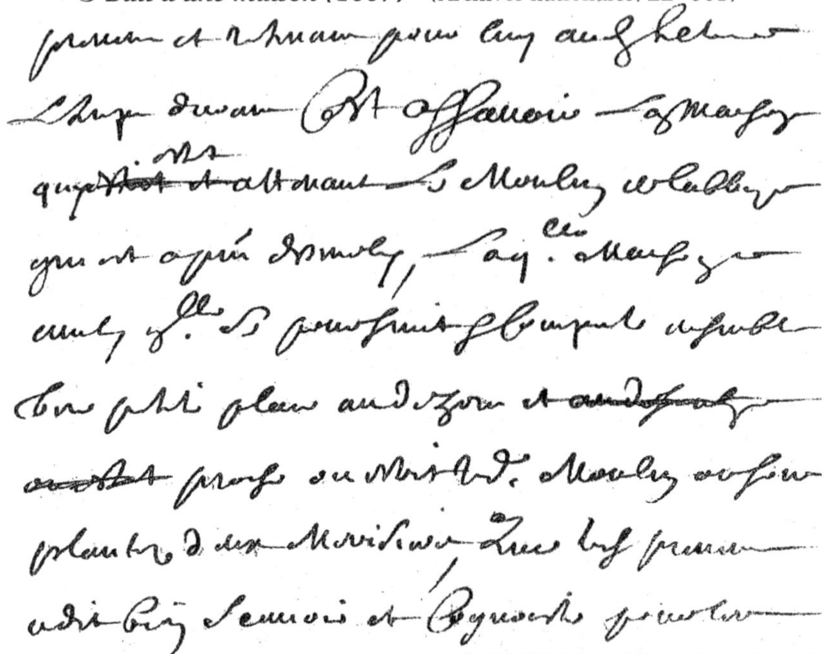

Abréviations utilisées : par suspension (*aud.*, *led.*), par exposant.

preneur et retenant pour luy aud. tiltre........................

le temps durant : ....

....

....

....

....

....

....

....

....

Solutions

1. Exercez votre œil : les jambages - le *n* final

A) Les jambages forment des marais où il est facile de s'enliser et de perdre pied. Un jambage isolé, c'est un *i* (le plus souvent non pointé), mais des jambages ? Ils déroutent par leur plasticité et leur aptitude à se combiner entre eux, tantôt consonnes, tantôt voyelles, le plus souvent un mélange des deux. Ils sont l'unique atome servant à combiner des lettres telles que le *i* (et le *j*), le *u* (et le *v*), le *m*, le *n*, et bien souvent le *t* final. On peut craindre leur profusion quand il s'agglutinent en molécules et qu'aucune lettre structurante ne vient les séparer.

Les écritures du XVIe siècle laissent parfois filer le jambage. C'est la principale différence entre le texte de 1542 et celui de 1545, où la stylisation du trait atteint des proportions inédites. Pour autant dans les deux cas, ce sont les hampes du *p*, les hastes du *t*, la vigueur du *s* droit et la respiration apportée par le *e* qui facilitent la lecture globale du mot. Ainsi le jambage peut être considéré comme une sorte de bruit, qui peut être traité comme tel sans déperdition majeure. On remarquera que dans l'exemple de 1545 les abréviations (|ur|, |9|) permettent de faire l'économie de certains jambages tout en rendant l'écriture plus saillante.

Si les écritures plus tardives ne laissent pas filer le jambage, elles tombent dans l'excès inverse qui consiste à réduire les autres lettres qui en brisaient la monotonie. On ne gagne pas toujours au change, quand dans un contexte global de modernisation de l'écriture le *l* est réduit à une petite boucle, ou que le *e* et le *s* en viennent à perdre leurs traits saillants. Circonstance aggravante, comme on le verra au parcours 9, une certaine tendance à lier les mots entre eux peut rendre les écritures de la fin du XVIIe siècle aussi coriaces que celles du siècle précédent.

Chaque texte a sa personnalité : dans celui de 1641 le *i* est pointé ; en revanche la distinction entre *i* et *j* n'est pas encore faite, ce qui conserve au mot *injure* son allure classique en paléographie : le *i* voyelle initial est traité comme une grande lettre, et le *i* consonne en milieu de mot comme un simple jambage. Le *e* et le *s* conservent également leur propriétés, même si leur mode de réalisation a évolué par rapport au siècle antérieur, et que le *s* apparaisse parfois sous ses traits moderne.

Le texte de 1720 présente le calibrage plus étroit typique de la période suivante, avec une tendance accrue à lier les mots entre eux. On remarque qu'un trait essentiel du *n* final, qui est de plonger en fin de mot, se maintient encore (comparer *en* et *veu* à la deuxième ligne). En 1775 on est déjà sorti de l'âge paléographique : le *n* cesse de plonger en fin de mot, au point qu'on peut se demander si le personnage cité s'appelle *Driou* ou *Drion*. La réduction des lettres à la faveur du calibrage de la ligne donne cependant l'impression d'une plus grande profusion de jambages : dans *encognure* le groupe *co* a perdu beaucoup de sa personnalité.

B) 1 à 3 : *gouvernement* (les exemples 1 et 2 sont abrégés par tilde) - 4 à 6 : *instrument, instrumens, instrument* (les exemples 5 et 6 ont été tracés par la même main, mais ne présentent pas le même niveau de cursivité) - 7 à 9 : *humainement* - 10 à 12 : *l'univ[er]sité* (l'article fait corps avec le mot, tous les exemples présentés étant également abrégés en |er|) - 13 à 15 : *suivant.*

C) 1 à 3 : *couvent* - 4 à 6 : *convient* - 7 à 9 : *comment.*

D) 1 : *Silvin Michou* - 2 : *Claude Michon* - 3 : *Pierre Martin* - 4 : *Saint-Marceau* - 5 : *Chalon sur la Saulne* - 6 : *Chalons sur Saosne* - 7 : *Anjou* - 8 : *Dijon* - 9 : *Anjou* - 10 : *René Goujon* - 11 : *Claude Goujon.*

Note sur les exemples 7 à 11 : Au lieu d'épouser la forme d'un jambage, le *i* consonne est souvent traité comme une majuscule, même en milieu de mot. Il casse si bien la ligne qu'il peut donner l'impression qu'on a affaire à deux mots séparés (*Anjou*, 1572). Il préfigure le *j*, que l'imprimerie distingue du *i* à partir de 1670. Les deux *Goujon* témoignent de cette évolution.

E) 1 : *eu et receu en la presence* - 2 : *ou en aultre lieu* - 3 : *lien de mariage* - 4 : *ou en achapt* - 5 : *chacun an au jour Sainct-Martin* - 6 : *le bon Dieu* - 7 : *en la maison où* - 8 : *a esleu son domicille* - 9 : *ung an ou environ* - 10 : *en la chambre où il est* - 11 : *en ce lieu* - 12 : *a esleu son domicille* - 13 : *en ce lieu* - 14 : *ou au porteur* - 15 : *en son nom ou* - 16 : *ou au porteur* - 17 : *en lieu apparent* - 18 : *dans le cas où l'on.*

Le dernier exemple (n°18) montre un *n* qui ne plonge pas en fin de mot, selon une tendance bien établie dans la deuxième moitié du XVIIIe siècle qui annonce la fin de l'âge paléographique.

2. Abréviations : textes à compléter (1)

conseil. Avons led. Zacarie Delahaye **pour** les **causes**
contenues en son **procès condamné** et **condamnons** en XII **livres parisis** d'amende
envers le roy et à tenir prison **jusques** à plain

Jaques Beguin sergent de la ville de **Paris** aagé de
XX *(blanc)* ans ou environ, après **serment par** luy faict de
dire et confesser verité a esté **par** nous **interrogé**

a **promis fere** ratiffier et avoir **pour**
agréable le **contenu** en ces **presentes** toutesfoys
et **quantes** que requis en **sera par Monsr. maistre**
Jehan de Belot **conseiller** du roy en sa **court**
de **parlement** à **Bourdeaux** ou **par personne** ayant

Honnorable homme Pierre Mercade **marchant** orfèvre **bourgeois** de **Paris dem.**
sur le pont au Change à l'enseigne du Porc-Espyc
confesse **avoir** convenu et marchandé, **promis et promect** à
hault **et puissant seigneur messire** Jacques de

3. Géographie : noms de ville (4)

A) 1 : *Meson sur Saisne* - 2 : *Maisons sur Seyne* (Maisons-Laffitte, mais aussi Maisons-Alfort) - 3 : *St. Jehan de Montfaucon* (Saint-Jean-de-Beauregard) - 4 : *Marcy le Loup* (Marcy-l'Étoile) - 5 : *Milly en Gastinoys* (Milly-la-Forêt) - 6 : *Henin Lietart* (Hénin-Beaumont).

B) 1 : *Chastillon* - 2 : *Castilhon*. Il s'agit dans le premier exemple d'une forme d'oïl (Châtillon-sur-Loing, aujourd'hui Châtillon-Coligny) et dans le deuxième d'une forme d'oc (Castillon-en-Médoc, qui correspond à un ancien fief), notamment reconnaissable au digramme *lh*.

4. Des chiffres et des lettres : la livre tournois (3)

Jehan Charpentier, thuillier	64 s.	III # IIII s.
La veufve Jehan Brullé	16 s.	XVI s.
Jan Le Noue, cordier	84 s.	IIII # IIII s.
Jehan Chastreau, cardeur	6 s.	VI s.
Janne Huron	8 l.	XX#
Jacque Desneiges, manouvrier	4 s.	IIII s.
Jehan Le Magne, fourbiseur	32 s.	XXXII s.

VI^{XX} XI # IIII s.

Visiblement la cote des taillables, parfois raturée, a d'abord été écrite en chiffres arabes puis confirmée ou corrigée en chiffres romains. Dans l'ensemble il n'y a pas de discordance, sauf le cas de Janne Huron, dont la cote a été portée de 8 à 12 puis 20 l.

On remarquera que pour les sommes inférieures à 5 livres (100 sous) c'est souvent la valeur en sous qui est mentionnée. Ici les mentions en chiffres romains privilégient le compte par livres et sous, celles en chiffres arabes par sous uniquement.

Le total exprimé en chiffres romains, six-vingt onze livres quatre sols, correspond à 131 l. 4 s.

Autant que possible les taillables sont classés ou regroupés dans l'ordre alphabétique des prénoms. Cette pratique est courante jusqu'à la fin du XVIIe *siècle ; son abandon au profit de l'ordre des noms de famille marque un progrès symbolique de la monarchie administrative.*

Philippe Bridou, hostellier	100 # ..	LX #
Jehan Perier	2 d.	II d.

Dans la plus grande partie de la France, à l'exception du sud, où l'on s'appuyait sur une sorte de cadastre enregistrant la valeur des propriétés, la taille était personnelle, c'est-à-dire répartie en fonction des facultés apparentes des contribuables. La cote de Philippe Bridou, bien qu'elle ait été réduite de 100 à 60 livres, est sans commune mesure avec celles que nous avons vues précédemment et avec celle de Jehan Perier qui doit payer deux deniers seulement, soit 7200 fois moins. Il y avait en effet 12 deniers dans un sou, soit 240 par livre ; au XVIIe *siècle il était déjà exceptionnel de consigner des sommes inférieures à six deniers, soit un demi sou. Ici la cote de Jehan Perier est des plus symboliques.*

5. Transcription inachevée

❍ ***Bail d'une maison (1667)***

prenant et retenant pour luy aud. tiltre
le temps durant c'est assavoir la maison
quy est attenant le moulin de l'Abbaye
qui est à p[rese]nt desmoly, laq[ue]lle maison
ainsy q[u'e]lle se poursuit [et] comporte ensemble
une petite place au dehors et
proche où estoit led. moulin où sont
plantez deux merisiers, que led. preneur
a dit bien sçavoir et cognoistre pour les

Quand on s'attelle à la transcription d'un texte aussi classique qu'un contrat de bail, la connaissance du formulaire, qui a parfois très peu évolué jusqu'à nos jours, est d'une aide précieuse. L'emploi des verbes prendre *et* retenir *renvoie à la situation du preneur par rapport au bailleur.*

L'extrait proposé, qui contient la description des lieux loués, use d'un vocabulaire un peu plus libre. On y trouve cependant certaines formules courantes, comme ainsy qu'elle se poursuit et comporte. *La formule* que led. preneur a dit bien sçavoir et cognoistre pour les avoir veus et visités *est en revanche propre aux baux.*

L'écriture elle-même est assez typique des écritures de ce temps. L'affaiblissement de certaines lettres, qui se distinguent moins bien dans la foule des jambages, ne nuit pas encore à la lecture. On est encore loin de la profusion des boucles et des déliés qui rendent les écritures plus tardives parfois si difficiles à lire.

Le t *est assez caractéristique dans* retenant *ou* tiltre, *en première ligne. Le* e *joue encore bien son rôle, même s'il est parfois bâclé ou sacrifié dans certaines séquences (on opposera par exemple* dehors *à* desmoly*). La même remarque vaut pour le* s *dans le digramme* st *(*estoit, cognoistre*). Quant à la séquence* es, *qui montre un affaiblissement simultané du* e *et du* s, *elle contribue également à l'arasement du relief dans cette écriture qui, pour autant, ne manque pas de personnalité.*

Parcours 9

1. Exercez votre œil : les écritures liées

A) *Les textes suivants ont pour particularité d'appartenir au dernier âge de la paléographie, celui des écritures rondes et sans relief, où les mots sont plus difficiles à isoler les uns des autres. Ce sont parfois les plus coriaces ! Vous en relèverez les principales caractéristiques :*

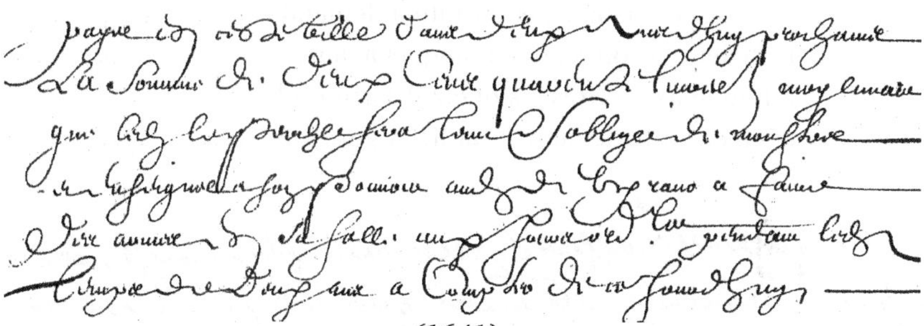

(1641)

payer en ceste ville dans deux ans d'huy prochains ....

la somme de deux cens quarente livres, moyennant..........

que led. Le Perche sera tenu et s'oblige de monstrer ....

et enseigner à son pouvoir aud. de Cyrano à faire ....

des armes en sa salle aux jours ordinaires pendant led........

temps de deux ans à compter de ce jourd'huy ....

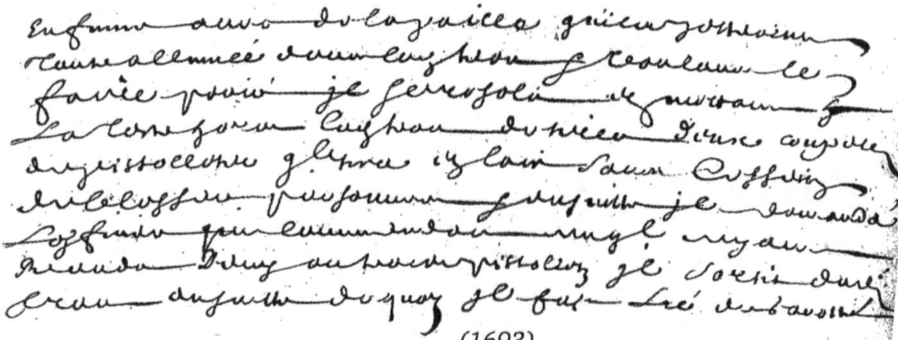

(1693)

enfumé avec de la paille qu'ils jettoient........................
toute allumée dans led. trou et voulant le ....
faire perir, il se résolut en mettant..............................
la teste hors led. trou de tirer deux coups.....................
de pistolletz, qu'il tira en l'air sans dessein....................
de blesser personne, et ensuite il demanda ....
l'officier qui commandoit, auquel ayant............................
rendu deux ou trois pistolletz il sortit dud. ....
trou, ensuitte de quoy il fut lié et garrotté ....

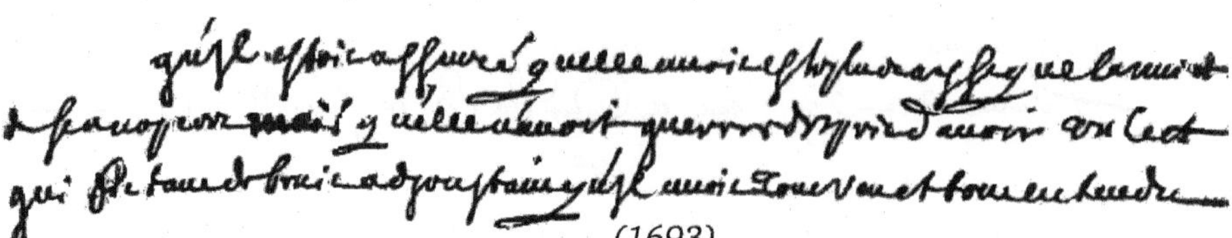

(1693)

qu'il estoit asseuré qu'elle avoit esté plus ayse que la nuict......
de ses nopces, mais qu'elle n'avoit guerres d'esprit d'avoir un lict
qui fît tant de bruit, adjoustant qu'il avoit tout veu et tout entendu.

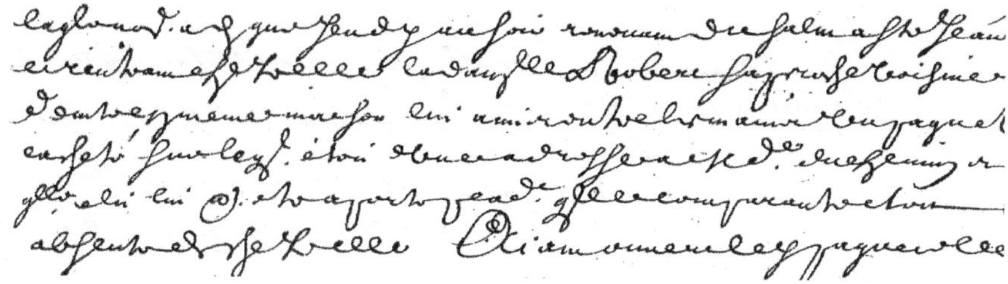

(1696)

laquelle nous a dit que jeudy au soir, revenant du salut à St. Jean et rentrant chez elle, la damoiselle Robert sa proche voisine.... demeurante en meme maison lui a mis entre les mains un paquet cacheté sur lequel etoit une adresse « à Mme Duchemin » et.... qu'elle dit lui avoir été aporté pendant qu'elle comparante étoit absente de chez elle. Aiant ouvert led. paquet, elle.............

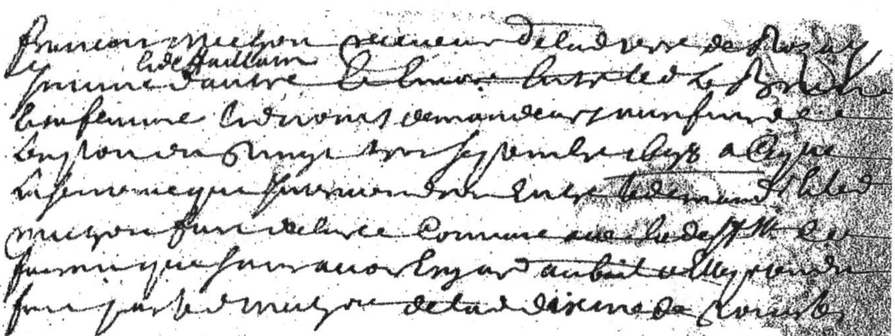

(1698)

François Michou receveur de lad. terre de Rozay...............
intimé et defaillant d'autre ; et encore entre led. Lebrun........
et sa femme esd. noms demandeurs aux fins de................
l'exploit du vingt-trois septembre 1698 à ce que ....
la sentence qui interviendroit entre les demandeurs et led......
Michou fust declarée commune avec la defenderesse, ce ....
faisant que sans avoir esgard au bail à elle pretendu ....
fait par led. Michou de la dixme de Voinsles ....

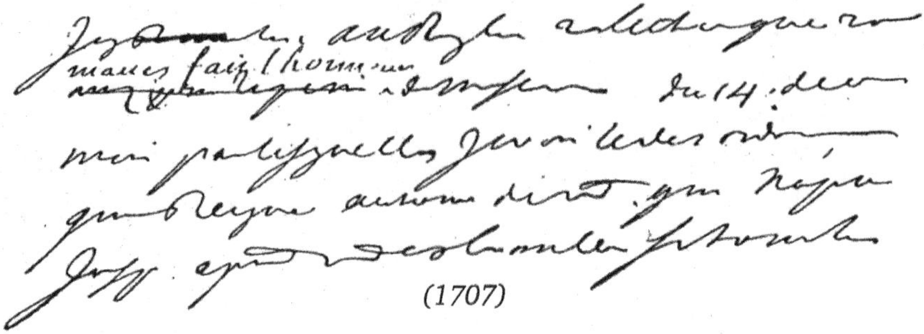

(1707)

J'ay (receu) leu au Roy les 2 lettres que vous.....................
(avez pris la peine) m'avez fait l'honneur de m'escrire du 14e de ce mois, par lesquelles je vois le desordre..........................
qui regne autour de vous, qui n'a pu...........................
jusqu'à present vous esbranler. Si tous les.......................

B) *Transcrivez les expressions suivantes, classées par ordre chronologique, où l'on trouve des mots liés entre eux. Vous noterez que certains sont abrégés, et que le tilde peut jouer un rôle dans ce type de ligature :*

(1510)

(1542)

1. .... **2.** ....

(1572)

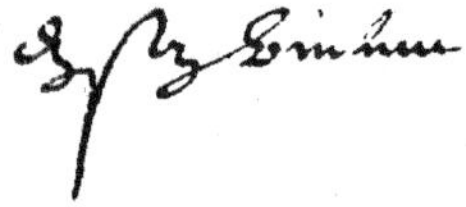

(1577)

3. .... **4.** ....

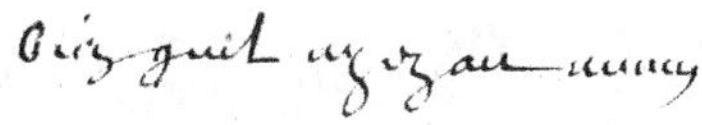

(1618)

(1618)

5. .... **6.** ....

(1624)

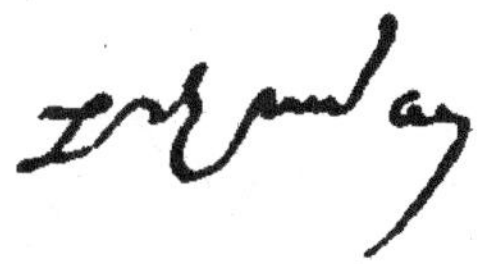

(1626)

7. .... **8.** ....

(1629)

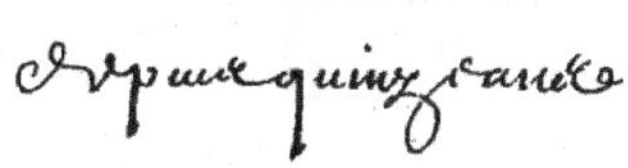

(1641)

9. .... **10.** ....

(1641)

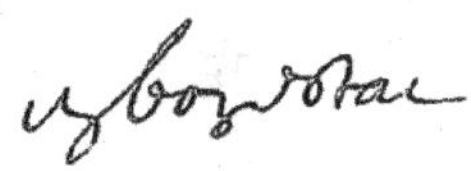

(1644)

11. .... **12.** ....

(1650)

(1657)

13. .... **14.** ....

(1663)

(1663)

15. ....

16. ....

(1667)

(1672)

17. ....

18. ....

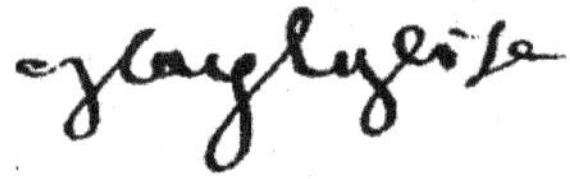

(1672)

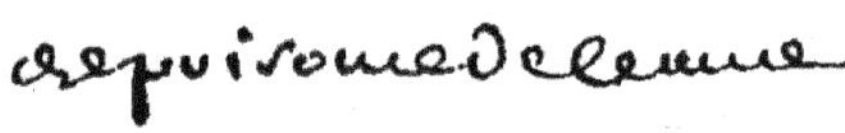

(1672)

19. ....

20. ....

(1693)

(1694)

21. ....

22. ....

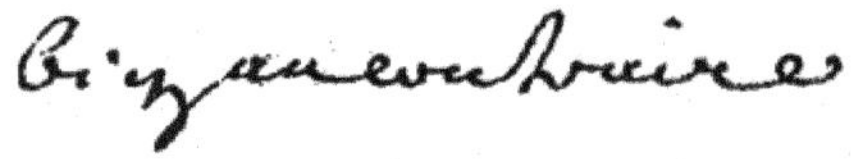

(1696)

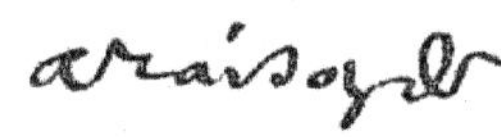

(1701)

23. ....

24. ....

2. Abréviations : textes à compléter (2)

Même exercice qu'au parcours précédent : les mots abrégés sont exclus de la transcription et remplacés par une case gris clair ou gris foncé en cas d'abréviation double. Les différents types d'abréviations utilisées sont indiquées dans l'encadré. À vous de compléter le texte !

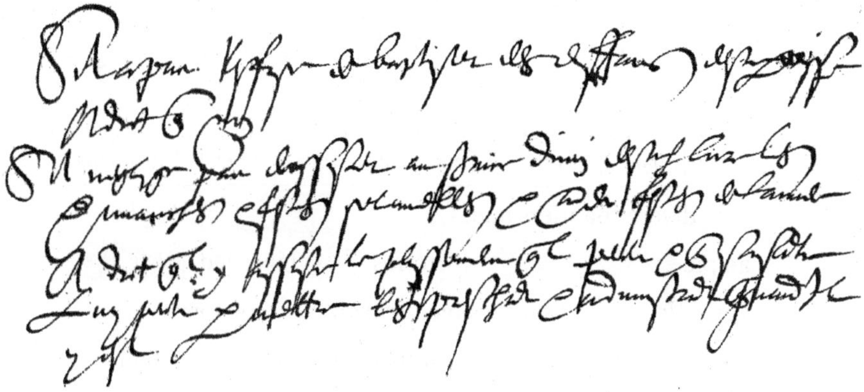

(1613)

Abréviations utilisées : par contraction, par tilde (m/n), |per|/|par|, |que|, *s* barré, |7| tironien.

S'il a pas reffusé de baptiser des enffans de sa ____ :

A dict ____ non.

S'il neglige pas d'assister au ____ divin de sad. cure les dimanches ____ festes solennelles ____ ____ festes de l'année :

A dict ____ y assiste le plus souvent ____ peult ____ ____ sa santé luy peult ____, les ____ ____ ____ quand il y est.

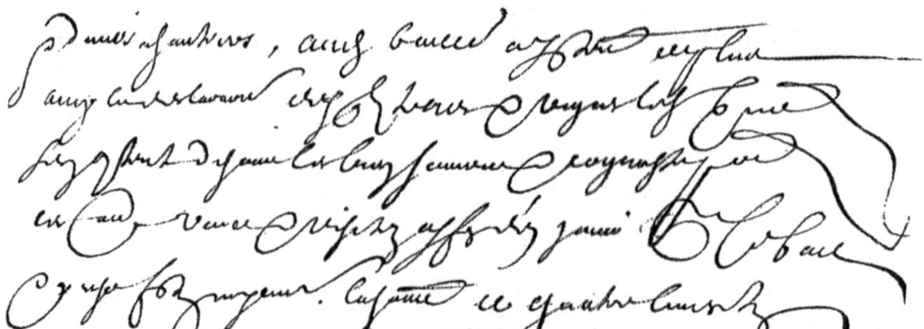

(1650)

Abréviations utilisées : par contraction, par tilde, par suspension, en |tion|, par exposant, |ur|, |par|, |pre|, |que|, |7| et |9| tironiens.

divers chantiers aud. , de plus

ample terres vignes led.

s'en , disant les bien sçavoir cognoistre

les veus visitez affin d'en jouir , ce bail

prise la de quatre livres tz.

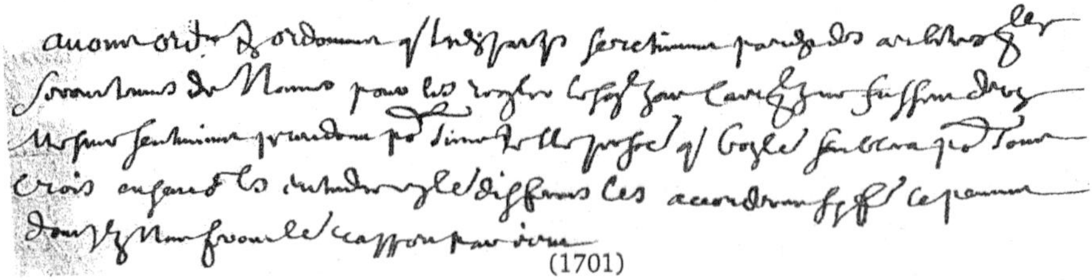

(1701)

Abréviations utilisées : par contraction, par suspension, par exposant, |ur|, |que|, |er|/|re|, |7| tironien, |9| tironien.

avons et ordonnons lesd. partyes se retireront par des arbitres

seront tenues de nommer pour les regler, au cas ne fussent d'un

mesme sentiment prendront tierce telle bon semblera tous

trois les entendre en differens, les accorderont sy le peuvent,

dont ilz nous feront rapport par écrit

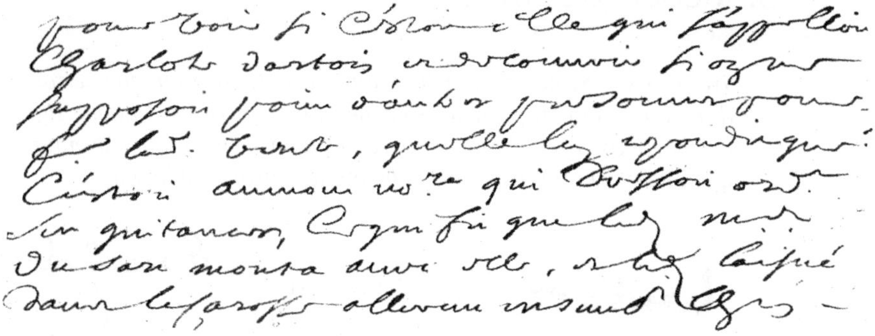

(1701)

Abréviations utilisées : par suspension, par exposant, |er|/|re|.

pour voir si c'estoit elle qui s'appelloit

Charlote Dartois et decouvrir si on ne

supposoit point d'autres personnes pour

______ lad. vente, qu'elle luy repondit que

c'estoit Aumont ______ qui dressoit ______

ses quitances, ce qui fit que led. ______

Dusart monta avec elle et led. Laisné

dans le carosse, allerent ______ chès

3. Métiers d'autrefois

Transcrivez les noms de métier qui suivent, sachant que certains d'entre eux ont disparu ou sont devenus très rares. Chaque ligne comporte trois réalisations différentes d'un même mot, moyennant quelques variantes d'orthographe ou archaïsmes de langue :

(1493)

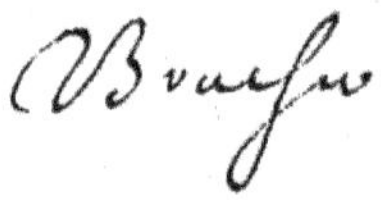

(1627)

(1641)

1. .... **2.** .... **3.** ....

(1531)

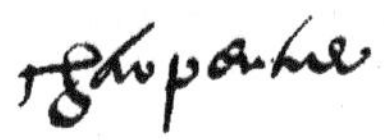

(1547)

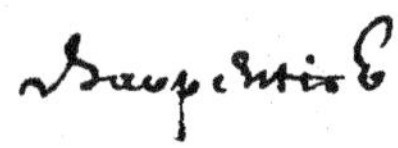

(1634)

4. .... **5.** .... **6.** ....

(1486)

(1510)

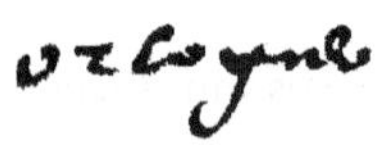

(1566)

7. .... **8.** .... **9.** ....

(1559)

(1577)

(1650)

10. .... **11.** .... **12.** ....

(1554)

(1558)

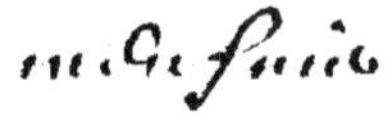
(1647)

13. .... **14.** .... **15.** ....

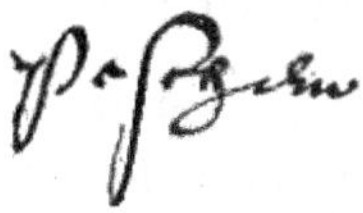
(1577)

(1610)

(1668)

16. .... **17.** .... **18.** ....

(1631)

(1672)

(1706)

19. .... **20.** .... **21.** ....

(1468)

(1572)

(1613)

22. .... **23.** .... **24.** ....

(1589)

(1620)

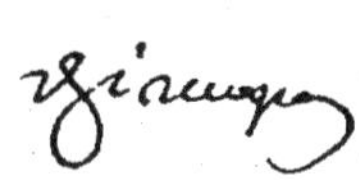
(1666)

25. .... **26.** .... **27.** ....

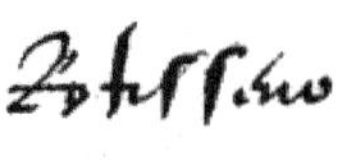
(1592)

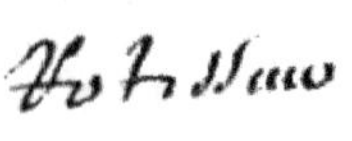
(1627)

(1694)

28. .... **29.** .... **30.** ....

4. Des chiffres et des lettres : prix et mesures (2)

Voici deux extraits d'inventaires après décès, respectivement datés de 1639 et 1641. Ils ont en commun de comporter des calculs réglés sur le cours des marchandises, qu'il s'agisse de métaux ou de denrées alimentaires. Vous y découvrirez entre autres que la vaisselle était évaluée au poids, le marc étant l'unité utilisée pour les métaux précieux (or et argent). Quant à la farine, elle était mesurée en setiers, selon le système entrevu à l'exercice 4 du parcours 6.

Le texte reporté en médaillon au bas du deuxième exemple figurait dans la marge du document original. La croix servait de signe de renvoi, en conséquence de la rature apportée au texte.

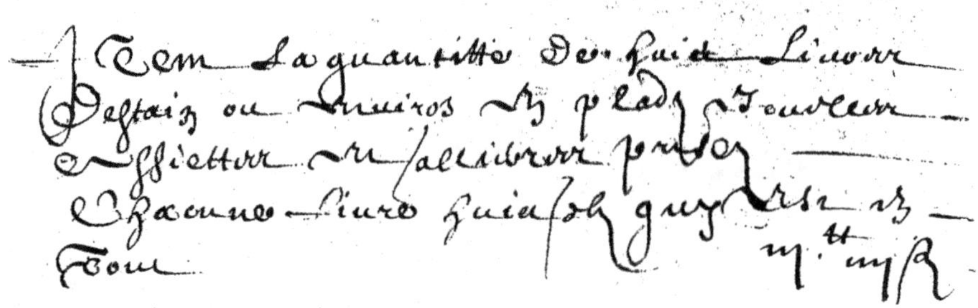

....

....

....

....

....

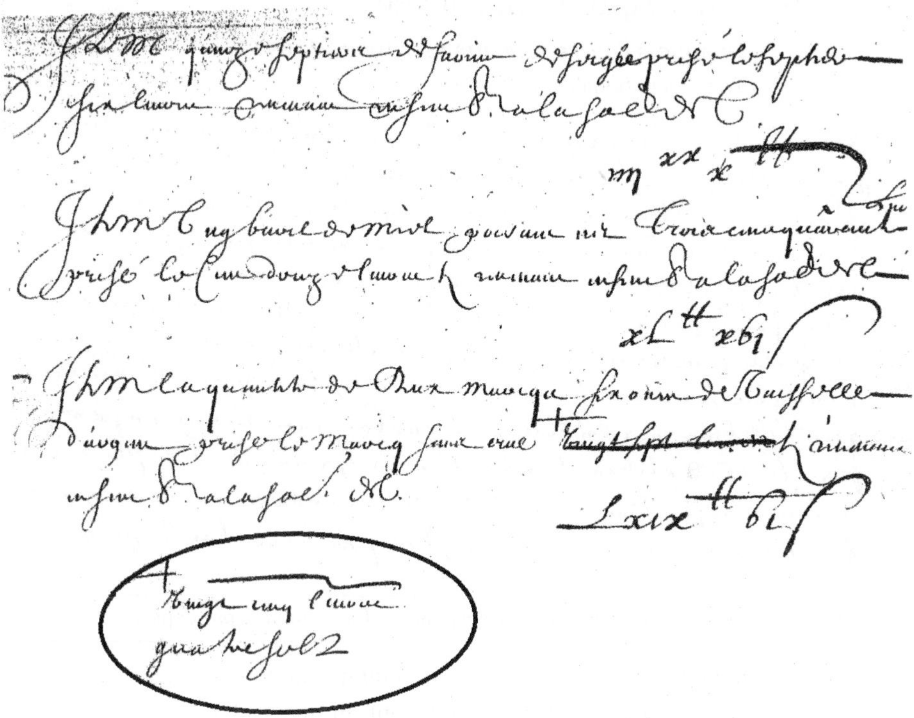

5. Transcription inachevée

❍ ***Laquais contre sergents recruteurs (1695)***

(Archives nationales, Y12542)

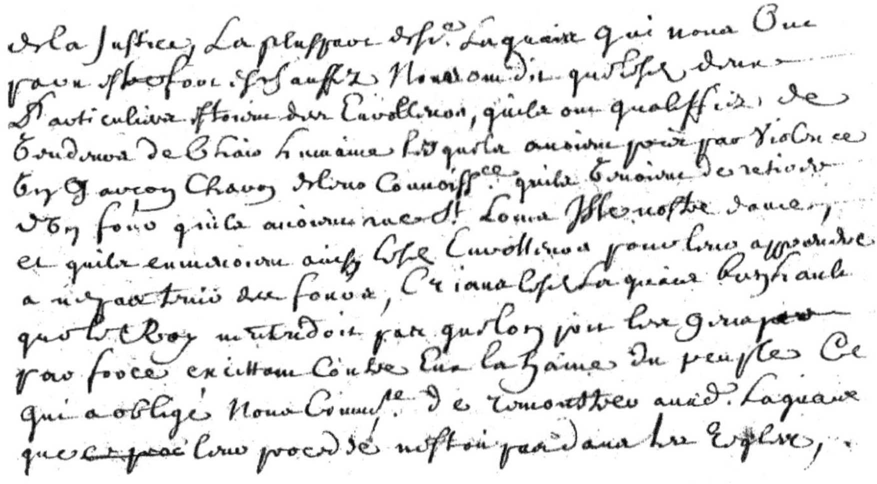

Abréviations utilisées : par suspension (*desd., lesd.*), par exposant.

de la justice. La pluspart desd. laquais qui nous ont …………

paru estre fort eschauffés nous ont dit que lesd. deux …………

Solutions

1. Exercez votre œil : les écritures liées

A) À l'exception du premier texte, qui propose un état intermédiaire, tous les exemples proposés témoignent d'une évolution radicale de l'écriture au tournant du XVIIe et du XVIIIe siècle. On peut parler d'un deuxième apogée de la paléographie : alors qu'auparavant les difficultés rencontrées renvoyaient à l'abondance des abréviations et à des *ductus* très différents de ceux des écritures modernes, il n'en va plus ainsi.

Beaucoup plus rares, les abréviations ne sont plus aussi variées qu'auparavant. À la faveur de la disparition du système hérité du Moyen Âge, ce sont les mots abrégés par une lettre placée en exposant qui deviennent majoritaires. Cette nouvelle façon de faire annonce les codes moins stricts dont nous usons aujourd'hui pour prendre des notes. Certaines abréviations par contraction subsistent néanmoins : |pnt| pour *présent* (1707), @ pour *avoir* (1696) sans que leur usage soit systématique. Le système d'abréviation en |que| résiste également assez bien : *qu'il* (1693), *laquelle* (1696).

Quant à la forme des lettres, sans être encore tout à fait moderne, elle a perdu la plupart des traits distinctifs de l'ancienne écriture. Il n'y a que dans le texte de 1641 qu'ils demeurent présents, comme en témoigne la vigueur du *e*. Ensuite, la tendance au calibrage s'impose, faisant alterner jambages et boucles sans vigueur. Dans le deuxième texte de 1693, la séquence *qu'elle* montre à quel résultat aboutit la modernisation du *e* et l'écrasement du *l* : une succession de boucles sans relief. Ces écritures de style Louis XV, pour ainsi dire, diffèrent profondément des cursives du siècle précédent, où les jambages auraient été résolus en un trait de fuite, tandis que les caractères saillants des autres lettres auraient été exagérés.

Ce calibrage étroit, associé à un respect scrupuleux des jambages, est encore aggravé par l'absence de séparation entre les mots. Alors que le phénomène ne concerne que quelques grappes de mots dans les textes de 1641 ou 1707, il se généralise parfois au point où, comme dans ceux de 1693, 1696 et 1698, ce sont des lignes entières qui peuvent être écrites sans lever la main.

B) 1 : *très bon* - 2 : *au moyen* - 3 : *pour luy en son nom* - 4 : *en son vivant* - 5 : *bien qu'il n'y en ait aucun* - 6 : *en tous ses despens* - 7 : *elle se seroyt resolue* - 8 : *par chacun an* - 9 : *en telle sorte qu'il l'auroit* - 10 : *depuis quinze ans* - 11 : *parroisse St. Nicolas* - 12 : *en bon estat* - 13 : *à tiltre de loyer et prix d'argent* - 14 : *coup de platz d'espée* - 15 : *presens les tesmoins* - 16 : *de son bon gré* - 17 : *en sa personne* - 18 : *commaussy* (comme aussi) - 19 : *en lad. eglise* - 20 : *ès prisons de céans* - 21 : *en nostre hostel* - 22 : *jusques à la my caresme* - 23 : *bien au contraire* - 24 : *à raison de*.

2. Abréviations : textes à compléter (2)

S'il a pas reffusé de baptiser des enffans de sa **paroisse** :
A dict **que** non.
S'il neglige pas d'assister au **service** divin de sad. cure les
dimanches **et** festes solennelles **et autres** festes de l'année :
A dict **qu'il** y assiste le plus souvent **qu'il** peult **et que** sa santé
luy peult **permettre**, les **preschant et administrant** quand il
y est.

et divers chantiers aud. **bailleur appartenant**, de plus
ample **declaration desquelles** terres **et** vignes led. **preneur**
s'en **contente**, disant les bien sçavoir **et** cognoistre **pour**
les **avoir** veus **et** visitez affin d'en jouir **etc.** ce bail
et prise **fait moyennant** la **somme** de quatre livres tz.

avons **ordonné** et ordonnons **que** lesd. partyes **se** retireront par **devant** des arbitres qu'**elles**
seront tenues de nommer pour les regler, **lesquelz** au cas **qu'ilz** ne fussent d'un
mesme sentiment prendront **pour** tierce telle **personne que** bon **leur** semblera **pour** tous
trois **ensemble** les entendre en **leur** differens, les accorderont sy **fere** le peuvent,
dont ilz nous feront **leur** rapport par écrit

pour voir si c'estoit elle qui s'appelloit
Charlote Dartois et decouvrir si on ne
supposoit point d'autres personnes pour
fere lad. vente, qu'elle luy repondit que
c'estoit Aumont **notaire** qui dressoit **ordinairement**
ses quitances, ce qui fit que led. **maistre**
Dusart monta avec elle et led. Laisné
dans le carosse, allerent **ensemble** chès

3. Métiers d'autrefois

1 à 3 : *bouchier, boucher, boucher* - 4 à 6 : *charpentier* - 7 à 9 : *orlogeur, orlogeur, orlogier* (horloger) - 10 à 12 : *savetier* - 13 à 15 : *musnier, musnier, meusnier* (meunier) - 16 à 18 : *pescheur* (pêcheur) - 19 à 21 : *maçon, masson, masson* - 22 à 24 : *chartier, chartier, charretier* - 25 à 27 : cirurgien, chirurgien, chirugien - 28 à 30 : *rôtisseur*.

4. Des chiffres et des lettres : prix et mesures (2)

Item la quantitté de huict livres
d'estain ou environ en pladz, escuelles,
assiettes et sallierres prisez
chacune livre huict solz quy est en
tout .... III # IIII s.

Le compte est juste : huit fois huit font soixante quatre sols, c'est-à-dire trois fois vingt (qui font trois livres) plus quatre.

Item quinze septiers de farine de seigle prisé le septier
six livres revenant ensemble à la somme de .... IIII^{XX} X #

Item ung baril de miel poisant net trois cent quarante livres,
prisé le cent douze livres tournois, revenant ensemble à la somme de
.... XL # XVI s.

Item la quantité de deux marcqs six onces de vaisselles
d'argent, prisé le marq sans crue vingt cinq livres quatre solz, revenant
ensemble à la somme de .... LXIX # VI s.

Là encore les comptes tombent juste : quinze fois six font quatre-vingt-dix livres tournois de farine.

Pour ce qui est du miel, il faut faire la distinction entre la livre de poids (489,5 g) et la livre tournois : d'où 340 livres (166,4 kg) à 12 livres tournois les 100 qui font 3,4 fois 12, soit 40,8 ou encore 40 l. 16 sols comme il est porté.

Quant à l'argent, tout comme l'or, il est pesé en marcs et onces, selon un rapport de huit onces au marc, et de deux marcs par livre de poids. D'où 2,75 x 25,2 = 69,3 soit en effet 69 livres et 6 sols.

5. Transcription inachevée

❍ ***Laquais contre sergents recruteurs (1695)***

de la justice. La pluspart desd. laquais qui nous ont
paru estre fort eschauffez nous ont dit que lesd. deux
particuliers estoient des enrolleurs qu'ilz ont qualiffiez de
vendeurs de chair humaine, lesquels avoient pris par violence
un garçon charon de leur connaissance qu'ils venoient de retirer
d'un four qu'ils avoient rue Saint-Louis isle Nostre-Dame,
et qu'ils emmenoient ainsy lesd. enrolleurs pour leur apprendre
à ne pas tenir des fours, crians lesd. laquais bien hault
que le roy n'entendoit pas que l'on prit les gens

par force, excittant contre eux la haine du peuple, ce
qui a obligé nous commissaire de remonstrer ausd. laquais
que leur proceddé n'estoit pas dans les règles

Ce texte, écrit d'une main un peu plus sage que ceux présentés à l'exercice 1, hésite entre des formes traditionnelles et d'autres plus modernes, comme on peut le voir aux différentes manières de traiter le e *ou le* h. *Les lettres ne sont pas calibrées au point de perdre tout leur relief, et des finales telles que le* s *ou le* n *ne manquent pas de personnalité.*

Les fours *dont il est question ici renvoient à une pratique d'autrefois, l'enrôlement de force. Bien que ne présentant pas de difficulté de lecture particulière, ce mot peut paraître ici surprenant, d'où l'intérêt de recourir aux dictionnaires anciens. Ici c'est Littré qui se montre le plus explicite :* Anciennement, nom, à Paris, de lieux servant à enfermer les gens sans aveu qui battaient le pavé et qui, une fois enfermés, étaient enrôlés de force : ces fours, de l'invention de M. d'Argenson, étaient en très grand nombre. DANCOURT, *la Gazette*, sc. 1 : « Je me donne au diable, il me prend envie de faire un four de notre appartement ; autant de gens qu'il y viendra, je vous les enrôle ».

Table des exercices

Table des matières

Ce volume,
le deuxième de la collection « Sources »,
publié aux Éditions Les Belles Lettres,
a été achevé d'imprimer
en décembre 2022
sur les presses
de La Manufacture Imprimeur,
52200 Langres, France

Dépôt légal : décembre 2022
N° d'édition : 10447 - N° d'impression : 221153
Imprimé en France